法治视野下
美国农业产业政策研究

江晓华◎著

Research
on American Agricultural Industry Policy
from the

PERSPECTIVE
OF RULE OF LAW

中国政法大学出版社

2024·北京

图书在版编目（CIP）数据

法治视野下美国农业产业政策研究 / 江晓华著.
北京：中国政法大学出版社，2024. 10. -- ISBN 978-7-
5764-1844-6

Ⅰ. F371.20
中国国家版本馆 CIP 数据核字第 2024PY4262 号

出 版 者	中国政法大学出版社
地　　址	北京市海淀区西土城路 25 号
邮　　箱	fadapress@163.com
网　　址	http://www.cuplpress.com (网络实名：中国政法大学出版社)
电　　话	010-58908524(第六编辑部) 58908334(邮购部)
承　　印	固安华明印业有限公司
开　　本	720mm×960mm　1/16
印　　张	18.5
字　　数	310 千字
版　　次	2024 年 10 月第 1 版
印　　次	2024 年 10 月第 1 次印刷
印　　数	1~1500 册
定　　价	79.00 元

本书得到"中央高校基本科研业务费专项资金"资助
（SUPPORTED BY "THE FUNDAMENTAL RESEARCH FUNDS FOR
THE CENTRAL UNIVERSITIES"）

　　农业是具有战略意义和急需风险防范的产业，我国农业发展处于传统农业向现代农业转型的历史阶段，制定和实施农业产业政策是我国的现实需要。全面依法治国背景下，表征政府行为的农业产业政策应纳入法治框架内。我国农业产业政策法治化的探索，既有立足于中国实际的问题研究，也有借鉴他国智慧的比较分析。美国的农业发展水平高、农业产业政策具有长期性、法治化实践丰富，能为我国农业产业政策法治化提供可借鉴的经验和可预防的教训。国内关于美国农业产业政策的既有研究在一定程度上脱离了美国法治框架，对法治运行的细节关注度有待提高，这就使本研究具有一定的理论意义和实践价值。

　　根据农业产业政策的支持和限制手段区别，美国农业产业政策可以分为支持型农业产业政策和调控型农业产业政策。支持型农业产业政策的内容包括农业补贴、农业信贷、农作物保险、农产品贸易和一般服务支持。农业补贴由价格和收入支持、营销援助贷款、特定农产品补贴和专项补贴构成。农业信贷包括政府资助设立的信贷机构提供的农业信贷、政府提供保证的农业信贷和政府直接提供的农业信贷。农作物保险由农业部风险管理局、联邦农作物保险公司和各类私营保险公司相互协作，风险管理局向农牧场主和私营保险公司支付补贴，联邦农作物保险公司设计保险险种和为私营保险公司提供再保险，私营保险公司直接面向农牧场主提供农作物保险。农产品贸易由农产品出口促进项目和联邦政府、州政府等组织的贸易谈判来推动。一般服务支持包括农业研究技术推广和教育、农村发展机制构建和信息支持机制构

　　为行文方便，现全书法律条文省略"中华人民共和国"。为行文方便，现全书有关《美利坚合众国宪法》的表述统一为"《联邦宪法》"。

建。调控型农业产业政策内容包括控制农业生产、调整农产品销售和过剩农产品处理。控制农业生产的主要措施为农产品计划、以环境保护项目限制农业种植和政府优先购买等;调整农产品销售的主要措施为以关税配额控制特定农产品进口和以销售限额、销售协议、销售指令、农产品储备等调控国内农产品销售;过剩农产品主要依靠国内外食品援助项目进行处理。

尽管美国农业产业政策内容丰富,但美国国内学术界和实务界对加强农业管制还是放松管制的争议始终存在。因此,研究美国农业产业政策的正当性是本书所不能回避的。美国农业产业政策的正当性具有两层含义,即美国政府为什么需要实施农业产业政策和美国政府为什么可以实施农业产业政策。前者为美国农业产业政策外部正当性问题,后者为美国农业产业政策内部正当性问题。本书从美国农业产业政策的生成变迁史研究农业产业政策的外部正当性。农业承载的多元价值是农业产业政策的初始动力,随着农业市场化程度提高,农业生产者、经营者无法应对市场失灵,农业危机随即出现。农业利益集团利用其政治影响力,施压美国政府实施救助农业的产业政策。一旦全面干预农业的产业政策实施,便形成农业发展和促进的路径依赖。美国政府可以使用产业政策手段干预和促进农业发展,是《联邦宪法》授权的结果。立法部门、行政部门和司法部门不断挖掘和解释《联邦宪法》的经济调节授权条款,推动农业产业政策领域的扩展和政策工具的丰富。国会拓展《联邦宪法》的征税权、贸易管理权、开支权和必要且适当条款,行政部门依据总统行政命令和国会立法授权中的可理解原则获得的授权,州政府的治安权,都是美国各级政府制定和实施农业产业政策的权力来源,构成美国农业产业政策的内部正当性。

农业产业政策的权力依据构成了美国农业产业政策的内部正当性,权力依据相当于为政府制定和实施农业产业政策提供的正面权力清单。而从法治意义看,《联邦宪法》中对个人权利和自由的保障条款,构筑了农业产业政策的负面权力清单,即农业产业政策的权力边界。具体来说:(1)正当法律程序条款约束政府限制农业生产经营自由的行为;(2)平等保护条款约束政府区别对待农业市场主体的行为;(3)言论自由条款约束政府统一促销农产品的行为;(4)征收补偿条款约束政府剥夺或过度限制农场主财产权的行为。

在宪法、法律授权和个人权利、自由条款的双重约束下,美国农业产业政策以法律文本为载体,国会农业立法、联邦政府农业部农业行政规则以及州和地方政府的农业立法共同构成了美国农业产业政策的法治化载体。国会农业立法从提案发起到法案通过的过程中充满着权力制衡的思想和机制设定。从立法过程纵向看，众议院和参议院农业立法前后衔接，两院最后需要共同组建协商委员会以消除分歧达成共识；参众两院的协商报告最终需要总统批准，总统可以通过行使否决权或者采取不予签署的策略来制约参众两院的立法行为。但即使总统否决，参众两院仍可以 2/3 的多数票通过农业法议案。农业部的行政规则和部分裁决也可以作为农业产业政策的载体。程序方面，农业行政规则和裁决应当满足《行政程序法》或特定法律的程序要件；实体方面，农业行政规则和裁决除受到权力依据的限制外，还受到规制影响分析和利益代表分析的制约；最终，农业行政规则和裁决还会接受司法机关对法律问题、事实问题和程序问题的审查。州和地方政府的农业立法具有类似联邦的立法程序，受到联邦宪法、国会立法、州宪法、上位法的权限范围限制。加利福尼亚州（以下简称"加州"）是美国农业面积最大和产业最发达的州，该州农业立法具有典型意义。在加州，立法需要经历参议院、众议院审议，最终由州长审批；有特点的是，加州立法顾问局（Legislative Conse's Office）因其专业性在立法过程中发挥日益重要的作用，其立法建议也受到立法部门的尊重。除此之外，加州行政法办公室行使对拟议行政法规和现行行政法规的审查权，是加州行政部门加强自我审查的重要机构。

产业政策和竞争政策具有应对市场失灵的目的，产业政策更为强调政府直接配置农业资源，竞争政策则更为强调市场直接配置农业资源。虽然美国农业领域更为注重运用产业政策，但产业政策和竞争政策的平衡协调仍是美国农业法律制定和执行中的重要话题。竞争政策对农业产业政策限制的主要渠道有：正当法律程序限制产业政策对竞争自由的损害，平等保护、特权豁免和潜伏贸易条款限制产业政策对公平竞争的损害，国会和行政部门在农业立法和执法中进行的公平竞争审查。竞争政策对农业产业政策豁免的主要渠道有：农业垄断豁免，州行为的反垄断法豁免，州作为市场参与者例外于潜伏贸易条款。

最后，依据美国农业产业政策"宪法为基、法律为载体、公权制约和私权保护相结合"的理念和技术性机制，结合中美差异和对我国农业产业政策法治化现实的分析，本书将从宪法保障、基本原则、法律制度和实施机制四方面，设计我国农业产业政策法治化的路径。

目 录
CONTENTS

前 言 ……………………………………………………………… 001

导 论 ……………………………………………………………… 001

一、问题的提出 ………………………………………………… 001

二、问题的意义 ………………………………………………… 010

三、文献的梳理 ………………………………………………… 015

四、研究的思路 ………………………………………………… 031

第一章 美国农业产业政策的内容 …………………………… 035

第一节 美国农业产业政策的类型化 ………………………… 035

一、农业产业政策的含义 ……………………………………… 035

二、美国农业产业政策的类型化 ……………………………… 037

第二节 支持型农业产业政策的内容 ………………………… 039

一、农业补贴 …………………………………………………… 039

二、农业信贷 …………………………………………………… 043

三、农作物保险 ………………………………………………… 046

四、农产品贸易 ………………………………………………… 048

五、政府一般服务支持 ………………………………………… 051

第三节 调控型农业产业政策的内容 ………………………… 054

一、控制农业生产政策 ………………………………………… 055

二、调控农产品销售政策 ·············· 057

三、过剩农产品处理机制 ·············· 060

第二章 美国农业产业政策的正当性 ·············· 063

第一节 美国农业产业政策必要性的通常解释 ·············· 064

一、产业政策的理论依据及质疑 ·············· 064

二、美国农业产业政策必要性的通常解释 ·············· 066

第二节 外在正当性：美国农业产业政策的历史考察 ·············· 070

一、建国后至一战前的美国农业产业政策 ·············· 070

二、两次世界大战期间的美国农业产业政策 ·············· 079

三、二战结束至今的美国农业产业政策 ·············· 091

第三节 内在正当性：美国农业产业政策的权力依据 ·············· 100

一、国会干预农业的权力类型 ·············· 102

二、联邦行政部门干预农业的权力来源 ·············· 111

三、州干预农业的权力 ·············· 116

第三章 美国农业产业政策的权力边界 ·············· 119

第一节 控制农业生产经营自由与正当法律程序条款 ·············· 120

一、早期正当法律程序的适用 ·············· 120

二、实质性正当程序兴起与农业产业政策 ·············· 122

三、实质性正当程序转向与农业产业政策 ·············· 124

第二节 区别对待农业市场主体与平等保护条款 ·············· 128

一、传统平等保护对农业产业政策的限制 ·············· 128

二、新的平等保护对农业产业政策的限制 ·············· 131

第三节 统一促销农产品与言论自由条款 ·············· 135

一、商业言论保护的兴起与发展 ·············· 136

二、商业言论的强制表达 ·············· 139

三、为他人表达商业言论的强制支付 ·············· 142

第四节　剥夺和过度限制农场主财产权与征收补偿条款 ……… 147

　　一、征收对象 ……………………………………………… 147

　　二、征收的认定 …………………………………………… 149

　　三、公正补偿的认定 ……………………………………… 154

第四章　美国农业产业政策的法治化载体 ……………… 157

第一节　美国国会农业产业政策立法 ……………………… 158

　　一、美国国会农业立法的过程梳理 ……………………… 158

　　二、国会农业立法的纵向制衡 …………………………… 163

　　三、国会农业立法的横向制衡 …………………………… 169

第二节　联邦农业部的农业行政规则和裁决 ……………… 176

　　一、农业行政规则和裁决的表现形式 …………………… 177

　　二、农业行政规则和裁决的程序规范 …………………… 179

　　三、农业行政规则和裁决的实体要求 …………………… 180

　　四、农业行政规则和裁决的外部约束 …………………… 182

第三节　州及地方政府的农业立法 ………………………… 192

　　一、选择分析加州农业立法的理由 ……………………… 193

　　二、加州农业立法的过程 ………………………………… 194

　　三、加州农业立法的内容 ………………………………… 196

第五章　美国农业产业政策与竞争政策的协调 ………… 199

第一节　竞争政策对美国农业产业政策的限制 …………… 199

　　一、正当法律程序限制损害自由竞争的农业产业政策 … 200

　　二、平等保护条款和特权豁免条款限制歧视性农业产业政策 … 201

　　三、潜伏贸易条款对农业产业政策贸易歧视的限制 …… 203

　　四、公平竞争审查对农业产业政策的限制 ……………… 208

第二节　竞争政策对美国农业产业政策的豁免 …………… 210

　　一、农业垄断豁免 ………………………………………… 211

二、州行为的反垄断法豁免 ············ 220

三、州作为市场参与者例外于潜伏贸易条款 ······ 228

第六章 我国农业产业政策法治化的镜鉴 ········ 233

第一节 美国农业产业政策法治化的结论 ······ 233

一、美国农业产业政策的外部正当性和内在正当性 ···· 233

二、美国农业产业政策法治约束的途径 ········ 235

第二节 我国农业产业政策法治化镜鉴的背景分析 ···· 239

一、中美农业产业政策法治化的差异分析 ······ 239

二、我国农业产业政策法治化的现状分析 ······ 245

第三节 我国农业产业政策法治化的路径选择 ······ 251

一、农业产业政策的宪法保障 ··········· 251

二、农业产业政策的基本原则 ··········· 253

三、农业产业政策的法律制度 ··········· 256

四、农业产业政策的实施机制 ··········· 258

参考文献 ··················· 261

后 记 ···················· 276

导　论

一、问题的提出

（一）中国农业产业政策的现实性

农业是最为古老的产业部门，农业生产和销售活动能够满足人类社会对食物和纤维的基本需要。农业发展对国家经济发展具有战略意义，因此，农业具有战略性产业属性。德国农业法学家约瑟·马丁内斯（Jose Martinez）认为农业具有特殊经济功能：农业提供食品，农业新能源领域提供大量工作岗位；农业具有重要生态意义：农业生产既对生态环境产生外部效应，也是环境污染的受害者；农业具有地区结构功能：农村地区承载大量人口和其他产业；农业所塑造的文化生态也成为我们文化认同感的一部分。[1]美国农业经济学家梅勒（Mailer）从农业对其他产业作用的角度论证提升农业效率可以向其他产业部门转移劳动力和提供资本积累。[2]农业生产经营是经济再生产和自然再生产相互交织的过程，因此农业活动面临自然和市场的双重风险。农业生产开始前，需要投入大量资金购买生产资料和设备；农业生产过程处于开放的自然环境、易受气候环境影响，且作出农业生产决策后再行调整的可能性小；农产品生产具有季节性和周期性，导致同类农产品上市具有同步性，在农产品需求弹性较小情形下，农产品价格容易出现波动。受上述因素影响，相较于中间商、加工商、运输商和其他行业从业者而言，农业生产者处于劣势地位。

正因为农业产业具有战略性和风险性，政府在农业领域制定和实施产业

---

[1]　[德] 约瑟·马丁内斯：《农业补贴：竞争法体系中的特殊情况》，王仪译，载《中德法学论坛》2016 年第 0 期。

[2]　[美] 梅勒：《农业发展经济学》，安希伋等译，北京农业大学出版社 1990 年版，第 4 页。

政策成为普遍现象。美国自 1933 年颁布《农业调整法》以来，每五年左右会制定新的综合农业法以推行农业产业政策，每部新制定的农业法都会规定有效期。日本 1999 年颁布《食品、农业和农村基本法》替代 1961 年《农业基本法》，该法案从 2000 年第一次修订后开始，每五年进行一次修订，以保证农业发展政策可以精确响应日本社会、经济各方面变化对农业产生的影响，2015 年《食品、农业和农村基本法》修订，规划了至 2025 年日本农业发展的主要指标和主要政策纲领。[1] 欧洲共同体《罗马条约》第 33 条详述了共同农业政策的目标：通过促进技术进步和确保农业生产的合理开发和生产要素的优化利用，提高农业生产率；通过增加从事农业者的个人收入确保农业社区公平的生活水平；稳定市场、保证有效供给、确保以合理的价格供给消费者。[2] 欧盟成员的农业政策必须服从于上述目标。

较农业发达国家而言，我国农业产业的战略意义更强、风险更大。

首先，我国人口众多，粮食安全尤为重要。国家统计局 2018 年 2 月 28 日发布的《中华人民共和国 2017 年国民经济和社会发展统计公报》显示，2017 年末，全国大陆总人口 139 008 万人，第一产业增加值占国内生产总值比重 7.9%，较 2016 年 8.6% 下降 0.7 个百分点。[3] 国家统计局 2017 年 12 月 8 日发布《国家统计局关于 2017 年粮食产量的公告》显示，2017 年全国粮食总产量 61 791 万吨（12358 亿斤），比 2016 年增加 166 万吨（33 亿斤），增加 0.3%。[4] 如果仅以国内生产粮食作为消费对象，将 2017 年人口总数和全国粮食总产量相除，我国 2017 年人均可消费粮食约为 444.5 公斤，按照联合国粮食组织人均年消费 400 公斤的营养均衡标准，我国已经超过该标准。但根据中国农业科学院食物政策创新团队分析，到 2020 年，我国人均 500 公斤的粮食消费必不可少，即便我国粮食连年增产，但粮食"紧平衡"的供求态势

---

〔1〕 郭曦、齐皓天、钟涨宝：《日本第四次修订〈食品、农业和农村基本法〉及启示》，载《中国人口·资源与环境》2016 年第 7 期。

〔2〕 ［英］布莱恩·杰克：《农业与欧盟环境法》，姜双林译，中国政法大学出版社 2012 年版，第 3 页。

〔3〕 国家统计局：《中华人民共和国 2017 年国民经济和社会发展统计公报》，载国家统计局网，http://www.stats.gov.cn/tjsj/zxfb/201802/t20180228_ 1585631.html，最后访问时间：2018 年 4 月 27 日。

〔4〕 国家统计局：《国家统计局关于 2017 年粮食产量的公告》，载国家统计局网，http://www.stats.gov.cn/tjsj/zxfb/201712/t20171208_ 1561546.html，最后访问时间：2018 年 4 月 27 日。

并未发生根本改变。[1]

其次，我国农业全要素生产率增长比较缓慢并呈现下降趋势。学界对中国农业全要素生产率增长具体测量有所区别，张乐等测算 1991 年至 2010 年的年均增长率为 5.12%，李谷成等测算出 1992 年至 1996 年为 4.2%、1997 年至 2000 年为 2.6%、2001 年至 2005 年为 5.0%，赵文等测算出 1985 年至 2009 年为 1.2% 至 1.7%，但研究结论仍能表明我国农业全要素生产率与发达国家相比处在较低水平，国内农业全要素生产率增速也低于非农部门。[2]可见，我国农业生产率水平与国内其他产业部门和国际农业产业部门比较都处在比较低的水平。

再次，我国农业生产经营主体结构不平衡。农业生产经营主体可以分为农业经营户和农业经营单位，农业经营户包括规模农业经营户和小农户。根据国家统计局 2017 年 12 月 16 日发布的《第三次全国农业普查主要数据公报》（第五号）显示，2016 年全国农业生产经营人员 31 422 万人，其中规模农业经营户农业生产经营人员 1289 万人，农业经营单位农业生产经营人员 1092 万人。[3]可见，我国 92.4% 的农业生产经营人员来自小农户，我国农业生产经营规模整体偏小。从全国农业生产经营人员的结构看，年龄构成：35 岁及以下 19.2%、36 至 54 岁 47.3%、55 岁及以上 33.6%；受教育程度构成：未上过学 6.4%、小学 37.0%、初中 48.4%、高中或中专 7.1%、大专及以上 1.2%；从事农业行业构成：种植业 92.9%、林业 2.2%、畜牧业 3.5%、渔业 0.8%、农林牧渔服务业 0.6%。[4]据此可知，我国农业生产经营主体仍然是

---

〔1〕 张雪、王乐：《必须稳定提升粮食产能——访中国农业科学农业经济与发展研究所所长王东阳》，载《经济日报》2015 年 8 月 22 日，第 5 版。

〔2〕 参见张乐、曹静：《中国农业全要素生产率增长：配置效率变化的引入——基于随机前沿生产函数法的实证分析》，载《中国农村经济》2013 年第 3 期；李谷成等：《农业全要素生产率增长：基于一种新的窗式 DEA 生产率指数的再估计》，载《农业技术经济》2013 年第 5 期；赵文、程杰：《中国农业全要素生产率的重新考察——对基础数据的修正和两种方法的比较》，载《中国农村经济》2011 年第 10 期。

〔3〕 国家统计局：《第三次全国农业普查主要数据公报》（第五号），载国家统计局网，http://www.stats.gov.cn/tjsj/tjgb/nypcgb/qgnypcgb/201712/t20171215_1563599.html，最后访问时间：2018 年 4 月 28 日。

〔4〕 国家统计局：《第三次全国农业普查主要数据公报》（第五号），载国家统计局网，http://www.stats.gov.cn/tjsj/tjgb/nypcgb/qgnypcgb/201712/t20171215_1563599.html，最后访问时间：2018 年 4 月 28 日。

小农户，经营人员呈现年龄偏大、受教育程度偏低的特征，生产经营范围大多为种植业，农业产业结构较为失衡。

最后，我国城乡发展差距依然比较明显。以 2017 年人均可支配收入为例，按常住地分，城镇居民人均可支配收入 36 396 元，比上年增长 8.3%，农村居民人均可支配收入 13 432 元，比上年增长 8.6%；2017 年末，农村贫困人口 3046 万人，比上年末减少 1289 万人，贫困地区农村居民人均可支配收入 9377 元。[1]截至 2022 年，城镇居民人均收入可支配收入 49 283 元，农村居民人均可支配收入 20 133 元，脱贫县农村居民人均可支配收入 15 111 元。[2]除此以外，城乡的基础设施建设、基本公共服务和生活条件也有差距。

总而言之，我国农业发展既有类似农业发达国家的农业发展战略制定和农业风险防范的需要，又有粮食安全保障、农业效率提升、农业生产经营主体结构优化和城乡融合发展、农业强国建设和农业农村现代化的需要。这就意味着我国比农业发达国家更需要政府以产业政策方式保护和支持农业发展。习近平总书记在党的十九大报告中首次提出坚持农业农村优先发展的理念，2019 年"中央一号文件"《中共中央、国务院关于坚持农业农村优先发展做好"三农"工作的若干意见》提出落实农业农村优先发展的选择性产业政策，2021 年《乡村振兴促进法》规定全面实施乡村振兴战略，遵循坚持农业农村优先发展原则。

（二）中国农业产业政策的法治化需要

在我国全面推进依法治国的背景下，包括农业产业政策在内的政府行为，自然也同样需要在法治的框架内决定和实施。[3]我国政府实施农业产业政策有两类途径，分别为农业产业政策的法律化和农业政策的直接推动。前者是以《农业法》《乡村振兴促进法》为基本法，以《农村土地承包法》《农民专业合作社法》《农村土地承包经营纠纷调解仲裁法》《农业技术推广法》《进出境动植物检疫法》《种子法》《农业机械化促进法》《草原法》《畜牧法》

---

〔1〕 国家统计局：《中华人民共和国 2017 年国民经济和社会发展统计公报》，载国家统计局网，http://www.stats.gov.cn/tjsj/zxfb/201802/t20180228_ 1585631.html，最后访问时间：2018 年 4 月 28 日。

〔2〕 国家统计局：《2022 年居民收入和消费支出情况》，载国家统计局网，http://www.stats.gov.cn/sj/zxfb/202302/t20230228_ 1919011.html，最后访问时间，2023 年 9 月 26 日。

〔3〕 李友根：《论农业产业政策的法律化——美国 Horne v. Dep't of Agriculture 案的启示》，载《人大法律评论》2016 年第 3 期。

《渔业法》《农产品质量安全法》等法律和《农业保险条例》《农药管理条例》《农业转基因生物安全管理条例》《基本农田保护条例》《植物新品种保护条例》《种畜禽管理条例》《乳品质量安全监督管理条例》《饲料和饲料添加剂管理条例》《兽药管理条例》等行政法规以及农业行政主管部门颁布的部门规章为内容的农业法律规范体系。后者主要是中共中央、国务院、国家发展和改革委员会、农业农村部等党和国家机关制定的规划、通知、管理办法、意见、决定等规范性文件，如中共中央、国务院颁布的 2019 年"中央一号文件"、国家发展和改革委员会印发的全国农村经济发展五年规划，农业农村部印发的乡村产业发展五年规划等。

　　我国农业法律规范体系已经比较完善，但立法内容仍有待完善，其主要包括农业投入立法、农产品市场调控立法、农村金融立法、粮食安全保障立法、农村集体经济组织立法等。以农业投入立法为例，2007 年和 2008 年中共中央都提出要加快农业投入立法、2012 年底进行立法前期准备，但直至十四届全国人民代表大会常务委员会立法规划也未能提及。虽然我国农业法律规范体系较为完善，但真正反映产业政策措施和手段的法律内容并不多，农业产业政策法制化程度显然还不够。这导致大量农业产业政策手段、机制和内容游离于法律规范之外，这一问题在 2015 年"中央一号文件"内容表述上也可得到印证。2015 年"中央一号文件"《中共中央、国务院关于加大改革创新力度加快农业现代化建设的若干意见》第五大部分"围绕做好'三农'工作，加强农村法治建设"规定：健全农村产权保护法律制度、健全农业市场规范运行法律制度、健全"三农"支持保护法律制度、依法保障农村改革发展、提高农村基层法治水平。

　　诚然，不以法律文本为载体的农业产业政策可能在某些领域发挥更好作用，如我国《农业法》对农业投入占财政支出比例作出明确规定，但并未得到完全落实；2006 年"中央一号文件"对农业投入"三个高于"的规定却发挥了实效。[1]但是，在全面依法治国背景下和建设中国特色社会主义法治体系进程中，即便农业产业政策无法全部以法律文本为载体，其仍应受到法治框架约束。事实上，从近年来"中央一号文件"的涉法用语表述看，党和国

[1] 农业部软科学委员会办公室：《农业产业政策与农业宏观调控》，中国财政经济出版社 2010 年版，第 4 页。

家机关已经意识到农业产业政策需要法治化。笔者比较分析 24 份 "中央一号文件"，发现 "法治" 一词最早出现在 2015 年 "中央一号文件" 之 "靠改革添动力，以法治作保障，加快推进中国特色农业现代化"，2016 年 "中央一号文件" 提及加强农村法治建设，2017 年 "中央一号文件" 要求为推进农业供给侧结构性改革提供法治保障，2018 年 "中央一号文件" 提及建设法治乡村和强化乡村振兴法治保障，2019 年 "中央一号文件" 要求建立健全党组织领导的自治、法治、德治相结合的领导体制和工作机制，2023 年 "中央一号文件" 要求加强乡村法治教育和法律服务，其余中央一号文件大多使用 "立法" "制定法律" "完善法律" "修改法律" 等词语。其中，2015 年 "中央一号" 文件详尽阐述了农业政策法治化，文件第 31 条规定：加强农村改革决策与立法的衔接；农村重大改革都要于法有据；需要明确法律规定具体含义和适用法律依据的，要及时作出法律解释；实践条件还不成熟、需要先行先试的，要按照法定程序作出授权。

（三）中国农业产业政策法治化的研究路径

前文述及，无论农业产业政策文本的法律化还是农业产业政策行为的法治约束，我国农业产业政策的法治化已经成为农业产业政策制定者的共识。因此，如何实现我国农业产业政策法治化、以法治手段和法治思维将农业产业政策纳入法治轨道，是国内法学界的研究任务。中国农业产业政策法治化既可通过对法治资源进行本土化研究，也可通过借鉴和参考别国农业产业政策法治化经验进行比较法研究，这两种研究路径主张者的侧重点有所不同，相互并未完全否定。法治本土资源研究更为强调本土传统和惯例的重要性，此类研究者认为现代法治移植受制于知识地方性和有限理性，外国法治经验的启示和帮助是有限的。[1] 比较法研究者则认为，法律移植和开发、扬弃法的本土资源并不矛盾，凡是本土资源中缺少的，移植当然没有问题；但本土资源中存在的，也要看其合理与否，是否属于改革之列，如是，则也可以通过移植来变革不合理的本土资源的结构和成分。[2]

我国农业产业政策法治化中有些属于具有中国特色的法治问题，如农户、农村土地承包经营权、集体土地所有制和农村集体经济组织等；有些则属于

---

〔1〕 苏力：《法治及其本土资源》，北京大学出版社 2015 年版，第 15~20 页。
〔2〕 何勤华：《法的移植与法的本土化》，载《中国法学》2002 年第 3 期。

他国同样面临的问题，如粮食安全政策、粮食最低收购价政策、农业支持和保护、农业合作社等。各国推行农业产业政策所面临问题的共性，是我国农业产业政策法治化研究能够识别、借鉴别国经验和避免别国教训的基础。

（四）美国农业产业政策的法治经验可借鉴

1. 美国农业发展水平高

中美两国是世界上两个最大的农业国家，两国农产品生产能力可以满足全球1/3人口的需要。中美两国农业自然环境有许多共同之处：两国都是地域辽阔、地形多样的国家；两国气候都是雨热同期，适合农业发展；两国都河流众多，便于农业灌溉。[1]美国农业发达，自1960年以来，美国农产品出口一直大于农产品进口，形成美国农业贸易顺差。据美国农业部经济研究局最新数据显示，美国玉米出口量占全球出口的40%，大米销售量占全球市场的近一半，小麦出口量占全球出口近20%，大豆的产量和出口量都位于全球第一。[2]美国农业劳动生产率高，自1997年至2012年，美国农场总数变化不大，1997年为2 215 876个，2012年为2 109 303个；农场总面积也由1997年954 752 502英亩减少到2012年914 527 657英亩；而平均每英亩出售农产品的市场价值却由1997年的90 880美元上升到2012年的187 097美元。[3]

美国农业发达与美国农业自然资源丰富、气候环境良好和农业科技进步等条件密不可分。以美国土地资源为例，2012年，美国国土面积合计2 260 420 480英亩（约137.21亿亩），耕地391 975 183英亩（约23.80亿亩），牧场草地655 486 206英亩（约39.79亿亩），林地631 682 000英亩（约38.34亿亩）。[4]根据我国国土资源部《2016中国国土资源公报》显示，截至2015年末，我国农用地总面积64 545.68万公顷（约96.82亿亩），其中耕地13 499.87万公顷（约20.25亿亩），园地1432.33万公顷（约2.15亿亩），林地25 299.20万公顷（约

[1] 刘合光等：《中美农业比较分析》，中国经济出版社2015年版，第2页。
[2] 载美国农业部经济研究处网，https://www.ers.usda.gov/topics/crops/，最后访问时间：2017年2月26日。
[3] 载美国农业部农业统计局网，https://www.agcensus.usda.gov/Publications/2012/Full_ Report/Volume_ 1,_ Chapter_ 1_ US/st99_ 1_ 001_ 001.pdf，最后访问时间：2018年4月28日。
[4] 载美国农业部经济研究处网，https://www.ers.usda.gov/data－products/major－land－uses/major-land-uses/#Summary tables，最后访问时间：2017年8月15日。

37.95 亿亩），牧草地 21 942.06 万公顷（32.91 亿亩）。[1]中美两国农业用地总面积差距较小，但人均农业用地面积差距悬殊，且我国耕地质量较差。前述公报显示，我国耕地的优等地面积占比只有 2.9%，高等地面积也仅占比 26.5%。[2]美国优越的农业自然条件仅为农业发达提供了基础条件，学者益智构建了美国农业生产率变化与各种影响因素之间相互关系的经济计量模型，实证研究二战后的美国农业发展，发现美国二战后 50 年的农业发展经验表明，政府扶农政策对于农业增长意义重大。[3]这意味着美国农业发展与政府长期实施的农业产业政策密不可分。

2. 美国农业产业政策的长期性

事实上，相较于其他产业而言，农业属于美国高度管制的产业。美国学者沃尔特斯（Walters）以提供给美国消费者的普通产品——汉堡为例，其估计汉堡几乎涉及了 300 项制定法的计划。[4]美国推行农业产业政策的行为，最早可以追溯到 16 世纪。弗吉尼亚议会在 1631 年规定每磅烟叶 6 便士的最低价格，低于每磅 6 便士价格的交易要受监禁的惩罚；到 1639 年，采取削减产量的计划以补充限定价格措施变得非常必要。[5]美国建国后，美国邦联议会通过 1785 年《土地法令》和 1787 年《西北土地法令》来推行土地政策，杰斐逊（Jefferson）是上述两项法令制定的指导者，上述两项法令将土地划分为若干个标准面积的地区，以地区为单位出售。1862 年《宅地法》通过后，160 英亩成为一个标准的家庭份地，这保证了农业用地得以规模化经营。[6]1862 年，时任美国总统林肯正式批准建立农业部。早期，美国农业部的工作职能主要有农业资料收集、统计、分析和公布，引进动植物品种，农业咨询，推进农业生产资料科技研究和推广等。该时期，美国联邦政府通过了《莫里

---

〔1〕 国土资源部：《2016 中国国土资源公报》，载中国政府网，https://www.gov.cn/xinwen/2017 -05/04/5190904/files/cle7f8c031f940afa330756645d6b638.pdf，最后访问时间：2018 年 4 月 28 日。

〔2〕 国土资源部：《2016 中国国土资源公报》，载中国政府网，https://www.gov.cn/xinwen/2017 -05/04/5190904/files/cle7f8c031f940afa330756645d6b638.pdf，最后访问时间：2018 年 4 月 28 日。

〔3〕 益智：《美国的扶农政策与农业生产率——基于二战后美国农业发展的实证研究》，载《中国农村经济》2004 年第 9 期。

〔4〕 See Forrest E. Walters, "Regulation of Industries Behind the Hamburger", 4 *Agric. L. J.* 125 (1982).

〔5〕 [美] 沃尔特·W. 威尔科克斯、威拉德·W. 科克伦、罗伯特·W. 赫特：《美国农业经济学》，刘汉才译，商务印书馆 1987 年版，第 470 页。

〔6〕 [美] 乔纳森·休斯、路易斯·凯恩：《美国经济史》，杨宇光等译、格致出版社，上海人民出版社 2013 年版，第 102 页。

尔赠地学院法》（以下简称"《莫里尔法》"）以促使各州建立农业学院，发展农业技术尤其是农业机械化技术。罗斯福新政前，各州农业产业政策比联邦政府农业产业政策所起的作用更大，各州通过修建铁路，一方面从农业领域不断解放劳动力，另一方面使农产品在全国各地快速流动。19 世纪中后期，工商企业的经济优势逐步明显，并联合抬高农业服务收费价格损害农场主利益，各州政府开始以"格兰其法"来管制工商企业对农场主农产品储备、运输等服务的定价行为，并且各州"反托拉斯法"也对农业垄断豁免作出了规定。一战期间，美国联邦政府具有更多实施农业产业政策的机会，并逐步获得优于州政府农业产业政策的地位。罗斯福新政以后，联邦政府开始占据实施农业产业政策的主导地位，联邦政府在销售管制、生产管制、农业补贴、信贷援助等方面推行农业产业政策。此后，美国联邦政府大约每五年，都会以立法方式推行农业产业政策，保证农业产业政策的灵活性、适应性和综合性。

通过以上分析，我们可以发现自美国建国前至今，美国联邦政府和州政府都以产业政策方式发展美国农业。换言之，美国农业产业政策具有长期性，美国政府长久以来发展出了多种农业产业政策工具。

3. 美国农业产业政策的法治经验丰富

前文述及，自 16 世纪起，美国各级政府就开始推行各类农业产业政策来干预和促进农业发展。美国农业产业政策的法律文本非常庞杂，尤其是 20 世纪初至今，美国政府颁布了大量农业产业政策法律和法规。弗里德曼（Friedman）称 20 世纪是"法律爆炸"的世纪，法律文本的规模以令人不可思议的速度增长，20 世纪 30 年代开始的《联邦政府公报》中每年与法律有关的资料，可能远多于 1880 年各州及联邦政府的总法规、条例总数。[1]以 2012 年《美国法典》（United States Code）第 7 卷收录的农业法为例，农业法卷共 3488 页，法律条文 9097 节。美国农业产业政策的法治化案例非常多。美国《联邦宪法》确立权力划分和权利、自由保护的原则来约束政府行为和保障私权，农业产业政策属于政府干预和促进农业发展的行为，因而也受到宪法原则的约束。权力划分包括权力分立和权力分配，前者主要表现为国会权力、

---

〔1〕［美］劳伦斯·弗里德曼：《二十世纪美国法律史》，周大伟等译，北京大学出版社 2016 年版，第 7~8 页。

行政部门权力和法院权力的分立，后者主要表现为联邦政府权力和州政府权力的分配。上述原则虽在宪法层面予以规定，但含义模糊，在实践运用时常发生冲突，需要法院不断解释和发展。因此，美国农业产业政策受到权力划分和权利、自由保护原则的检验的事实很多，此类司法裁判是累积农业产业政策法治化经验的过程。从 19 世纪中期伊利诺伊州约束农业服务商市场行为的"格兰其法"被宣判违宪，到 2015 年美国加州的"霍恩诉美国农业部"案（Horne v. Dep't of Agriculture）（以下简称"'葡萄干'案"），这些丰富案例既实践着美国"活的宪法"，也为我国农业产业政策法治化提供了经验和教训。美国农业产业政策的大量法律文本和司法实践，为美国农业产业政策提供了丰富的法治经验。

（五）国内学界对美国农业产业政策的法治问题研究有待改进

国内学界针对美国法治问题和农业政策的研究成果都很丰富。但问题在于，研究美国法治问题的很少关注美国农业领域的法治问题；研究美国农业政策的大多又不以法学视角开展，即便研究美国农业产业政策法，一般都以立法论视角展开。换言之，国内研究要么仅梳理美国农业法的内容；要么研究诸如美国农业信贷、农业补贴、农业保险等具体制度，但较少置入美国法治体系。进言之，国内学界对美国农业产业政策的研究大多注重其内容与结构，而忽略产业政策的权限范围和权力制约、权利和自由保障等方面。同时，国内关于美国法律制度或法治实践研究又较少涉及美国农业产业政策的专门研究，缺乏美国农业法治问题的针对性研究。这就产生了脱离美国整体法治框架去理解美国农业产业政策的问题，也忽略了美国农业产业政策具体法治细节的不足，无法满足我国农业产业政策法治化的比较法研究借鉴经验、规避教训之需。

综上所述，基于我国农业产业政策法治化的现实需要、美国农业产业政策法治经验的可借鉴性以及国内学界对美国农业产业政策法治问题研究不足的现实，本书提出的问题是：美国是如何在法治框架内制定和实施农业产业政策的？

二、问题的意义

农业是国家基础性和战略性产业，一个强大有活力的农业部门是支持国家经济发展的关键。美国农业经济学家约翰斯顿（Johnston）和梅勒认为农业具有提供食品和原料、出口农产品换取外汇、向工业部门提供劳动力、为工业产品提供市场和为工业扩张提供资金的作用。[1]随着经济社会发展，农业呈现出助力乡村发展、保证食品安全和营养、保护环境和生物多样性等功能。农业属于弱质产业，农业生产具有地域性、季节性和较长周期，农产品易腐烂，农业的自然风险高；且农业是接近于完全竞争市场的产业，农产品需求弹性小、供给调整的机动性弱，在运输和销售过程中还容易受到中间商的剥削，农业的市场风险高。因此，无论中国还是美国，农业领域运用产业政策都最为频繁。法治框架内的农业产业政策既能满足政府干预农业的合法性和正当性需要，提高农业产业政策社会接受度；也能有效约束政府干预农业行为，防止政府干预失灵造成比市场失灵更严重损害。通过比较法研究法治框架下的美国产业政策，研究美国农业产业政策制定、解释、实施和评价等的法治约束及其经验，跳出中国农业产业政策法治化问题的窠臼，以世界眼光关注中国问题，具有一定的理论意义和实践意义。

（一）法治视野下美国农业产业政策研究的理论意义

1. 本问题研究对我国研究美国农业法的理论意义

虽然我国国内的美国农业研究和美国法律研究较为普遍，前者研究如美国农业自然条件、美国农业经济政策、美国农业社会政策等，后者研究如美国宪法、反垄断法、专利法、合同法、侵权法等，但二者结合研究相对偏少。相对少量的美国农业产业政策法研究，也大多是以政策科学视角进行的立法论研究，主要着眼于法律的工具性和合目的性，关注如何通过法律实现政策目标，[2]如美国农业产业政策法的立法背景、必要性、发展史、程序和政策内容等，而较少关注美国法治框架内农业法的运行研究。本问题研究的理论意义在于揭示美国农业产业政策嵌入法治框架的动态过程。本书并非仅仅研究农业产业政策法律化的文本，更多研究农业产业政策不断受到法治原则检验和更新的过程。具体来说，包括美国国会立法过程如何符合法治原则，美国行政部门如何依据农业法授权细化农业产业政策的实施机制，农业产业政策实施机制如何尊重法治原则，美国各级法院如何对农业产业政策的事实认

---

〔1〕 See Johnston B. F., J. W. Mellor, "The Role of Agriculture in Economic Development", *Amer. Econ. Rev.* 51（1961）, pp. 566~593.

〔2〕 鲁鹏宇：《法政策学初探——以行政法为参照系》，载《法商研究》2012 年第 4 期。

定、法律解释、行政裁量行为进行司法审查。美国农业产业政策法治化是联邦政府和州政府相互作用,国会(州议会)、行政部门和司法机关相互作用的动态过程。制定法和判例法共同构成美国农业产业政策法的法律渊源,法院通过确立判例法和之后的修正法案逐步推动法律发展;成文法立法会引入新的法律规则、修改原来的规则,并在这当中取代或修改判例法。[1]所以,美国农业产业政策法治化研究是以中国学者视角去整理、归纳和提炼美国农业法律制度的政策考量和政策法治化的动态过程,突破了原有静态、概貌性的美国农业法律制度研究,具有一定的理论意义。

2. 本问题研究对国内农业法学研究的理论意义

国内法学界已对我国农业法问题进行了卓有成效的研究,如李昌麒研究的我国农村法治发展问题,陈小君、韩松、房绍坤、高圣平和丁关良等研究的农村土地法律制度、农村集体产权改革问题等,李长健研究的农民权益、农村社区发展、农民合作组织和农业补贴问题等。但整体来看,国内农业法学研究还比较年轻。本问题研究对国内农业法学研究具有以下几方面理论意义。第一,明确农业法学研究的核心内容。美国农业综合法以农产品计划、农业环境保护、农产品贸易、农业信贷、农村发展、农业能源、农业保险等为基本框架,法律主体和行为内容体现为政府以产业政策手段规制农业经济、促进农业和农村发展。可见,美国农业法核心内容就是农业产业政策法。《农业法》是我国农业法律规范体系中的基本法,该法以总则、农业生产经营、农产品流通加工、粮食安全、农业投入、农业科技教育、农业环境资源、农村经济发展、执法监督、法律责任等为基本框架。该法提及的法律主体大多是国家、各级人民政府、行政主管部门等,其权力和责任可归纳为负责农业和农村经济发展工作。换言之,比较中美农业法也可发现,农业法核心内容是农业产业政策法,国内经济法学界大多也认可《农业法》的产业政策法属性,将其归入经济法范畴。通过对美国农业产业政策法治问题的研究,明确农业法学研究的核心问题就是农业产业政策行为如何受到法治约束。第二,构建农业法学研究的框架。国内经济法理论一般认为,经济法学存在的理论基础在于克服市场失灵,如外部性、内部性、垄断、信息不对称、经济周期

---

〔1〕 〔美〕彼得·海:《美国法概论》,许庆坤译,北京大学出版社 2010 年版,第 11 页。

等问题，市场监管和宏观调控是克服市场失灵的两大手段。[1]农业法学属于
经济法学范畴，政府似乎也应该以市场监管和宏观调控方式克服农业市场失
灵；但事实上，市场监管和宏观调控的二分可能无法反映政府的介入行为，
这一现象在美国农业法实施中很明显。以美国农产品销售规程为例，政府与
农场主签订销售规程协议，控制农场主的农产品上市数量、时间和品种等。
协议自愿签订，如果农场主的行为符合销售规程，政府可能提供补贴或支持；
但如果农场主不愿签订协议服从销售规程，那么农场主可能面临政府不发放
销售许可证或政府对许可证外的销售行为征收高额税收等情形。这意味着政
府并不仅仅以市场监管或宏观调控相互分开的手段调控农产品市场流通，调
控行为是宏观和微观结合、强制和自愿结合来实施的，产业政策的直接管制、
间接诱导和参与经营的含义对政府干预行为具有较好的解释力。同时，产业
政策法治化本身也具有约束行政机关权力、防止政府失灵的含义。因此，笔
者通过对美国问题的研究，构建以产业政策及其法治化、克服市场失灵、防
止政府失灵为农业法学研究的框架。第三，拓展农业法学的比较法研究方法。
喻中认为当代中国的比较法学是为了适应"追赶"先进法治的目标而发展起
来的，功利性的追求压倒了文化上的追求，比较法学研究的主要意义在于为
中国法律制度补充新的制度因子。[2]前文述及农业法学较其他法学学科更
为年轻，因此农业产业政策实现"追赶"型法治目标，更需要农业法学
研究采用比较法研究方法，而本问题研究正是农业法领域比较法研究方法
的运用。

（二）法治视野下美国农业产业政策研究的实践意义

我国以农业产业政策调整农业经济活动的现象极为普遍，农业产业政策
在实践中表现为农业法律规范或政策文件两种实施方式。其中，政策文件方
式缺乏法律制定过程的公共性、法律实施的强制性、法律调整的稳定性和法
律规范的明确性，尤其缺乏法律调整对相关主体权利的重视和法律救济的保
障。[3]因而，农业产业政策应该尽量转化为法律形式实施。但我国农业产业

---

〔1〕　宋亚辉：《社会性规制的路径选择——行政规制、司法控制抑或合作规制》，法律出版社
2017年版，第8页。
〔2〕　喻中：《在比较法学的表象背后》，载《现代法学》2016年第2期。
〔3〕　李友根：《论农业产业政策法律化——美国Horne v. Dep't of Agriculture案的启示》，载《人
大法律评论》2016年第3期。

政策数量多，政府运用政策的路径依赖短期内难以改变；且某些政策所具有的刚性规范及其实际效果可能较农业法律规范更好，农业产业政策不可能也没必要全部转化为法律。因此，除注重农业产业政策形式的法律化外，更应该关注政府农业产业政策行为受到的法治约束，更应以法治内涵约束政府权力、规范政府行为及防止市场竞争机制受扭曲。[1]美国政府通过行政部门从多方面规制现代农业发展，其农业产业政策权力由国会或州议会的立法授予。虽然农业产业政策权力来自国会或州议会授权，但行政部门行使立法权仍可能采用政策形式；进言之，行政部门实施农业产业政策不会刻意从形式上区分法律（law）和政策（policy），但二者都受到法治框架约束。以美国农业部实施农业产业政策为例，农业部长或行政官员的权力来源——美国农业法，属于制定法（statute），但农业行政条例、规章（regulation）等从属性法律中对其的规定更为普遍，《美国联邦法规汇编》（Code of Federal Regulations）第7卷农业内容较美国法典的农业内容也更为丰富和细致。比如该卷第126节至第129节从农业部门代表、规则制定和其他通知程序、请愿书、根据农业部长的调查传票四方面规定了农业部门程序。[2]可见，美国农业产业政策体系非常复杂，此情形与我国农业产业政策体系的复杂程度类似。所以，通过研究美国农业产业政策的法治问题，为我国农业产业政策和法律如何在法治框架内运行提供借鉴经验，具有比较法分析的基础。

　　本研究的另一层实践意义与我国不断重视宪法权威的背景有关。前文述及，近年来，我国党和政府的农业政策文件日益重视农业产业政策的法治保障作用。习近平总书记在《关于〈中共中央关于全面推进依法治国若干重大问题的决定〉的说明》中指出：依法治国，首先是依宪治国；依法执政，关键是依宪执政。[3]中国共产党十九大报告也要求深化依法治国实践，加强宪法实施和监督，推进合宪性审查工作，维护宪法权威。[4]中国共产党二十大

---

〔1〕　刘桂清：《产业政策失效法律治理的优先路径——"产业政策内容法律化"路径的反思》，载《法商研究》2015第2期。

〔2〕　7 C. F. R. § 126~127 (2018).

〔3〕　习近平：《关于〈中共中央关于全面推进依法治国若干重大问题的决定〉的说明》，载《求是》2014年第21期。

〔4〕　习近平：《决胜全面建成小康社会　夺取新时代中国特色社会主义伟大胜利——在中国共产党第十九次全国代表大会上的报告》，载新华网，http://www.xinhuanet.com/politics/19cpcnc/2017-10/27/c_1121867529.htm，最后访问时间：2018年5月3日。

报告要求完善以宪法为核心的中国特色社会主义法律体系，加强宪法实施和监督，健全保证宪法全面实施的制度体系。[1]

三、文献的梳理

（一）国内关于美国农业产业政策的法治问题研究

国内学术界对于美国农业产业政策的研究与我国"三农"问题的日益突出及国家对"三农"问题的重视相关。从研究成果的产生时间来看，2004 年前，国内学界研究美国农业产业政策的成果较少；2004 年至今，中共中央国务院连续发布 20 个"中央一号文件"，该系列文件成为我国每年制定和实施农业产业政策的主要形式，此时国内学界研究美国农业产业政策的成果快速出现。从研究素材看，虽然国内研究美国农业产业政策大多以经济学为学科视角，但研究素材基本是美国农业产业政策的法律文本。从研究内容看，国内既有概括研究美国农业产业政策，也有具体研究美国某项农业产业政策；既有研究美国农业产业政策变迁史，也有研究美国特定时段的农业产业政策。鉴于国内学界关于美国农业产业政策的研究是以美国农业法的制定和实施为对象，本书从农业产业政策立法和农业产业政策法实施两个层面梳理国内研究文献。

1. 美国农业产业政策的立法研究

国内学者对美国农业产业政策立法的研究主要包括农业产业政策的立法内容、立法程序、立法必要性及立法的影响因素等。

（1）美国农业产业政策的立法内容研究。《美国农业立法》和《美国农业政策》两书比较全面和概括介绍美国农业产业政策立法内容。《美国农业立法》归纳了美国的农产品价格支持和土地调整立法、农业合作社立法、农业劳动立法、农产品流通立法、农业信贷立法、农作物保险立法、农业技术推广立法、种子立法和渔业立法的内容，其中农产品价格支持和土地调整立法部分详细介绍了自 1933 年《农业调整法》至 1996 年《联邦农业完善和改革法》的综合性农业立法内容。[2]《美国农业政策》研究了农业的价格和收入

---

〔1〕　习近平：《高举中国特色社会主义伟大旗帜　为全面建设社会主义现代化国家而团结奋斗——在中国共产党第二十次全国代表大会上的报告》，载新华网，http://www.news.cn/politics/cpc20/2022-10/25/c_1129079429.htm，最后访问时间：2023 年 10 月 7 日。

〔2〕　权昌会主编：《美国农业立法》，经济科学出版社 1997 年版，第 26~206 页。

支持政策、土地和水资源的利用与保护政策、农业教育科研和推广政策、农业信贷政策、农业税收政策、农产品对外贸易政策和国内食物援助政策。[1]相比较对美国农业产业政策法的全景式研究而言，国内关于美国农业产业政策法的具体制度或某部立法的研究更为普遍。《美国农业补贴政策研究》着眼于影响贸易的直接政策与间接政策的研究，直接影响政策主要包括农产品出口计划和特别农产品进口关税配额措施；间接影响政策为国内支持政策，体现在农产品的价格支持和补贴政策。[2]《美国2014年新农业法案中农业保险政策改革及其启示》则研究美国《2014年农业法案》中农业保险政策的棉花累积收入保护计划、补充保险选择、作物生产边际保障计划、农场整体收入保障计划、与农业保险与水土保持等涉农政策的挂钩、继续扩展涵盖价格风险的保险方案等内容。[3]

（2）美国农业立法程序的研究。一般而言，国内研究美国农业产业政策（法）的著作都会介绍美国农业立法程序，大多属描述性研究。美国农业产业政策立法程序主要历经农业部提出农业法提案、国会参议院和众议院（以下简称"两院"）农业委员会的听证和辩论、国会两院的辩论和表决及总统签署成为法律四个阶段。农业部制定农业法提案过程中，农业部长会要求农业部律师从法律角度对计划提案进行推敲；农业委员会审议提案过程中，可能修改提案；国会两院辩论和表决后版本存在不同的，两院组成联合委员会对提案分歧进行商讨和修订后达成妥协，形成最终版本的农业法提案提交总统签署；总统对待法案可以有赞成提案内容、选择不签署和否决提案三种形式。[4]可见，国内关于美国农业立法程序的研究大多属于对立法过程或者说是农业产业政策如何转化农业法的研究，而对立法程序所蕴含的权力制衡、立法民主性和透明度等法治理念机制的研究以及立法实证资料的收集和分析等还有所不足。

（3）美国农业产业政策法的必要性研究。国内学界关于美国制定农业产

〔1〕徐更生：《美国农业政策》，经济管理出版社2007年版，第95~259页。

〔2〕陈阵：《美国农业补贴政策研究》，经济科学出版社2013年版，第76~114页。

〔3〕谢凤杰、吴东立、陈杰：《美国2014年新农业法案中农业保险政策改革及其启示》，载《农业经济问题》2016年第5期。

〔4〕参见权昌会主编：《美国农业立法》，经济科学出版社1997年版，第19~25页；徐更生：《美国农业政策》，经济管理出版社2007年版，第45~54页。

业政策法的必要性研究，大多以强调农业干预必要性的方式呈现，对美国农业产业政策采用法律形式的原因的研究较少。徐更生认为农业干预的必然性在于维持国民经济中的最大部门和协助农场主摆脱困境的需要。[1]陈华山认为美国农业干预的必要性包括国家干预经济生活的普遍性、农业经济部门具有先天弱点、美国农产品过剩问题长期存在、农业生态环境污染降低国民生活质量等方面。[2]王洪会等从农业外部性、农业公共产品、农业信息不完全、社会公平分配视角论证美国农业保护和支持政策。[3]关于美国农业产业政策运用法律形式的必要性，学界从法律的工具价值对其进行认识，如法律为美国农业产业政策提供基本依据和制度保障；或者从法律对产业政策的约束来研究，美国政府的任何政策都应有国会的法律授权，政府执行国会制定的法律出现偏差或法律本身有不符合宪法之处，司法部门有权判定农业法律违宪而予以制止，以法律手段干预经济可以减少政府行为的随意性和盲目性。[4]可见，美国农业产业政策法的必要性研究大多是从经济学视角研究为什么需要农业产业政策，以及从工具论角度阐述农业产业政策法律化的必要性；而对美国农业产业政策符合法治框架的过程和法律解释研究甚少。

　　(4) 美国农业产业政策的立法影响因素研究。国内学界将农业产业政策的立法影响因素归纳为如下几方面：其一，农业利益集团是制定农业政策的主要推动力量，其长期以来积极进行游说活动，以影响农业政策制定，进而达到维持政府对农业的支持和补贴的目的。[5]参与农业立法活动的利益集团大致可以分为一般农业组织、农产品组织和其他集团三类。[6]其二，美国早期重农神话的影响。姚桂桂研究总结了美国重农神话的核心理念：美国农民是公民美德的源泉，农业是美国社会基础，小型农场家庭是最理想的核心家庭，保护家庭农场是美国政府的重要职责。这些理念体现在政府对农业各种形式的支持与补贴，对小型家庭农场的保护等传统，以及美国农业政策的浪

　　[1]　徐更生：《美国农业政策》，经济管理出版社 2007 年版，第 4~5 页。
　　[2]　陈华山：《当代美国农业经济研究》，武汉大学出版社 1996 年版，第 451 页。
　　[3]　王洪会、张肃、林杰：《市场失灵视角下的美国农业保护与支持政策》，东北师范大学出版社 2015 年版，第 58~152 页。
　　[4]　刘志扬：《美国农业新经济》，青岛出版社 2003 年版，第 440~443 页。
　　[5]　陈阵：《美国农业补贴政策研究》，经济科学出版社 2013 年版，第 62 页。
　　[6]　徐更生：《美国农业政策》，经济管理出版社 2007 年版，第 55 页。

漫化色彩之中。[1]其三，国际规则的影响。梁世夫研究世界贸易组织（World Trade Organization，以下简称"WTO"）协议对各成员国国内农业支持设定的严格约束，发现美国1993年后受限于乌拉圭回合谈判达成的《农业协定》所确定的义务，1996年《联邦农业完善和改革法》在保障农业生产者收入目标的手段上由传统的市场价格支持转向了直接支付方式，2002年《农场安全和农村投资法案》将"绿箱"支持范围扩大。[2]其四，制度环境的影响。曹峰认为20世纪80年代开始，美国的农业福利政策开始收缩，这源于不断变化的政治形势与制度环境，包括持续加剧的财政赤字压力、主要农业利益集团的碎片化、美国农业人口比重的逐步降低、农业群体与政党在选举政治中联盟关系的错综复杂。[3]问题在于，国内学界对美国法治传统和框架对美国农业产业政策立法影响的关注还有待提高。

2. 美国农业产业政策法的实施研究

美国农业产业政策经过国会立法转变为农业产业政策法，美国联邦政府各行政部门依据农业产业政策法授权干预和调节农业经济活动，农业产业政策法实施过程中面临联邦法院的司法审查，法院的司法审查结果可能导致农业产业政策法的修改；国际农业规则和相关诉讼也会对美国农业产业政策（法）实施产生影响。美国农业产业政策法实施主体主要是美国农业部、美国环境保护局和美国食品药品监督管理局等，这些机构在其主管领域内实施农业产业政策法。张广胜等介绍美国农业部现今职能包括自然资源与环境保护、农场和海外农业服务、乡村发展、食品营养和消费者服务、食品安全、科研教育和推广、市场营销和规范服务，以上七大职能分别由19个业务局来承担。[4]曹峰等认为农业合作社的市场营销在联邦农业委员会的市场化操作计划中承担着重要角色，农民商会成为美国农业部市场干预政策的主要合作伙

〔1〕姚桂桂：《美国重农神话与美国农业政策》，载《西北农林科技大学学报（社会科学版）》2010年第5期。
〔2〕梁世夫：《发达国家农业法制建设的特点、趋势及启示》，载《农业经济问题》2010年第6期。
〔3〕曹峰、吴进进、邵东珂：《美国农业福利政策的演变（1862~2000）》，载《美国研究》2015年第2期。
〔4〕张广胜等：《发展中的世界农业：美国农业》，中国农业出版社2015年版，第203~205页。

伴。[1]宾雪花整体研究美国产业政策法实施的要求，认为美国产业政策法实施应当证明政府干预的合法性和正当性，即市场存在缺陷，联邦政府资助能够带来技术进步；或对经济增长有的关键作用的技术，而企业无法承担该技术的研究与开发时，联邦政府才给予干预；美国产业政策受到国会和预算法的严格限制。[2]可见，国内学界大多有关注到美国行政部门在农业产业政策法实施中的作用。

国内学界关于美国农业产业政策实施中法院作用的专门研究比较少，仅有的研究大多是从法院解释宪法对美国产业政策影响的角度进行。曾尔恕、张千帆和王希等从美国《联邦宪法》的州际贸易条款、征税权条款、正当法律程序条款角度探讨美国《联邦宪法》对干预经济活动的作用，并通过联邦法院的重要判例研究宪法的解释和发展。[3]李友根研究 2015 年"葡萄干"案，该案争议是美国农业部长指令葡萄干加工者将其收购葡萄干的一部分无偿纳入储备池的措施是否违反"未经公正补偿，私有财产不得为了公共用途而被征收"宪法条款。该文通过对案件的判决书、相关法律文本和法庭之友等材料的研究，得出农业产业政策应以法律文本为载体、最大限度利用市场机制、必须强调可操作性及应适时评估和调整的结论。[4]有学者具体研究美国某部或某类型农业法律制度的司法问题，如张学军通过对美国农业垄断豁免系列案例的研究，认为农业垄断豁免制度的法理基础是农民受供求状况的影响和中间商的控制，并对"从事农产品生产的人"和"团体"的法条进行解释研究，归纳出予以垄断豁免的行为类型和与不合格主体合作、违法合并、掠夺行为等违法行为的认定。[5]

国内学界关于美国农业产业政策在国际领域延伸的研究比较丰富，美国农业产业政策在国际领域转化为贸易政策，美国国内农业产业政策和农业边境

---

〔1〕 曹峰、吴进进、邵东珂：《美国农业福利政策的演变（1862~2000）》，载《美国研究》2015 年第 2 期。

〔2〕 宾雪花、何强：《美国产业政策立法及对中国的三启示》，载《法学杂志》2013 年第 8 期。

〔3〕 参见曾尔恕：《美国宪法对调整经济生活的作用》，载《比较法研究》2002 第 3 期；张千帆：《美国联邦宪法》，法律出版社 2011 年版；王希：《原则与妥协：美国宪法的精神与实践》，北京大学出版社 2014 年版。

〔4〕 李友根：《论农业产业政策的法律化——美国 Horne v. Dep't of Agriculture 案的启示》，载《人大法律评论》2016 年第 3 期。

〔5〕 张学军：《美国农业垄断豁免制度研究》，载《比较法研究》2010 第 4 期。

贸易政策有机结合，二者地位有所差别。张丽娟认为美国在处理与多边贸易体系的关系上，体现了国内立法至上原则，任何超越国内立法的国家贸易规则和判定都不可接受，且美国国会立法中增加了每五年就是否退出 WTO 进行立法表决的限制。[1]仇朝兵研究美国总统和国会间宪法权力关系的"贸易促进权"对美国贸易政策的形成和演变的影响，突出美国宪法权力关系对美国贸易政策内容和贸易协定谈判的影响。[2]美国政府经常将农业补贴和关税、进口限额政策集合起来保护国内农业。陈宝森以农业补贴为例，指出美国政府利用对补贴定义和计算标准的设定，违反 WTO 规则、对农产品过度补贴。[3]美国农业产业政策与 WTO 规则冲突引起贸易纠纷最为典型的是巴西诉美国棉花补贴案，国内研究文献也多次提及该案。2002 年巴西以美国棉花补贴对巴西棉农造成伤害为理由向 WTO 提起诉讼，WTO 的仲裁小组和上诉机构裁决的结论认为美国对国内棉花种植者的补贴违反了 WTO 规则，造成对巴西利益的严重伤害，授权巴西采取制裁措施。巴美双方于 2010 年签订了一个双方同意的解决棉花争端框架，美国政府每年向巴西棉花部门支付 1.473 亿美元，直至其解决棉花补贴问题；2014 年双方最终达成和解，结束争端。[4]国内研究仅仅涉及此案过程及处理结果，缺乏对案件实体法律问题的研究。

（二）美国关于美国农业产业政策的法治问题研究

尼尔·D. 汉密尔顿（Neil D. Hamilton）1990 年在《美国农业法研究：教育、组织和实践》中提出：在 20 世纪初，农业法被视为独特的法律领域，而哈罗德·W. 汉娜（Harold W. Hannah）是现代农业法研究的开创人物。[5]汉娜在 1946 年发表的《法律与农业》一文中认为，法律是农业的伴随物，法律规则的适当性不仅依赖于规则制定和适用的明智性，还依赖于农业学家对规则概念的理解及法律界对农业经济技术概念的理解；法律职业者和其他群体

---

〔1〕 张丽娟：《美国贸易政策的逻辑》，载《美国研究》2016 第 2 期。

〔2〕 仇朝兵：《"贸易促进权"之争及其对美国贸易政策的影响》，载《美国研究》2016 第 2 期。

〔3〕 陈宝森：《美国政府的农业政策与"多哈回合"谈判》，载《世界经济与政治论坛》2008 第 3 期。

〔4〕 参见任慧、林海：《美国诉中国农业国内支持案分析》，载《国际经贸探索》2017 年第 5 期；谢凤杰、吴东立、陈杰：《美国 2014 年新农业法案中农业保险政策改革及其启示》，载《农业经济问题》2016 第 5 期；陈宝森：《美国政府的农业政策与"多哈回合"谈判》，载《世界经济与政治论坛》2008 第 3 期。

〔5〕 See Neil D. Hamilton, "The Study of Agricultural Law in the United States: Education, Organization and Practice", 43 *Ark. L. Rev.* 503 (1990).

间存在互惠义务，以实现相互间实质和有效的理解，而这样的互惠义务在法律和农业之间并没有得到充分的满足。因此，农业法有必要产生。[1]20 世纪40 年代末至 70 年代中期，农业法主要是农业经济学家研究的领域；20 世纪70 年后期农地价值快速增长，农产品出口销售激增，使得农业部门对法律界的需求越来越高，农业法研究重新抬头。[2]梳理美国农业经济学者对农业产业政策的研究有助于理解美国干预农业的动因、过程、工具选择等。虽然法治是美国行政制度的一个基本要求，但美国的行政法学和宪法学著作中很少讨论法治原则。[3]所以，本书不以美国农业产业政策法治原则对文献进行泛泛梳理，而以农业产业政策的法治化表现梳理文献，从美国农业产业政策的宪法框架、农业产业政策手段的内部约束、农业产业政策外部协调等方面梳理美国学者的文献。

1. 美国农业经济学的相关研究

基于本书研究农业产业政策的需要，笔者从农业在经济发展中的作用、政府农业政策的目标、政府农业产业政策的手段、政府农业政策的评价等方面梳理美国农业经济学的研究。

首先，农业在经济发展中的作用。梅勒的《农业发展经济学》从农业与经济转变的影响、农业与食物供应和营养、农业与资本积累、农业与外汇和改善农村福利等方面论证农业为增加人口提供食物和纤维，为经济转变提供资金、改进农村福利，为工业提供劳动力，为工业部门生产消费品和生产资料提供市场等作用。[4]斯坦利·L. 恩格尔曼（Stanley L. Engelman）和罗伯特·E. 高尔曼（Robert E. Goleman）将农业部门的贡献归纳为增加粮食供给、向非农业部门释放劳动力、创造储蓄、为非农业部门的产品提供市场和赚取外汇。[5]

其次，政府农业政策的目标。一般而言，农业政策目标与农业作用的关系密切，但农业政策目标会因经济、社会和技术发展有所变化。沃尔特·W.威尔科克斯（Walter W. Wilcox）等认为美国政府早期的政策旨在避免风险和

〔1〕　See Harold W. Hannah, "Law and Agriculture", 32 *Va. L. Rev.* 781 (1946).

〔2〕　See Neil D. Hamilton, "The Study of Agricultural Law in the United States: Education, Organization and Practice", 43 *Ark. L. Rev.* 503 (1990).

〔3〕　王名扬：《美国行政法》（上），中国法制出版社 2005 年版，第 110 页。

〔4〕　[美] 梅勒：《农业发展经济学》，安希伋等译，北京农业大学出版社 1990 年版，第 117 页。

〔5〕　[美] 斯坦利·L. 恩格尔曼、罗伯特·E. 高尔曼主编：《剑桥美国经济史：20 世纪》（第三卷），蔡挺、张林、李雅菁译，中国人民大学出版社 2008 年版，第 500 页。

减少价格波动带来的影响，但技术的迅速发展时时都有压低农业价格的倾向，因此，在 1920 年到 1970 年之间的农业计划意图，从主要稳定价格转变到主要维持收入。[1] J. W. 鲁尼（J. W. Looney）将农业规制的目标整体归纳为保护农民免受不公平的对待、保护农产品的消费者、保护农产品生产者的经济利益、影响家庭农场的农业结构、规制影响农业的广泛社会目标。[2]

再次，政府农业产业政策的手段。H. G. 哈尔克劳（H. G. Halclaw）认为政府的农产品价格和收入计划有三种形式：供应的减少和控制、需求的补充或补贴、向农场主提供直接支付；农业产业政策具体手段有：限制作物的计划、土地银行的计划、无追索权贷款、销售限额和联邦销售协议与规程。[3] 默里·罗斯巴德（Murray·Rothbard）研究胡佛政府时期的农业卡特尔政策手段，胡佛上任总统后，《农产品销售法》（Agricultural Marketing Act）获得通过，联邦农业委员会建立起来，联邦农业委员会建立农民国家谷物公司，使得农民谷物合作社集中化，避免合作社之间形成竞争，稳定并提高农产品的市场价格。[4]

最后，美国农业产业政策的评价。斯坦利·L. 恩格尔曼（Stanley L. Engerman）和罗伯特·E. 高尔曼（Robert E. Callman）认为一项理性的农业政策基于六条公认的经济学基本原理，即在战争和贸易崩溃时保障粮食安全；帮助克服基础研究、应用研究及农业推广中的免费搭车问题，消除资金约束；提高生产要素的分配效率；克服市场失灵，尤其是过度消耗农业资源的外部性问题；不存在合适的保险市场时，才需要干涉；配套的收入政策和就业政策。他们认为现有政策对农业收入的提高，是以纳税人和消费者承担高昂成本以及效率的严重受损为代价的，这些政策总体没有显著提高农村穷人的收入。[5]梅勒从资源在农业与非农业部门之间的分配、各种投入与体制在农业

〔1〕［美］沃尔特·W. 威尔科克斯、威拉德·W. 科克伦、罗伯特·W. 赫特：《美国农业经济学》，刘汉才译，商务印书馆 1987 年版，第 495 页。

〔2〕See J. W. Looney, "The Changing Focus of Government Regulation of Agriculture in the United States", 44 Mercer L. Rev. 763 (1993).

〔3〕［美］H. G. 哈尔克劳：《美国农业经济学》，周诚等译，农业出版社 1987 年版，第 225~248 页。

〔4〕［美］默里·罗斯巴德：《美国大萧条》，谢华育译，上海人民出版社 2009 年版，第 214~215 页。

〔5〕［美］斯坦利·L. 恩格尔曼、罗伯特·E. 高尔曼主编：《剑桥美国经济史：20 世纪》（第三卷），蔡挺、张林、李雅菁译，中国人民大学出版社 2008 年版，第 729~730 页。

部门内部的分配、农业内部作物与地区之间的分配三方面评价农业计划的制定。[1]曼瑟尔·奥尔森（Mancur·Olson）从集体行动逻辑的视角评价大萧条时期农业卡特尔政策的运用，指出农业合作社和农场局所面临的集体行动困境，有选择性激励机制——正面的奖励和反面的惩罚——的集团比没有这种机制的集团更容易组织起集体行动。[2]经济学家主要从经济效率、市场失灵是否得以克服等角度评价和分析美国农业产业政策。

2. 美国农业产业政策的宪法框架研究

美国政府干预经济的政治运作与农民利益保护的关系很大。1871 年至1874 年，美国伊利诺伊州、威斯康星州、爱荷华州（现多译为"艾奥瓦州"）和明尼苏达州颁布"格兰其法"管理铁路和谷物仓库，保护农民免受不合理运输费和仓储费的剥削。1877 年"芒恩诉伊利诺伊州"案（以下简称"芒恩案"），美国最高法院判决伊利诺伊州限制电梯操作收费的法律合宪，法院依据"商业影响公共利益"的原则，认定伊利诺伊州法律符合州治安权行使范围。该案确立的"影响公共利益"原则成为学界争论美国州政府干预农业是否合宪的焦点。库利（Cooley）认为该原则是开放式概念，导致州几乎可以干预任何类型的商业活动，产生几乎无限制的财产立法的控制。[3]哈里（Harry）认为芒恩案判决具有重大意义，因为它默示承认某些类别商业没有受到公共利益的影响。[4]最初，美国联邦最高法院并不支持联邦政府仅以公共利益为由推行农业产业政策，如在 1932 年"新州冰业公司诉利伯曼"案中（New State Ice Co. v. Liebmann），法院明确表示，不能以公共使用为基础对生产、销售食品或服装活动进行立法规制。[5]詹宁斯（Jennings）和苏利文（Sullivan）研究大萧条农业危机时指出，政府可以向农民提供附带帮助，但不能进入私人领域，政府直接管制将意味着与"受公共利益影响的产业"的

〔1〕［美］梅勒：《农业发展经济学》，安希伋等译，北京农业大学出版社 1990 年版，第 348 页。

〔2〕［美］曼瑟尔·奥尔森：《集体行动的逻辑》，陈郁、郭宇峰、李崇新译，上海三联书店、上海人民出版社 1995 年版，第 179～187 页。

〔3〕See Thomas M. Cooley, "Limits to State Control of Private Business", *PRINCETON REV.* 233 (1878).

〔4〕See Harry N. Scheiber, "Public Policy, Constitutional Principle, and the Granger Laws: a Revised Historical Perspective", 23 *Stan. L. Rev.* 1029 (1971).

〔5〕New State Ice Co. v. Liebmann 285 U. S. 262 (1932).

传统概念相互冲突。[1]联邦政府管制农业问题受到美国《联邦宪法》的联邦制约束，传统农业生产领域视为州权干预范围，联邦政府无权进入。1942年"小麦超种"案（Wickard v. Filburn）的判决维护干预农业生产活动的一项联邦立法，该立法旨在管理各项活动中地方性最强的一种活动——在家庭农场上生产供个人消费的小麦，美国联邦最高法院在确定农场主的活动是否有重大不利影响时采用了累积效应原则，[2]使得联邦政府借助州际贸易条款进入传统州权管制范围。陈吉姆（Jim Chen）认为该小麦配额制的诉讼，定义了州和联邦机构的边界，是弥合农业和宪法之间虚幻鸿沟的罕见案例，使法院系统至今将商业市场的监管视为联邦立法适当甚至常规的主题。[3]可见，联邦政府推行农业产业政策还要面临宪法对联邦政府和州权力的划分问题。

农业产业政策的工具选择同样面临宪法约束，这些约束往往体现于美国各级法院的司法实践中。J. T. 施莱贝克尔（J. T. Schlebecker）研究《麦克纳利-豪根农田救济法案》的政府"平衡费"[4]时指出柯立芝总统反对收取"平衡费"，因为他认为"平衡费"强加在特定的市民集团身上，不是真正的税、不符合宪法。[5]"平衡费"1933年演化为《农业调整法》的"农产品加工税"，联邦最高法院以征收加工税只是联邦政府侵入州权领域实施农业生产管制的托辞为由，判为违宪。[6]1934年"内比亚诉纽约州"案（Nebbia v. New York）涉及纽约州牛奶最低价格法，[7]1950年"糖销售配额"案涉及1948年《糖业法案》有关农业部长授权分配美国市场销售糖配额的规定，[8]两案分别涉及价格管理的州治安权和销售配额的联邦经济管理权受到宪法正当程序条款的约束。1998年"克林顿诉纽约市"案（Clinton v. City of New

---

〔1〕　See Famsworth L. Jennings, "Robert C. Sullivan, Legal Planning for Agriculture", 42 *Yale L. J.* 878 (1933).

〔2〕　[美] 杰罗姆·巴伦、托马斯·迪恩斯:《美国宪法概论》，刘瑞祥等译，中国社会科学出版社1995年版，第47页。

〔3〕　See Jim Chen, "Filburn's Legacy", 52 *Emory L. J.* 1719 (2003).

〔4〕　《麦克纳利-豪根农田救济法案》建立设立政府机构收购任何剩余农产品，政府根据需要按照世界价格在国内外出售这些剩余产品，如果销往国外，产品亏损出售的损失由"平衡费"来补偿。

〔5〕　[美] J. T. 施莱贝克尔:《美国农业史（1607—1972年）——我们是怎样兴旺起来的》，高田、松平、朱人合译，农业出版社1981年版，第246页。

〔6〕　United States v. Butler, 297 U. S. 1 (1936).

〔7〕　Nebbia v. New York, 291 U. S. 502 (1934).

〔8〕　Secretary of Agriculture v. Central Roig Rfg. Co. , 338 U. S. 604 (1950).

York），克林顿取消 1997 年《纳税人减免法案》"允许某些食品加工商股东出售股票给农民合作社时推迟承认资本收益"的条款，联邦最高法院判决"单项否决法案"（The Line Item Veto Act of 1996）违宪，因宪法没有授权总统修改或废除国会的立法。[1]该案体现了《联邦宪法》授权条款对拨款权的约束。1999 年华盛顿哥伦比亚特区联邦地区法院处理了黑人农民贷款歧视案，该案是对美国农业部提起的集体诉讼，指控其在 1981 年至 1996 年期间实施的农业贷款、援助分配歧视黑人农民，双方最终达成和解协议。[2]该案体现了宪法平等条款对农业信贷政策的约束。2015 年"葡萄干"案[3]则涉及葡萄干收购是否构成征收及合理补偿的农业产业政策措施的宪法正当程序问题。

3. 美国农业产业政策的实施机制研究

有学者认为 19 世纪后半叶，具有保护农业和消费者利益目标的规制活动已经出现，在 20 世纪初期最为明显。1916 年《美国谷物标准法》和 1921 年《家畜经销商和家畜围栏法》重点关注农产品加工业，1922 年《谷物期货法》重点关注影响农产品价格的产业，1930 年的《植物专利法》和《易腐农产品法案》解决了专业化农业相关的特殊问题。[4]美国学界普遍认为，单一性农业管制向综合立法式农业产业政策的转变始于 20 世纪 30 年代的罗斯福新政。农业产业政策是加强管制还是放松管制？这一问题在美国学界的争论比较激烈，且在美国 1996 年《联邦农业完善和改革法》颁布前后最为明显。批判加强管制的理由有：以提高价格而限制生产的农业计划效率不高；增加农业收入和管制生产的手段经过了连续的修改；管制计划扭曲生产激励，鼓励以潜在的政府利益为基础，而不是以市场价格为基础的生产；生产计划鼓励过度使用化肥和农药以获得政府允许的最大产量，破坏环境；农业计划限制农民的灵活性，扭曲了生产决策；控制生产将限制美国农产品满足国外需求的能力，最终限制美国生产者的收入等。[5]批判放松管制的理由有：农业市场化和自由化面临国外市场波动，出口贸易呈现出不可预测性；农业市场集中难

---

〔1〕 Clinton v. City of New York, 524 U. S. 417 （1998）.

〔2〕 Pigford v. Glickman, 185 F. R. D. 82 （D. D. C. 1999）.

〔3〕 Horne v. Dep't of Agriculture, 576 U. S. 350 （2015）.

〔4〕 See J. W. Looney, "The Changing Focus of Government Regulation of Agriculture in the United States", 44 *Mercer L. Rev.* 763 （1993）.

〔5〕 See *H. R. 2854 CONF. REP. NO. 104-494*, Washington：U. S. Government Printing Office, 1996, pp. 40~42.

以监督；忽略农业政策具备的社会和意识形态因素；破坏以家庭农场为基础的农业体系等问题。[1]罗伯特·斯科特（Robert Scott）认为农业自由化后大型农场数量增加、小型农场迅速消失，企业对农业上游和下游控制越来越集中；出口市场已被证明比国内市场更加波动，全球化还将增加农民面临突发价格波动的脆弱性。因此，1996 年《联邦农业完善和改革法》没有产生出口的增长，反而将重大风险转嫁给没有明显效益的农民。[2]

从研究内容看，美国学界对于农业产业政策措施的研究包括概括式研究和具体某项措施研究以及对政策的未来研究。

概括式研究是指美国学者对美国农业产业政策进行的整体梳理。尼尔·D. 汉密尔顿（Neil D. Hamilton）将美国农业法分为四个阶段来探讨其产业政策目标和手段。其一是内战到 20 世纪 60 年代的传统发展时期，采用赠地大学制度、授权生产者免于反托拉斯法、国内配额限制等定期农业法案手段，主要目的是促进农民的经济和社会福利。其二是 20 世纪 60 年至 20 世纪 90 年代末的过渡性家庭农场时期，采用生产合同、农地价值压低时债务人救助等手段，实现传统农产品供应、价格和收入管理的目标。其三是 20 世纪 80 年代开始的工业化"大农业"时期，限制环境法对大型牧场饲养活动的适用、促进综合合同生产、严格农业知识产权保护、限制农民保存和种植种子的权利、放松对农业领域企业垄断行为的规制等，立法目标从家庭农场利益保护转向农业经济利益保护。其四是 20 世纪 90 年代末以来的后工业化食品民主时期，出现直接农场营销、农场市场和社区支持农业等活动，制定动物福利、食品安全及食品标签强制等方面的新法律。[3]艾伦·奥尔森（Allen H. Olson）梳理历次农业综合法案，胡佛时期《农产品销售法》设立联邦农业委员会，该委员会贷款给公司购买剩余农产品，贷款给合作社并授权合作社以低利率向其成员发放贷款；小罗斯福时期采取以农业补贴减少农作物种植面积、建立无追索权贷款、收入平价支持、销售配额、农作物计划等政策手段；二战

---

〔1〕 See Jon Lauck, "After Deregulation: Constructing Agricultural Policy in the Age of 'Freedom to Farm'", 5 *Drake J. Agric.* L. 3 (2000).

〔2〕 See Robert Scott, "Exported to Death: The Failure of Agricultural Deregulation", 9 *Minn. J. Global Trade* 87 (2000).

〔3〕 See Neil D. Hamilton, "Harvesting the Law: Personal Reflections on Thirty Years of Change in Agricultural Legislation", 46 *Creighton L. Rev.* 563 (2013).

期间联邦政府将农产品价格控制与平价相结合，以防止战争结束后农产品价格暴降；二战以后，联邦政府推行灵活的价格支持政策，根据农产品生产修改平价公式，并推行土地银行计划调整农产品产量；20 世纪 60 年代，美国政府将收入支持、土地转移支付和农作物贷款等措施与农民将一定农作物用地转为草地或林地的意愿挂钩，国会颁布食品券计划；20 世纪 70 年代，美国政府为鼓励农民种植，增加了"目标价格"的概念；20 世纪 80 年代，政府进一步增加种植面积减少方案以控制供给和减少政府补贴，将支付和产量脱钩，引入"营销贷款"；20 世纪 90 年代，美国政府加大农民自主种植的灵活性，农民被允许在 10%的土地上种植非计划性作物；1996 年《农业法案》以生产灵活性合同取代与目标价格和缺口支付挂钩的收入支持，终止所有供给管理计划，建立起新的环境质量奖励计划。[1]

　　具体某项措施研究是指美国学者选取某项农业产业政策措施进行针对性研究，如农业补贴、农业信贷、农产品销售指令、农产品价格控制、农业经营融资、农业保险、种植配额、农产品合同、涉农税收等。美国学者大多从某项农业政策措施的发展、影响、立法建议或结论等方面开展研究，试图说明该项措施的实施背景改变、消极影响大或实践效果差，进而对美国新阶段的综合立法提出建议。农业补贴是美国政府长期运用的政策手段，美国政府在每次农业综合立法中都会对农业补贴的项目、力度和方式等应时改变，因此这一政策最能体现产业政策法的阶段性和灵活性，美国学者对此关注也最为普遍。据此，笔者以农业补贴为例观察、描述美国学者对具体农业产业政策措施的研究。美国学者认为农业补贴不能保护家庭农场及其价值，价格支持仅仅是联邦政府为大型农业企业提供的福利，农业补贴未能巩固美国在贸易谈判中的地位，对环境产生负面影响，以农业补贴限制农民利用土地的数量只会导致农民更有效地利用剩余土地进而否定政府减少供给的目的，农产品补贴不能为美国人民提供丰富、可负担和安全的食品等。[2]但学者们的建

　　〔1〕　See Allen H. Olson, "Federal Farm Programs—Past, Present and Future—Will We Learn From Our Mistakes?", 6 *Great Plains Nat. Resources J.* 1（2001）.

　　〔2〕　See Anna O'Connor, "Fence Row to Fence Row: An Examination of Federal Commodity Subsidies", 21-SUM *Kan. J. L. &Pub. Pol'y* 432（2012）. See Thomas Richard Poole, "Silly Rabbit, Farm Subsidies Don't Help America", 31 *Wm. &Mary Envtl. L. &Pol'y Rev.* 183（2006）. Nathan R. R. Watson, "Federal Farm Subsidies: A History Governmental Control, Recent Attempts at a Free Market Approach, the Current Backlash, and Suggestion for Future Action", 9 *Drake J. Agric. L.* 279（2004）.

议或结论各有不同，奥康纳（O'Connor）建议国会大刀阔斧地重新设计农产品补贴，即使不能完全消除，也应将补贴转向有机食品等其他食品领域。沃森（Watson）主张有限的商品价格支持，为农民的辛苦劳动和投资支付合理回报，同时也确保自由的市场，让小型家庭农场有公平机会去竞争。普尔（Poole）等则认为没有农业补贴，农民可以选择补贴作物的替代方案，通过创造力和创业精神蓬勃发展。[1]通观美国学者对农业产业政策具体措施的研究，美国政府一般将直接干预手段和间接诱导手段结合使用，依据不同阶段的政策目标采用不同程度、不同组合的干预手段，如将减少农业补贴和扩大农产品国际市场相结合、将给予农户农业补贴和农户自愿接受规制相结合等。美国政府通过农业产业政策的具体措施实现农业产业结构和农业产业组织调整的目标，如通过农业补贴项目选择和农产品配额制实现农产品生产和销售结构的调整、农业企业限制和小农场扶持实现农业产业组织的调整。

还有一部分是对美国农业产业政策的未来研究。经济性规制层面，有学者主张美国农业产业政策应该取消所有的价格支持机制，把收入支持与生产脱钩；[2]有学者认为最简单的家庭农场避免了道德风险，小农场合作关系从专业化中获得收益，家庭农场将继续存在。[3]社会性规制层面，很多学者认识到农业产业政策将由经济性规制转向社会性规制，如导致农业监管的原因与土壤保持、农田保存、水质、食品安全和其他相关环境问题有关，化学品和农药使用受到很大限制，以可持续理念审查与农业生产有关的计划及监管食品中农药残留和药物污染的新计划，更多关注农业涉及的人民、土地、动物和社区健康，关注动物福利和动物权益。[4]

---

〔1〕　See Anna O'Connor, "Fence Row to Fence Row: An Examination of Federal Commodity Subsidies", 21-SUM *Kan. J. L. &Pub. Pol'y* 432 （2012）. See Thomas Richard Poole, "Silly Rabbit, Farm Subsidies Don't Help America", *31 Wm. &Mary Envtl. L. &Pol'y Rev.* 183 （2006）. Nathan R. R. Watson, "Federal Farm Subsidies: A History Governmental Control, Recent Attempts at a Free Market Approach, the Current Backlash, and Suggestion for Future Action", 9 *Drake J. Agric. L.* 279 （2004）.

〔2〕　See Allen H. Olson, "Federal Farm Programs—Past, Present and Future—Will We Learn From Our Mistakes?", 6 *Great Plains Nat. Resources J.* 1 （2001）.

〔3〕　See Douglas W. Allen Dean Lueck, "The Nature of the Farm", 41 *J. L. &Econ.* 343 （1998）.

〔4〕　See Neil D. Hamilton, "Harvesting the Law: Personal Reflections on Thirty Years of Change in Agricultural Legislation", 46 *Creighton L. Rev.* 563 （2013）. See J. W. Looney, "The Changing Focus of Government Regulation of Agriculture in the United States", 44 *Mercer L. Rev.* 763 （1993）.

4. 美国农业产业政策的协调研究

美国农业产业政策的协调从国内外关系视角可以分为国内协调和国际协调：国内协调包括联邦与州农业规制权力的纵向协调，以及农业产业政策与竞争政策、环境政策的横向协调；国际协调主要指美国农业产业政策与国际规则间的协调。

（1）联邦与州的农业规制权力协调既有协作也有宪法框架内的制衡，欧米钦（Oemichen）认为州农业部门与联邦政府部门，包括美国农业部、美国环保总署、美国食品药品监管局和美国商务部之间存在密切合作。美国环保总署的资金和立法授权被国会削减时，州农业部门成为环境保护积极参与者；食品安全问题严重时，许多州农业部门协助联邦确保美国的食品安全和质量；在国外销售农产品时，各州联合的营销组织与美国农业部和商务部密切合作。欧米钦进而指出，联邦政府在农业监管、市场营销和环境保护方面的作用有所减弱，这提高了州农业部门在上述领域发挥作用的重要性。[1]佩蒂拉（Pietila）从联邦政府对州政府农业规制权限制的角度分析二者关系，以《南达科他州反公司化农业修正案》（South Dakota's Anti-corporate Farming Amendment）为研究对象，该修正案明确区分一般公司和家庭农场公司，并规定非家庭农场公司不得拥有农地或从事农业生产。佩蒂拉从宪法平等保护条款以及州际贸易条款解释联邦法院的司法实践，认定该修正案并不违反《联邦宪法》。[2]

（2）农业产业政策和竞争政策的协调研究主要包括农业产业政策的反垄断法豁免和农业垄断的限制豁免两方面。农业产业政策的反垄断法豁免主要指产业政策的政府行为豁免和农业合作社的豁免。美国学者和司法实务界普遍认为，如果贸易限制和垄断是政府有效行为而非私人行为，则免于《谢尔曼反托拉斯法》（以下简称"《谢尔曼法》"）。农业部门、农村电气化局政府行为的垄断豁免也得到了法院承认，联邦最高法院认为联邦和州的农业销售计划，如果是私人实施的，则会违反联邦反托拉斯法；但参与政府农业销

〔1〕　See William L. Oemichen, "State Government Service to the Agriculture of Tomorrow", 2 *Drake J. Agric. L.* 247（1997）.

〔2〕　See John C. Pietila, "We're Doing This to Ourselves: South Dakota's Anticorporate Farming Amendment", 27 *J. Corp. L.* 149（2001）.

售计划的人被认为不受联邦反垄断责任的约束。[1]农业合作社豁免于反垄断法的主要论点是农业合作社是为了成员互助而运作，但牟利型公司是为了公司自身利润或利益，该论点往往成为司法分析合作社目的的一部分，对确定合作社是否应限制贸易发挥重要作用。[2]但美国学者也指出，如果合作社通过垄断或限制贸易不当提价，农业部长又不能或不愿对此执法，那么联邦政府其他部门将承担执法责任，因此农业部长应该定义"不当提价"，划定《卡普-沃尔斯特德法》条款允许的标准。[3]另一方面，美国学者比较多关注到农业公司的反托拉斯法执法不佳将导致农产品供给、加工和销售的市场集中度提高，少数公司和农民、农场主交易占据主导地位，削弱现有农业生产者的生存能力。美国学界对此问题提出了两类解决方案：其一，进行新的农业立法，授权农业部长采取行动，防止大规模市场结构变化和不公平合同；其二，回归反托拉斯法的历史性标准，并强力执行这些标准。[4]

（3）农业产业政策与环境政策的协调。20 世纪 30 年代起，美国学者就比较多关注农业产业政策与环境政策的协调问题，政府也通过土壤管理计划、农村区划、设立水土保持区等手段实现环境保护和农产品限产的双重目标。[5]但 20 世纪 70 年代起，农业在很大程度上摆脱了环境法的影响，许多基本环境法律包含明确的豁免措施，保护农业部门免受环境法规的管制；因此，这一时期的农业补贴计划和农场发展计划等导致农药、化肥等侵害土壤和水体，农业生产对环境污染和资源退化造成严重影响。20 世纪 80 年代末到 90 年代初，美国农业失去环境法律豁免，重新开始受到规制；美国农业法协会 1995 年年会以"农业和环境"为主题，认为重大的环境政策争议总以农业

---

〔1〕　See John P. Ludington, "Valid Governmental Action as Conferring Immunity or Exemption From Private Liability under the Federal Antitrust Law", 12 *A. L. R. Fed.* 329（1972）.

〔2〕　See Jon Lauck, "The Farmer Cooperative Movement as Tragedy", 5 *Drake J. Agric.* L. 537（2000）.

〔3〕　See Wendy Moser, "Selective Issues Facing Cooperatives: Can the Customer Continue to Be the Company?" 31 *S. D. L. Rev.* 394（1986）.

〔4〕　See Peter C. Carstensen, "Concentration and the Destruction of Competition in Agricultural Markets: the Case for Change in Public Policy", 2000 *Wis. L. Rev.* 531（2000）. See Jon Lauck, "Toward an Agrarian Antitrust: A New Direction for Agricultural Law", 75 *N. D. L. Rev.* 499（1999）.

〔5〕　See "Legal Techniques for Promoting Soil Conservation", *Yale Law Journal*50（941）, pp. 1056~1070.

和环境为中心。[1]此后，美国学界关注到每次农业法案修改都涉及环境问题，可持续农业发展、转基因作物污染防治、食品安全保障等成为农业与环境政策协调的热点。[2]

（4）美国农业产业政策与国际规则的协调。从国际规则适用范围看，美国学界研究农业产业政策与全球性规则和区域性规则之间的协调，前者主要是美国农业产业政策与 WTO 规则间的协调，后者主要是美国农业产业政策与北美自由贸易区协议、中美洲自由贸易协定的协调。从美国农业产业政策与国际规则的互动关系看，美国农业产业政策推动美国促进国际规则的谈判。如罗伯特·斯科特分析美国 1996 年市场化取向农业方案的出台背景时指出，联邦政府削减农业补贴，作为回报，政府将促进与拉丁美洲和 WTO 的贸易谈判，扩大农产品出口，消除对国内种植决策的限制。[3]国际规则对美国农业产业政策的约束，主要包括《北美自由贸易协定》《美国-多米尼加-中美洲自由贸易协定》和 WTO 规则对美国国内农业产业政策的约束。如杰西·拉特克利夫（Jesse·Ratcliffe）认为，美国基于支付能力设计补贴制度以符合 WTO 协议是很困难的，根据农场收入向农民支付在 WTO 规则下又可能不合法，因此提出以种植面积替代收入作为支付的指标，一旦达到一定种植面积，就限制支付。[4]约翰·斯坦索尔（John·Stencel）也指出，随着美国对外农业自由贸易谈判陷入僵局，美国也试图与达成双边贸易协定的国家进行谈判，如与智利、新加坡、巴拿马、秘鲁等国家达成协议。[5]

四、研究的思路

笔者将"美国如何将农业产业政策纳入法治轨道"这一问题的关键点设

[1]　See John H. Davidson，"The Federal Farm Bill and the Environment"，18-SUM *Nat. Resources& Env't* 3（2003）；Drew L. Kershen，"Introduction to the Sixteenth Annual American Agricultural Law Association Educational Conference Symposium"，48 *Okla. L. Rev.* 189（1995）.

[2]　See Noreen Guregian，"Genetically Engineered Crops, It's What's for Dinner: Monsanto Co. v. Geertson Seed Farms"，44 *Loy. L. A. L. Rev.* 1249（2011）.

[3]　See Robert Scott，"Exported to Death: The Failure of Agricultural Deregulation"，9 *Minn. J. Global Trade* 87（2000）.

[4]　See Jesse Ratcliffe，"A Small Step Forward: Environmental Protection Provisions in the 2002 Farm Bill"，30 *Ecology L. Q.* 637（2003）.

[5]　See John Stencel，"Free Trade Versus Fair Trade"，36 *Denv. J. Int'l L. & Pol'y* 349（2008）.

置为法治，而不是农业产业政策。换言之，美国农业产业政策是研究素材；以法治视野审视美国农业产业政策，涉及的具体法治问题是研究主体，研究目的是发现美国干预和促进农业发展的法治规律、经验和教训，进而为中国农业产业政策法治化贡献智识。回答美国如何将农业产业政策纳入法治轨道，首先需要明确美国政府所推行农业产业政策的内容构成，如此才可挖掘农业产业政策触及哪些法治问题。其次，需要探究在普遍主张市场自由和竞争政策的市场环境下，美国政府大量运用农业产业政策的正当性有哪些？因为只有具备正当性的农业产业政策才能够具备旺盛的生命力，换言之，农业产业政策的正当性是保证美国政府能够长期干预和促进农业的支柱。美国农业产业政策的正当性问题可以分解为外部正当性和内在正当性两方面，即美国政府为什么需要运用农业产业政策，以及美国政府为什么可以运用农业产业政策。前者和美国农业产业政策的生成变迁史有关，因为任何一项制度生成后都可能依据其历史惯性不断固化。因此，只有梳理美国农业产业政策的历史线索、观察农业产业政策外在正当性不断累积的过程，才能总括性地解释美国制定和实施农业产业政策的必要性。必要性因素构成了美国农业产业政策的外在正当性，而政府得以推行农业产业政策的权力依据是其内在正当性来源。法治框架下，美国政府干预农业权力的总来源是美国《联邦宪法》的规定；而美国政府如何通过对宪法抽象条款的解释和运用来扩充其农业干预权力内容，则是农业产业政策内在正当性需要研究的。

权力依据为美国农业产业政策提供了正当性背书，但也不可避免地导致政府农业干预权力的扩张，以致模糊政府权力的边界。因此，法治视野下的农业产业政策需要继续回答政府权力的边界是什么，即明确美国农业产业政策不得介入的领域有哪些。美国《联邦宪法》对个人权利和自由的保障构成了美国产业政策的限度，相当于从权力负面清单角度确定政府权力不得介入的领域、形成个人的权利自由对政府权力的制约。公权授权和个人权利自由保障构成对美国农业产业政策的实质限制，而法律文本则构成对美国农业政策的形式限制。无论美国国会还是联邦行政部门、抑或各州政府及地方政府，其农业产业政策的载体都是法律或行政法规。这些法律文本形成过程中的程序及实体要求、形成后受到的上级机关或司法机关的审查，都是农业产业政策法治原则的应有之义。因此，美国农业产业政策的法律载体是本书所要研究的第四个大问题。

　　农业产业政策在市场经济环境内运行，政府规制和市场自由的冲突、协调在农业产业政策制定和实施过程中不可避免。市场经济属于法治经济，这意味着农业产业政策和竞争政策的冲突应在法治框架内予以协调。因此，本书研究的第五个问题是法治框架内美国农业产业政策如何与竞争政策协调。此外，本书研究的落脚点是通过美国农业产业政策的法治问题研究为中国农业产业政策法治化问题提供思路、对策和规避教训，因此，结合我国农业产业政策存在的问题，扬弃美国经验，更有针对性地提出我国农业产业政策法治化建议，是本书所要研究的第六个问题。

　　基于此，本书研究框架拟作如下安排：

　　第一，美国农业产业政策的内容。本部分以农业产业政策支持和限制的实施手段为区分标准，将农业产业政策内容类型化为支持型农业产业政策和调控型农业产业政策。其后，根据《美国法典》第 7 卷农业卷和《美国联邦法规汇编》第 7 卷农业卷的立法内容，参考 1996 年农业法至 2022 年农业法的主要内容，将各类支持和调控农业经济活动的法律制度填入支持型和调控型农业产业政策之内。

　　第二，美国农业产业政策的正当性。本章通过研究农业产业政策的正当性争论、美国农业产业政策生成发展史和美国农业产业政策起源，探讨美国农业产业政策的正当性。首先，农业产业政策的正当性争论，包括对产业政策的依据和合理性质疑及对美国农业产业政策的必要性解释和质疑，旨在说明产业政策本身存在争议，并将美国农业产业政策的普遍解释作为证成或证伪的对象。其次，梳理美国建国后至今的农业产业政策变迁发展资料，探究美国实施农业产业政策的必要性因素，即外部正当性。最后，考察美国政府对《联邦宪法》的运用和解释，透析美国政府如何逐步获取、扩张其促进和干预农业经济的权力，即美国农业产业政策的内在正当性。

　　第三，美国农业产业政策的权力边界。美国《联邦宪法》规定的个人权利和自由是美国农业产业政策不可介入的领域，个人权利和自由构成美国农业产业政策的权力边界。主要包括：（1）平等保护条款对农业产业政策的制约；（2）征收补偿条款对农业产业政策的制约；（3）言论自由条款对农业产业政策的制约；（4）正当法律程序对农业产业政策的制约。在对以上美国《联邦宪法》个人权利和自由条款适用的过程中，美国联邦最高法院的解释发挥了重大作用。

第四，美国农业产业政策的法律载体。美国农业产业政策以法律文本为载体，联邦层面由国会依据宪法权利条款颁布农业法，行政部门依据农业法授权或总统行政命令制定和实施具体农业产业政策；州层面由各州议会依据联邦宪法、各州宪法的授权条款以及联邦行政部门的委托，制定和实施适合地方调控需要的农业法规。本章的具体内容包括：（1）美国国会的农业立法；（2）美国农业部的农业立法；（3）州和地方政府的农业立法。

第五，美国农业产业政策与竞争政策的协调。竞争政策的核心是维护自由公平竞争权利、排除限制竞争行为的理念和制度安排。本章主要分析竞争政策对美国农业产业政策的限制和豁免。一方面，竞争政策对农业产业政策存在限制：保护个人权利和自由的正当法律程序条款约束着美国联邦政府和州政府的制定实施农业产业政策的权力；此外，联邦行政机关会自我控制农业产业政策行为，州政府治安权也因其行使的溢出效应受到潜伏贸易条款（Dormant Commerce Clause）的约束。另一方面，竞争政策对农业产业政策也存在豁免。本书将分析美国反垄断法设定农业垄断豁免和国会农业立法明确宣布某些农业法例外于反垄断法的情形，尤其关注美国法院系统如何发展农业垄断豁免的标准和情形。

第六，中国农业产业政策法治化对美国经验的扬弃和教训的规避。首先，对美国农业产业政策如何满足法治原则进行总结；其次，对我国扬弃美国经验和规避教训的背景进行分析，包括对中美农业产业发展及法治化运作的差异分析和对我国农业产业政策法治化背景的现实分析；最后，将前述差异分析和我国现实问题相结合，优化我国实现农业产业政策法治化的路径。

第一章

美国农业产业政策的内容

既然本书主题是以法治视角研究美国农业产业政策问题，那么客观描述美国现行农业产业政策的内容构成就是首要步骤。作为规则表达的美国农业产业政策，其内容极为庞杂。如果不对农业产业政策内容予以类型化处理，那么很难系统化认识农业产业政策进而发现其中的法治问题。将美国农业产业政策内容以恰当方式类型化需要先明确产业政策的本质，再考察美国农业产业政策的文本，最后以相应标准归纳出农业产业政策的内容。

第一节　美国农业产业政策的类型化

一、农业产业政策的含义

虽然"产业政策"一词在理论界和实务界得到广泛使用，但是对产业政策概念的界定非常多样。最宽泛的产业政策界定是对产业产生影响的政策，包括专门针对产业的政策和非专门针对产业的政策。这一理解导致产业政策没有明确产业指向，与货币政策、财政政策等宏观经济政策无法区别开来，[1]理论界已经很少作此界定。专门针对产业的政策又可根据其作用范围分为水平型产业政策和垂直型产业政策（选择型产业政策），前者指作用于所有产业的政策，后者是指作用于某一产业、某些产业或特定企业的政策。垂直型产业政策也被认为是狭义产业政策，与之相对，水平型产业政策则是广

---

〔1〕　江小涓：《经济转轨时期的产业政策——对中国经验的实证分析与前景展望》，格致出版社、上海三联书店、上海人民出版社 2014 年版，第 7 页。

义产业政策。[1]美国学者史蒂夫·查诺维茨（Steve Charnovitz）则将产业政策分为一般产业政策和部门产业政策，前者旨在提高土地、劳动力、资本和管理四项生产要素的效率，后者旨在提高特定行业或商业集团的竞争力[2]，这一观点与广义和狭义产业政策的分类很相似。广义产业政策定义的代表性观点有：产业政策是政府为取得在全球的竞争能力，在其国内推行的发展或限制各种产业的政策的总称；[3]产业政策是国家或政府为了实现某种经济和社会目的，以全产业为直接对象，通过对全产业的保护、扶植、调整和完善，达成积极或消极参与某个产业或企业的生产、经营、交易活动，以及直接或间接干预商品、服务、金融等市场形成和市场机制效果的政策的总称；[4]产业政策是一国为实现一定的经济和社会目标而对产业的形成和发展进行干预的各种政策的总和。[5]狭义产业政策定义的代表性观点有：产业政策是政府为了实现某种经济和社会目标而制定的有特定产业指向的政策的总和；[6]产业政策是政府为改变产业间的资源配置和各种产业中私营企业的特定经营活动而采取的政策，此处所称产业指制造业及与制造业发展有密切关系的领域；[7]产业政策是政府为了影响各个企业的投资决定而采用的一套手段，其目的是促进实现低失业率、国际收支平衡等目标。[8]

上述定义的内容表述虽有不同，但涵盖的核心含义都包括以下几方面：第一，产业政策的指向为产业，包括全产业、某些产业和某一产业；第二，产业政策具有明确、多元的目标导向；第三，产业政策是政府运用支持手段

---

〔1〕 陈瑾玫：《中国产业政策效应研究》，北京师范大学出版社 2011 年版，第 11～12 页；姜达洋：《现代产业政策理论新进展及发展中国家产业政策再评价》，经济日报出版社 2016 年版，第 11 页。

〔2〕 Steve Charnovitz, "Desigaing American Industrial Policy: General Versus Sectoral Approaches", 5 *Stan. L. & Pol'y Rev.* 78~79 (1993).

〔3〕 C. Johnson, *The Industrial Policy Debate*, ICS Press, 1984, p. 7.

〔4〕 中国社会科学研究院工业经济研究所、日本总合研究所编：《现代日本经济事典》，中国社会科学出版社、日本总研出版股份公司 1982 年版，第 192 页。

〔5〕 韩乾、洪永淼：《国家产业政策、资产价格与投资者行为》，载《经济研究》2014 年第 12 期。

〔6〕 江小涓：《经济转轨时期的产业政策——对中国经验的实证分析与前景展望》，格致出版社、上海三联书店、上海人民出版社 2014 年版，第 7 页。

〔7〕 [日] 小宫隆太郎、奥野正宽、铃村兴太郎编：《日本的产业政策》，黄晓勇等译，国际文化出版公司 1988 年版，第 3 页。

〔8〕 See Grant. Wyn, *Government and Industry: A Comparative Analysis of the US, Canada and the UK*, Edward Elgar Publishing Limited, 1989, p. 7.

或调控手段对经济活动的干预行为[1]；第四，产业政策的本质是政府配置资源。国内法学界大多从以上几方面核心含义出发对产业政策进行定义，研究内容上注重对产业政策的市场干预行为予以约束，提出产业政策法律化或法治化；注重发挥市场配置资源的基础作用，提出产业政策和竞争政策的协调等。[2]需要注意的是，产业政策一词具有文本和行为两种涵义，前者表现为法律、法规或其他规范性文件，后者意指政府对产业形成、发展的干预行为。农业产业政策属于政府在农业领域制定实施的产业政策，因此可以将其定义为：政府为实现特定政策目标而制定和实施的、干预农业经济和促进农业发展的各种政策的总和，政策措施分为限制行为和支持行为。

二、美国农业产业政策的类型化

美国农业产业政策的内容量巨大。从农业产业政策文本看，美国农业产业政策包括美国联邦层面和州及地方政府层面的农业产业政策；其中联邦层面包括国会农业立法和行政部门的农业行政规范，州及地方政府层面也包括州及地方立法机构的农业立法和行政部门的农业行政规范。以美国联邦层面立法为例，包括《美国法典》农业卷和《美国联邦法规汇编》农业卷；根据最新立法，《美国法典》农业卷共计129章，《美国联邦法规汇编》农业卷共计31章。[3]即便是国会定期制定的综合性农业法，涉及主题也非常多样。以2018年《农业促进法》（Agriculture Improvement Act of 2018）为例，该法在12项主题下涉及上百个项目（Program）。因此，要通过如此庞杂且数量巨大

---

[1]　美国学者文献大多以干预（Economic Intervention）或规制（Regulate）来解释产业政策行为，参见 Steven M. Spaeth，"Industrial Policy, Continuing Survillance, and Raised Eyebrows: A Comparison of Informality in Administrative Procedure in Japan and the United States"，20 Ohio N. U. L. Rev. 931（1994）；Steve Charnovitz，"Desigaing American Industrial Policy: General Versus Sectoral Approaches"，5 Stan. L. & Pol'y Rev. 78，79（1993）.

[2]　王先林：《产业政策法初论》，载《中国法学》2003年第3期；张波：《论我国产业政策的法治化及实施制度重构》，载《当代法学》2008年第1期；刘桂清：《反垄断法中的产业政策与竞争政策》，北京大学出版社2010年版，第10页；王立君：《后危机时代的中国产业政策法律化思考——以日韩经验为借鉴》，载《法学》2011年第6期；叶卫平：《产业政策法治化再思考》，载《法商研究》2013年第3期。

[3]　参见《美国法典农业卷》，载美国国会法律修订顾问办公室官网，http://uscode.house.gov/download/download.shtml，最后访问时间：2018年10月4日。参见《美国农业行政法规汇编农业卷》，载美国正义法律网，https://law.justia.com/cfr/title07.html，最后访问时间：2018年10月4日。

的农业法律规范研究美国农业产业政策的内容，类型化必不可少。美国学界从农产品生产、农产品销售、农业生产要素和农产品价格收入等角度对农业产业政策进行类型化；有学者归纳出价格支持和生产控制的农产品计划、农业税收和遗产计划、农业组织、农业土地的销售和租赁、农业合作社、国际农产品贸易、与农业有关环境法律问题等农业产业政策类型；有学者将农业规制活动类型化为规制农业投入、农业生产和农业销售三大类。[1]更多美国学者具体研究某类产业政策，如农业信贷、农作物保险、农产品计划等。国内学者对美国农业产业政策的类型化则大多以美国国会农业法的各标题为依据，如徐更生将美国农业政策分为资源保护和科技发展政策、经济和社会发展政策两方面，前者包括资源保护政策和农业科技发展政策，后者包括农业价格和收入支持政策、农业信贷政策、农业税收政策、农产品对外贸易政策、国内食物援助政策。[2]陈华山将现代美国对农业经济的干预和调节分为对农产品生产供给、对农业生产要素和对农产品销售的干预和调节。[3]国际领域的 WTO《农业协定》（Agreement of Agriculture）将政府干预农业行为分为农业国内支持、农产品出口补贴和农产品进口市场准入制度。可见，农业产业政策类型化是研究者在尊重农业产业政策干预和促进农业活动特征的前提下，根据研究需要，裁剪农业立法内容的结果。

笔者根据前文农业产业政策的内涵以及产业政策支持和限制的干预手段，将农业产业政策内容类型化为支持型农业产业政策和调控型农业产业政策，前者表现为政府促进和扶持农业发展的能力，后者表现为政府规范和约束农业发展的秩序。在支持型和调控型政策类型的二分框架下，将历年美国农业产业政策的内容填充其内。具体来说：支持型农业产业政策包括农业补贴、农业对外贸易促进、农业信贷、农作物保险、农村地区发展、环境保护和农业科技研究、推广和教育等；调控型农业产业政策包括农产品生产调控、农

---

〔1〕 ［美］沃尔特·W. 威尔科克斯、威拉德·W. 科克伦、罗伯特·W. 赫特：《美国农业经济学》，刘汉才译，商务印书馆 1987 年版；Neil D. Hamilton, "The Study of Agricultural Law in the United States: Education, Organization and Practice", 43 *Ark. L. Rev.* 503（1990）；J. W. Looney, "The Changing Focus of Government Regulation of Agriculture in the United States", 44 *Mercer L. Rev.* 763（1993）；Matthew C. Porterfield, "U. S. Farm Subsidies and the Expiration of the WTO's Peace Clause", 27 *U. Pa. J. Int'l Econ, L.* 999（2006）.

〔2〕 徐更生：《美国农业政策》，经济管理出版社 2007 年版，第 16~20 页。

〔3〕 陈华山：《当代美国农业经济研究》，武汉大学出版社 1996 年版，第 412~431 页。

产品销售调控和过剩农产品处理机制等。

第二节　支持型农业产业政策的内容

一、农业补贴

美国国内农业补贴政策起源于 1933 年《农业调整法》，该法建立了农产品平价保护制度，以 1909 年至 1914 年期间的农产品价格作为平价，对未达到平价的农产品以补贴方式进行价格支持，补贴资金主要来源于征收的农产品加工税。此后美国政府形成农业补贴机制支持农产品价格的习惯。1973 年《农业和消费者保护法》改革平价制度，采用"目标价格"制度来实施农产品价格支持，即当农产品目标价格低于市场价格时，政府给予差额补贴。1996 年《联邦农业完善和改革法》第一次废除根据目标价格来执行收入支持的做法，减少农业补贴，并规定实行为期 7 年的市场过渡补贴计划。2002 年《农场安全和农村投资法》出台时美国正面临农业危机，故加大补贴力度建构农场主收入安全网。覆盖农产品（小麦、玉米、粒用高粱、大麦、燕麦、陆地棉、稻米、大豆和其他油籽）可以获得直接支付和反周期支付，贷款农产品（小麦、玉米、粒用高粱、大麦、燕麦、陆地棉、长绒棉、稻米、大豆、油籽、羊毛、马海毛和蜂蜜等）可以获得营销贷款。[1]《2014 年农业法案》逐步放弃高补贴的政策，删除直接支付、反周期支付和平均作物收入选择项目，增加价格损失保障（Price Loss Coverage）和农业风险保障（Agricultur Risk Coverage）项目，保留营销贷款，更加注重以农业保险方式实施农产品价格和收入支持。2018 年《农业促进法》继续沿用价格损失保障和农业风险保障措施，制定可以上浮的参考价格（Reference Price）。

（一）农业补贴政策的主要内容

美国农业补贴政策的内容包括农产品补贴、农业环境保护补贴、畜牧产品补贴、园艺产品、林业补贴、生物能源补贴及水产品补贴，但是最典型和重要的农业补贴还是农产品补贴。对这些补贴的规定大多位于历次国会农业法的第

---

〔1〕　Farm Security and Rural Investment Act of 2002, Pub. L. 107–171, §1001（4），（8）（MAY. 13, 2002）.

一标题农产品（Commodity）下，称为农产品计划（Commodity Program）。[1]美国农产品计划将农产品区分为覆盖农产品（Covered Commodity）、贷款农产品、牛奶和糖，不同种类农产品针对性适用不同的补贴措施；计划还包括强化农业风险保障的补充农业灾害援助项目（Supplemental Agricultural Disaster Assistance Program）、补充保障选择项目（Supplemental Coverage Option Program）和无保险农作物援助项目（Noninsured Crop Assistance Program）等。

1. 覆盖农产品适用价格损失保障补贴或农业风险保障补贴，其生产者可以自由选择价格损失补贴和农业风险补贴。覆盖农产品有小麦、燕麦、大麦（包括用于饲料的小麦、燕麦和大麦）、玉米、粒用高粱、长粒米、中粒米、豆类作物、大豆、其他油籽和花生；生产者包括农地所有者（Owner）、经营者（Operator）、出租人（Landlord）、承租人（Tenant）或（参与作物收益分成的）佃农（Sharecropper）。[2]价格损失补贴启动的条件是农产品实际价格（Effective Price）低于参考价格。农业风险保障包括县农业风险覆盖（County Coverage）和个人农业风险覆盖（Individual Coverage），县农业风险覆盖在某种农作物的实际收入（Actual Crop Revenue）水平低于县农业风险保障水平时适用，个人农业风险覆盖在一个农场上的生产者种植获得的全部农场收入水平低于个人农业风险保障水平时适用。[3]价格损失保障补贴和农业风险保障补贴的相同点是将补贴和农业生产脱钩，弱化补贴对生产和市场机制的扭曲，以规避 WTO《农业协定》规定的补贴纪律。二者不同点在于，价格损失保障补贴侧重于农产品实际市场价格，农业风险保障补贴侧重于农业收入；前者是农产品价格支持，后者是农产品收入支持。

2. 营销援助贷款（Marketing Assistance Loan）。营销援助贷款早期主要为无追索权营销援助贷款（Non-Recourse Marketing Assistance Loan），指生产者将农产品抵押给农产品信贷公司（Commodity Credit Corporation），当生产者的农产品市场价格低于贷款率时，可以选择不偿还贷款本金和利息，由农产品

---

〔1〕 2014 年农业法和 2018 年农业法不再使用"农产品计划"的标题，改为"农产品"标题，这与美国长期高额农业补贴引起国内外反对有关联，标题改变也反映出美国直接扭曲市场机制的价格支持转变为更为隐性的风险保障型的支持政策。因此，标题和措施虽改变，但对农业生产者的支持态度和力度并无多少变化。

〔2〕 Agricultural Act of 2014, Pub. L. 113-79, §1111 (6) (FEB. 7, 2014).

〔3〕 Agricultural Act of 2014, Pub. L. 113-79, §11117 (b) (1) - (2) (FEB. 7, 2014).

信贷公司没收抵押农产品。可见，营销贷款名义上虽称为贷款，起到帮助农业生产者融资的作用，但其更大作用是托底保障生产者的农产品价格，相当于政府为农产品提供最低收购价。该项制度弊病在于当农产品市场价格低于贷款率时，农产品信贷公司会积压大量抵押农产品，造成政府财政压力。因此，1985 年美国农业立法设立可追索权营销援助贷款，给予农产品信贷公司拒绝生产者以农产品还款、要求生产者变卖农产品以偿还本金和利息的权利。2018 年《农业促进法》规定的贷款农产品有：小麦、玉米、谷类、大麦、燕麦、陆地棉、长绒棉、长粒米、中粒米、大豆、油籽、干豌豆、小扁豆、小鹰嘴豆、大鹰嘴豆、羊毛、马海毛、蜂蜜和花生。[1]美国历次农业法制定也会根据实际情况对贷款农产品种类进行修改。

3. 牛奶和糖的补贴。美国《2014 年农业法案》授权乳制品利润保障项目（Margin Protection Program for Dairy），当所有牛奶价格和平均饲料成本之间的差异低于生产者之前选择的某个金额时，乳制品利润保障项目就为乳制品生产者提供保护。2018 年《农业促进法》授权新的乳制品利润保险项目（Dairy Margin Coverage Program）以替代 2014 年乳制品利润保障项目，新的乳制品利润保险项目基于牛奶价格和平均饲料价格的差异而实施。糖是美国消费者重要的日常消费品，消费数量大，因此美国糖项目保护具有战略意义。1996 年《联邦农业完善和改革法》将糖计划分为甘蔗（Sugarcane）计划和甜菜（Sugar Beet）计划，这两类计划均以贷款方式进行，补贴对象为国内糖的加工者，甘蔗贷款率为每磅 0. 18 美元，甜菜贷款率为每磅 0. 229 美元。[2]2018 年《农业促进法》将上述两项计划重新授权至 2023 作物年度，其中甘蔗的贷款率改为 0. 1975 美元。[3]

4. 其他补贴项目。前述几类补贴项目是农业补贴中最为重要的内容，也是学界最为关注的农业补贴内容。除此以外，还存在其他补贴项目，这些项目有些在国会农业立法的农产品标题下，如灾害援助项目；更多的分布在国会农业立法其它标题下，如环境保护项目（Conservation Program）、能源补贴项目（Energy Program）、有机作物认证成本分担项目（Organic Certification

---

〔1〕 Agriculture Improvement Act of 2018, Pub. L. 115-334, § 1202（b）（DEC. 20, 2018）.

〔2〕 Federal Agricultural Improvement and Reform Act of 1996, Pub. L. 104-127, § 156（a）&（b）（APR. 4, 1996）.

〔3〕 Agriculture Improvement Act of 2018, Pub. L. 115-334, § 1301（a）（DEC. 20, 2018）.

Cost Share Program）等。联邦政府也会对其他项目给予补贴，如环境保护项目（Conservation Reserve Program）中的保护储备项目补贴以每年向农场主支付租金的方式进行，紧急保护项目（Emergency Conservation Program）向农场主和牧场主提供资金和技术援助。

（二）农业补贴政策的实施

农业补贴政策被细化为各类补贴项目。（1）每个补贴项目的适用期限由国会农业立法确定。期限届满后，补贴项目需要继续实施的，由新农业法重新授权；补贴项目不再实施的，由新农业法废止；补贴项目被其他补贴项目替代的，由新农业法规定；补贴项目中止的，也由新农业法规定。（2）明确各类农业补贴项目的适用范围。基本农产品、牛奶、糖、畜牧产品的补贴项目名称各有不同，如基本农产品适用价格损失覆盖补贴、农业风险覆盖补贴、营销援助贷款。某些专用补贴项目也有特定适用范围，如补充农业灾害援助计划（Supplemental Agricultural Disaster Assistance Program）适用于干旱或公共管理土地上火灾所造成的损失，能够援助的牲畜品包括牛、野牛、家禽、羊、猪、马和其他农业部长决定的牲畜品；适格畜牧品生产者可以选择接受基于干旱状态或基于火灾造成的牧场损失，但不能同时获取两类损失，以防止双重支付。[1]农业补贴政策如此操作的基本目的是防止农业补贴的重复性，减少不必要的补贴支付，减轻政府的财政压力，毕竟农业补贴造成过大财政支出的问题在美国国内长期受到诟病。（3）明确各类农业补贴项目的适用条件。以2018年《农业促进法》的乳制品利润保险项目为例，该项目要求乳制品生产者购买不同级别保险，选择保险范围从每英担4美元至9.5美元，增量为0.5美元；选择乳制品生产历史的保险百分比从5%至95%，增量为5%；生产者可选择在2023年之前锁定保险水平，并获得乳制品利润保险保费25%的折扣。[2]（4）明确实施各类农业补贴的权力主体。美国农业部长依据农业法授权获得农业补贴管理权，其可以委托农业部的主要机构具体管理和实施农业补贴，各主要机构之间也会通过委托授权进行配合管理。一般来说，农业补贴项目大多面向农场主提供，因此大多数补贴项目由农场服务署进行管理和实施；而营销援助贷款的实施主体为农产品信贷公司。（5）农业补贴一

───────────────

〔1〕 Agricultural Act of 2014, Pub. L. 113-79, §1501（a），（c）（FEB. 7, 2014）.

〔2〕 参见美国农业部网站，www.fsa.usda.gov/programs-and-services/dairy-margin-coverage-program/index，最后访问时间：2019年5月20日。

般以自愿性协议的方式实施，即农业生产经营者可以自由选择是否与农业主管部门达成协议；当然，农业主管部门也可以依据法律规定审查农业生产经营者的资格或条件，以确定是否同意其申请。如果达成协议，农业生产者要受到合同的情形约束，并能够获得农业补贴；如果不愿达成协议，农业生产经营者无法获取补贴，但其仍然受到政府农产品加工、销售等行政规则的规范。自愿协议的"自愿性"程度可能受到政府管制从严或放松政策取向的影响。

二、农业信贷

美国农业信贷项目包括三大类：由政府赞助的信贷机构提供的信贷计划；由政府提供保证的信贷计划；由政府机构直接提供的贷款。[1]政府赞助的信贷机构提供的贷款计划是美国政府资助设立贷款机构、运用金融市场机制促进农业发展的手段，管理主体是农场信贷管理局（Farm Credit Administration）。政府提供保证的信贷计划由美国农业部部长通过对私人贷款提供担保或保险的方式来实施。政府提供的直接贷款主要由农产品信贷公司和农场服务署来提供。其中农产品信贷公司提供的是营销援助贷款，属于为农产品生产者提供的临时融资服务，能够有效调节农产品上市供给的时间和秩序、保障农产品的价格底线，前文已经述及。

（一）政府资助设立信贷机构的农业信贷

国内外学界探讨的农业信贷大多都属于信贷机构的农业信贷，[2]即政府资助设立信贷机构，该类信贷机构以金融手段支持农业发展。美国联邦层面资助农业信贷机构的立法起点是 1916 年的《联邦农业信贷法》，其后根据现实情形变化进行了近 30 次修改。最终农业信贷法被编撰入《美国法典》，其中关于农业信贷体系的内容编入《美国法典》第 12 卷 "银行和银行业"的第 23 章 "农业信贷体系"（Farm Credit System），关于农业信贷种类的内容编入《美国法典》第 7 卷 "农业"的第 50 章 "农业信贷"（Agricultural Credit）。

美国农业信贷机构受美国农场信贷管理局的管理，美国农场信贷管理局

---

〔1〕　徐更生：《美国农业政策》，经济管理出版社 2007 年版，第 182 页。

〔2〕　王煜宇：《美国〈农业信贷法〉：法典述评与立法启示》，载《西南政法大学学报》2017 年第 4 期；于丽红：《美国农场信贷体系及其启示》，载《农业经济问题》2015 年第 3 期；Richard L. Manner，"Historical Introduction to the Farm Credit System：Structure and Authorities，1971 to Present"，19 *Drake J. Agric. L.* 279（2014）.

由三人委员会管理，这些委员由美国总统在参议院建议和同意下进行任命。农场信贷管理委员会批准农业信贷系统的政策、法规、章程和执行活动，监督和检查农业信贷系统的活动。[1]目前，美国农业信贷机构包括农场信贷银行（Farm Credit Bank）、农场信贷协会（Farm Credit Association）、合作银行（Bank for Cooperative）以及其他农业信贷体系机构。[2]农场信贷银行由联邦土地银行（Federal Land Bank）和联邦中间信贷银行（Federal Intermediate Credit Bank）合并而成。农场信贷协会由联邦土地银行协会（Federal Land Bank Association）和生产信贷协会（Production Credit Association）合并而成。合作社银行原来包括12家地区合作社银行和1家中央合作社银行，1987年其中9家地区合作社银行和中央合作社银行合并成立国家合作社银行（National Bank for Cooperative）。[3]上述金融机构通过合并以扩展原有机构的业务范围和经营地域，如农场信贷协会可以为所有农场主直接提供贷款，而原有生产信贷协会往往是间接贷款人；再如国家合作社银行成立后，原有合作社银行的经营地域不再受到地区限制，可以面向全国。当然，由此也可能带来是否可以免税的问题，因为合并前有些实体享有税收豁免权，有些实体不享有税收豁免权，所以合并后实体的税收豁免通过农业信贷体系进一步重组来解决。

（二）政府提供保证的农业信贷

政府提供保证的农业信贷主要指由政府保险或担保的农业信贷，也就是说符合规定的农场主从美国农业部批准的商业贷款机构获得贷款，农业部为此类农业贷款提供保证或保险。以农场服务署提供的担保农场贷款（Guaranteed Farm Loan）项目为例，贷方（Lender）和贷款申请人填写担保申请表，提交给农场服务署贷款区域的服务中心；农场贷款官员审查申请人的申请资格、还款能力、抵押品是否充足；如果申请人符合条件，申请将获得批准，服务中心向贷方发出有条件承诺。[4]和直接贷款不同之处在于，保证

---

〔1〕 载美国农场信贷管理网，https://www.fca.gov/about/fca-board，最后访问时间：2019年5月20日。

〔2〕 载美国法典之家网，http://uscode.house.gov/download/download.shtml，最后访问时间：2019年4月26日。

〔3〕 Richard L. Manner, "Historical Introduction to the Farm Credit System: Structure and Authorities, 1971 to Present", 19 *Drake J. Agric. L.* 279, 295 (2014).

〔4〕 载美国农业部网站，https://www.fsa.usda.gov/programs-and-services/farm-loan-programs/guaranteed-farm-loans/index，最后访问时间：2019年5月21日。

的农业贷款并未直接向农场主或牧场主提供贷款，只是对其贷款行为予以担保。

（三）政府机构直接提供的农业信贷

政府机构直接提供的农业信贷包括农产品信贷公司的营销贷款和农场服务署提供的农业信贷。农产品信贷公司的营销贷款具有浓厚的补贴和价格支持功能，前文述及，此处不再赘述。农场服务署直接提供的农业贷款主要包括可得性农场贷款（Available Farm Loan）、针对性农场主贷款（Targeted Farmer Loan）和专门性贷款（Specialty Loan）。其中可得性农场贷款具有普遍意义，包括农场经营贷款（Farm Operating Loan）、小额贷款项目、农场所有权贷款（Farm Ownership Loan）；针对性农场主贷款包括年轻人贷款、少数族裔和女性农牧场主贷款、初始农牧场主贷款；专门性贷款包括紧急贷款和美国原住民部落贷款。其中，农场经营贷款和农场所有权贷款[1]是历次农业法的调整重点。农场经营贷款与援助农场经营费用、提高农场盈利能力有关，主要是对农牧场主购买生产资料的援助，如援助购买牲畜家禽、种子、农药、化肥、饲料和农场机器设备等。农场所有权贷款主要和购买农场牧场、扩大农场牧场、购买地役权、建造购买或改善农场建筑物等有关，因此，农场所有权贷款经常被称为不动产贷款。

农牧场主应通过申请方式获得政府机构提供的农业信贷，由农业主管部门审查农牧场主的适格性。农业贷款存在最高额限制，以直接农场所有权贷款为例，农场服务署在其网站上提供申请贷款表格及其指引，[2]并从农场实体的经营适格性、贷款申请人的一般资格要求、农场管理的经验三方面进行审核。经营适格性审查主要为了防止所有权贷款流向非农领域，确保资金流向的农业目的；贷款申请人一般资格要求主要包括无犯罪记录、承担贷款义务的能力、良好的信用记录、美国公民、未因违反联邦作物保险而被取消资格等；管理经验要求申请者在提交申请日前的10年内至少有3年的管理经验。[3]2018年《农业促进法》授权使农业部长可以调整农场所有权贷款的3年经验适格

---

[1]　农场经营贷款和农场所有权贷款有农场服务署直接提供的类型和提供担保的类型。
[2]　载美国农业部网站，https://www.fsa.usda.gov/programs-and-services/farm-loan-programs/farm-ownership-loans/index，最后访问时间：2019年5月23日。
[3]　载美国农业部网站，https://www.fsa.usda.gov/programs-and-services/farm-loan-programs/farm-ownership-loans/index，最后访问时间：2019年5月23日。

性要求。

三、农作物保险

美国农业风险管理主要从两方面进行，其一是作为农产品计划的价格损失覆盖补贴、农业风险覆盖补贴和牛奶利润保险项目等，其二是各类保险公司就农作物向农场主、牧场主提供的保险服务。前者属于农产品价格和农业收入支持的补贴手段，位于国会农业法的农产品（Commodity）一章；后者是对各类农作物自然风险的保险，位于国会农业法的农作物保险（Crop Insurance）一章。美国《联邦农作物保险法》最早制定于1938年，现编入《美国法典》第7卷第36章"农作物保险"（Crop Insurance）。农作物保险的立法目的是通过一个合理的农作物保险体系提高农业的经济稳定性、促进国家福利，并为具体保险的设计和建立提供研究和经验借鉴。[1]农作物保险的产生与当时美国的自然灾害沙尘暴（Dust Bowl）和大萧条（Great Depression）有关，严重的自然灾害导致农作物歉收，农场主遭受经济损失；而政府的救灾援助资金往往需要很长时间才能在国会通过，这导致政府的自然灾害援助滞后。农作物保险恰恰反映出以市场机制应对自然灾害救助所具备高效率优势。由于农场主的初始投资很多以借贷方式获得，一旦歉收发生且政府灾害援助不及时，农场主将面临巨大的债务危机，这将加剧粮食短缺情形。当前，农作物保险已经成为美国农业经济的基石，对美国繁荣至关重要[2]。2018年《农业促进法》甚至将大麻纳入覆盖作物（Cover Crops）范围，以支持大麻作物的种植。

美国农作物保险的管理机构是风险管理局（Risk Management Agency），其成立于1996年，以市场基础的风险管理工具服务农业生产者。风险管理局的职责是管理联邦农作物保险公司（Federal Crop Insurance Corporation）、为农牧场主创设新的农作物保险品种、与私营保险公司建立公私合作关系、向农牧场主提供农作物保险服务。联邦农作物保险公司成立于1938年，是实施农作物保险计划的政府全资公司，其管理权授予给董事会，受农业部长总体监

---

〔1〕 载美国法典之家网，http://uscode.house.gov/download/download.shtml，最后访问时间：2019年4月26日。

〔2〕 Perry Elerts, "Crop Insurance Reform in the Face of Climate Change", 25 *Hastings Envtl. L. J.* 183, 188（2009）.

督。私营保险公司是美国农作物保险的具体经营者，这些保险公司经过批准后才能发行农作物保险，被称为许可保险提供者（Approved Insurance Provider）。农场主和牧场主是投保人，一般来说是否参加保险计划是自愿行为，但 1994 年《联邦农作物保险改革法》（Federal Crop Insurance Reform Act of 1994）将价格支持的不足支付、特定信贷和其他利益与农作物保险资格相挂钩，使得农作物保险具有一定的强制性；1996 年《联邦农业完善和改革法》虽废除了大部分强制参与要求，但仍然保留接受其他福利需购买农作物保险的规定。[1]这一措施的目的在于提高农牧场主参加农作物保险计划的积极性，也确实起到了相应效果。

美国农作物保险的实施主要包括以下几方面：（1）联邦农作物保险公司直接与农牧场主签订保险合同，风险发生导致作物损失或无法种植时，联邦农作物保险公司予以赔付。（2）联邦农作物保险公司与许可保险提供者签订标准再保险协议（Standard Reinsurance Agreement），许可保险提供者必须同意遵守联邦农作物保险公司管理农作物保险程序的要求，向联邦农作物保险公司指定区域内所有合格生产者提供保险、向联邦农作物保险公司提供与协议管理有关的所有信息、适用联邦农作物保险公司批准的损失调整流程和方法、由通过联邦农作物保险公司批准且完成培训课程的保险代理人或经纪人销售保险产品、不得歧视任何被保险人或保险申请人。[2]从这个角度看，联邦农作物保险公司通过再保险协议控制私营保险公司保险费率和保险条款的制定权，导致私营保险公司费率的非竞争性。农场主支付相同的保险费率，保险公司只能在营销、服务和相关产品方面进行竞争，这不利于降低美国纳税人承担的风险和成本，不利于激励保险公司减少支出，也不利于农民更好地获取市场信号。[3]（3）风险管理局向农牧场主支付保险费用补贴，降低农牧场主承担的保险费用成本，促使更多农牧场主参与保险计划；风险管理局还向私营保险公司提供经营和管理费用补贴。

---

〔1〕　载美国农业部风险管理机构网站，https://www.rma.usda.gov/About-RMA/History-of-RMA，最后访问时间：2019 年 5 月 24 日。

〔2〕　7 C.F.R. § 400.168 (2018).

〔3〕　Perry Elerts, "Crop Insurance Reform in the Face of Climate Change", 25 *Hastings Envtl. L. J.* 183, 201~203 (2009).

四、农产品贸易

美国农业是严重依赖国际贸易的大型产业，美国农场主对对外贸易的依赖程度远高于其他产业，美国农产品贸易政策是美国农业立法重要组成部分。美国政府主要从两方面促进农产品贸易，即农产品出口促进项目和农业贸易谈判。

（一）农产品出口促进项目

美国农业部海外农业局（Foreign Agricultural Service）和农产品信贷公司是制定和实施的各类农产品出口促进项目的主要机构，实施过程主要有申请、批准、签订协议和履行协议。[1]农产品出口促进项目包括以下几方面：

1. 出口补贴。除前文述及国内农业补贴政策外，为促进农产品出口，1985 年国会授权出口扩大计划（Export Enhancement Program）以对抗欧洲共同体及其他国家的农业补贴。出口扩大计划不是针对具体的出口商进行补贴，而是针对向特定国家和地区销售农产品的出口商进行补贴，目标市场非常明确。[2]为履行乌拉圭回合谈判达成的《农业协定》中降低出口补贴的承诺，美国逐步削减出口扩大计划补贴力度，并最终在 2008 年《食品、环保、能源法》废除该项出口补贴。乳制品出口激励计划（Dairy Export Incentive Program）是单独针对乳制品出口的补贴项目，《2014 年农业法案》删除该计划[3]。目前，美国政府实施的出口补贴不再直接支付给具体的出口商，而是向与农产品出口有关的非营利组织提供资助；也不直接针对农产品价格补贴，而是对农产品促销、研究、广告、市场评估和技术改进等活动进行资助。应该说，美国政府此举是为规避 WTO《农业协定》。出口补贴项目主要有农业贸易促进项目（Agricultural Trade Promotion Program）、海外市场发展项目（Foreign Market Development Program）、市场准入项目（Market Access Program）和新兴市场项目（Emerging Markets Program）。这四类项目都为农产品海外营销组织提供成本分担（Cost-Share）的资金，农业贸易促进项目与非营利国家或地区组织合作，以发展新市场或减轻他国关税和非关税壁垒对美国农产品出口的不利影响；海外市场发展项目与合作社组织合作，以增加国际社会对美国农产品的

---

〔1〕 载美国农业部网站，https://www.fas.usda.gov/programs，最后访问时间：2019 年 5 月 25 日。

〔2〕 陈华山：《当代美国农业经济研究》，武汉大学出版社 1996 年版，第 285 页。

〔3〕 Agricultural Act of 2014, Pub. L. 113-79, §1423 (FEB. 7, 2014).

需要；市场准入项目与美国农业贸易协会、合作社、州区域贸易集团、小企业合作，以分担海外营销和推广活动的成本；新兴市场项目为在新兴市场的技术援助活动提供分担成本。

2. 信贷支持。信贷支持主要是 1982 年《出口贸易公司法》规定的出口信贷担保项目（Export Credit Guarantee Program）。2008 年《食品、环保、能源法》删除了供应商出口信贷担保项目（Supplier Credit Guarantee Program）和中期出口信贷担保项目（Intermediate Export Credit Guarantee Program），[1]但《2014 年农业法案》仍然保留短期出口信贷担保项目，但将贷款时间从 3 年缩短为 24 个月。[2]目前，美国出口信贷担保项目只包含短期出口信贷担保项目，实施信贷担保的主体是农产品信贷公司、获得担保的对象是美国私营金融机构或美国出口商向经批准的外国金融机构提供的贷款、担保贷款用途是用于购买美国农产品或食品，担保范围内的农产品由农产品信贷公司根据市场潜力和法律法规要求而选定。出口信贷担保项目起到降低资金出借方的金融风险，鼓励进口方进口美国农产品的作用。设施担保项目（Facility Guarantee Program）也属于信贷支持的计划，该项目支持贷款用于新兴市场农产品储存、加工、处理等设施，同时，也由农产品信贷公司实施担保计划。

3. 技术活动支持。前文述及新兴市场项目涉及为技术援助活动提供资金支持。此外，特种作物技术援助（Technical Assistance for Specialty Crops）也属于以资金支持方式帮助美国组织提高克服农产品出口技术障碍能力的措施。特种作物包括除小麦、饲料谷物、油籽、棉花、大米、花生、糖和烟草之外所有在美国栽培种植的作物及其产品。[3]

4. 对外农业援助项目。美国对外农业援助包括农业技术教育援助和农产品援助赠与。农业技术教育援助是指美国为发展中国家或特定地区的农业研究人员、农业政策制定者、农业从业者和农业教育者提供指导和培训的活动。如博洛格奖学金项目（Borlaug Fellowship Program）为发展中国家和中等收入

〔1〕 Food, Conservation, and Energy Act of 2008, Pub. L. 110-246, §3101 (JUNE. 18, 2008).
〔2〕 Agricultural Act of 2014, Pub. L. 113-79, §3101 (a), §3203 (a) (FEB. 7, 2014).
〔3〕 载美国农业部网站, https://www.fas.usda.gov/programs/technical-assistance-specialty-crops-tasc, 最后访问时间：2019 年 5 月 25 日。

国家的研究员提供培训和合作研究的机会，以促进食品安全和经济增长。[1] 1954 年《农产品贸易发展与援助法》（通称为"第 480 号公法"）是美国政府对外输出农产品的重要法律，美国政府以低价、优惠美元贷款、出口当地货币支付、以物易物等方式向其他国家出售或赠与农产品。目前对外农产品援助和赠与项目主要有比尔·艾默生人道主义信托（Bill Emerson Humanitarian Trust）、食品进步项目（Food for Progress）、当地和区域的食品援助采购项目（Local and Regional Food Aid Procurement Program）和麦戈文多尔食品教育项目（McGovern-Dole Food for Education Program）。美国对外农业援助的目的除提高被援助者的农业生产率和救助当地食品缺乏外，往往还与美国外交政策捆绑附带许多条件，具有扩大农产品出口的目的。以食品进步项目为例，该项目主要目的是促进农业生产率和扩大农产品贸易。

（二）联邦政府、州政府等组织的贸易谈判

1985 年《美国农业法》规定美国联邦政府在继续支持农业的同时，放松农业管制，推动农产品贸易谈判进程。在 1986 年开始的乌拉圭回合多边贸易谈判中，美国主张全面改革农产品国际贸易，将为美国农产品出口提供世界贸易市场作为乌拉圭回合谈判的关键目标。同时，美国加快国际贸易的区域扩张和多边谈判推进，如 1992 年美国和加拿大、墨西哥签署《北美自由贸易协定》。该协定包括解决农产品国内支持和出口补贴的三边条款，鼓励各国减少国内支持和出口补贴，强调降低关税和配额的贸易壁垒并设定过渡期。[2] WTO 建立后，短期内确实促进了美国农产品出口，但 20 世纪末美国农产品出口遭遇危机，2002 年《农场安全和农村投资法》重新加强农业管制，增强农业补贴力度。2003 年 WTO 谈判破裂后，美国贸易谈判代表试图在双边和多边谈判中与许多国家和地区签订自由贸易协定，如《美国-多米尼加-中美洲自由贸易协定》《澳大利亚-美国自由贸易协定》和《北美自由贸易协定》。[3] 2018 年 10 月，新《北美自由贸易协定》达成，加拿大放松对美国乳制品交易的限制，向美国开放约 3.5% 的乳品市场份额。除联邦政府组织农业贸易谈

---

〔1〕 载美国农业部网站，https://www.fas.usda.gov/programs/borlaug-fellowship-program，最后访问时间：2019 年 5 月 26 日。

〔2〕 Terence J. Centner, "Changes Impacting Production Agriculture: NAFTA and New Environmental Regulations", 24 *U. Tol. L. Rev.* 371（1993）.

〔3〕 John Stencel, "Free Trade Versus Fair Trade", 36 *Denv. J. Int'l L. & Pol'y* 349（2008）.

判外，美国各州和地方政府也积极参与农产品国际贸易活动。各州政府都意识到积极参加国内和国际贸易的重要性，因此，几乎每个州都加入了地方性国际贸易协会，比如中西部州基本上都积极参加了中部美国国际农业贸易理事会（Mid-America International Agri-Trade Council）。[1]还有许多州的国际营销部门经常参加州农产品的海外推广活动，各州州长、农业委员和主管等通过频繁海外贸易之旅的方式来促进州的农业生产。

五、政府一般服务支持

世界经济合作与发展组织从政策指向性角度把各国实践中多种多样的国内农业支持政策归纳为对农业生产者的支持和政府一般服务支持两种类型。[2]前者是针对农业生产者或特定农产品的直接补贴或资助行为；后者则不针对农业生产者和特定农产品进行直接补贴，不会扭曲农业生产销售市场机制。因此，WTO《农业协定》将政府一般服务支持置入"绿箱"，包括农业研究、培训服务、技术推广、基础设施建设和信息咨询服务等。本书结合美国农业产业政策立法内容主要分析以下三方面内容：

（一）农业研究、技术推广和教育

美国农业研究、技术推广和教育对提高美国农业生产水平具有重要作用。1862 年《莫里尔法》规定将国有土地赠与各州兴办农业机械学院以推动农业机械化，1890 年新《莫里尔法》规定联邦对各州以年度拨款方式给予农业机械学院经费资助，并且建立大学合作推广工作机制及其与农业部长的合作机制。为满足农业科技试验需要，1887 年《哈奇试验站法》（以下简称"《哈奇法》"）通过，规定联邦政府向各州拨款支持试验站建设。美国农业研究、技术推广和教育的范围根据农业经济、社会和技术发展不断拓展，包括动物健康和生产、植物健康和产品、动植物种质收集和保存、水产养殖、食品安全、土壤和水及其他资源保护和改善、林业和园艺管理、营养科学和推广、农场财务能力和盈利能力提升、家政学、农村人类生态学、青少年发展和农业教育、国内农产品市场扩展、农业信息管理和技术转让、农业生物技术、

---

〔1〕　William L. Oemichen，"State Government Service to the Ariculture of Tomorrow"，2 *Drake J. Agric. L.* 247（1997）.

〔2〕　齐皓天：《WTO 规则视角下美国农业国内支持的合规性研究》，华中农业大学 2017 年博士学位论文。

食品和农产品的加工、配送和销售等。[1]美国农业研究、技术推广和教育涉及农业部、各州政府、地方政府、赠地学院、各类协会及推广人员，农业部长每年向总统和国会作农业研究、技术推广和教育的年度报告。

（二）农村发展机制

美国早期通过土地划拨和资金投入方式发展农村地区道路交通、水利等基础设施建设。大萧条时期，美国农村人口受到生活和收入水平降低的威胁，农场安全管理局（Farm Security Administration）和就业工程局（Work Projects Administration）发展联邦项目以应对农村危机。[2]农村发展政策立法分为两个阶段，大萧条时期至 20 世纪 70 年代主要是单行立法，1981 年《农业和食物法》开始专设农村发展一章。前者的代表性立法有 1936 年《农村电气化法案》（Rural Electrification Act of 1936）和 1972 年《农业和农村联合发展法案》（Consolidated Farm and Rural Development Act of 1972）。1936 年《农村电气化法案》及其修正案为农村电气化、电话服务、宽带接入的贷款和投入提供法律依据。1972 年《农业和农村联合发展法案》及其修正案成为美国农村社区设施贷款项目、农村商业和工业贷款项目、农村企业资助项目、农村社区进步计划等项目的主要法律依据。1981 年《农业和食物法》单独设立农村发展一章后，历次综合农业立法不断增加农村发展项目，如 1996 年《联邦农业完善和改革法》增加了农村地区远程医疗和远程学习的服务项目、增加了水和废物处理设施的拨款项目。发展至今，美国农村发展项目基本实现公共设施、住房改善、生活设施、环境资源保护、医疗服务保障、农村工商业促进、农村企业等领域的全方面覆盖。管理体系上，1981 年《农业和食物法》确立了美国农业部在整合联邦、州和地方政府农业发展项目方面的领导地位，1990 年《食物、农业、资源保护和贸易法》设立美国农业部农村发展局，1994 年《农业部重组法》授权设立负责农村经济和社区发展的副部长职位。其中，农村发展局通过提供贷款、资助、贷款担保、技术和信息援助等方式改善农村经济和生活质量，这一机构包括三个服务局——农村公用事业服务局（Rural Utilities Service）、农村商业合作服务局（Rural Business-Cooperative Service）

---

〔1〕 载美国法典之家网站，http://uscode.house.gov/download/download.shtml，最后访问时间：2018 年 4 月 26 日。

〔2〕 Tadlock Cowan, *Cong. Research Serv*, RL31837, "An Overview of USDA Rural Development Programs" 1 (2011).

和农村住房服务局（Rural Housing Service），以及商业中心、消费者服务中心、国家财务会计业务中心、农村发展创新中心、州事务办公室等若干个办事处。随着美国农村经济、人口、社会和政治结构改变，在农村发展对农村经济发展和生活质量提升的价值之外；农村正成为可再生资源的管家，可再生燃料、可再生能源、区域粮食系统、出口农产品和舒适休闲环境都要求农村区域发展的创新。[1]因此，美国农村发展政策日益注重发展农村宽带服务、保护环境和资源、提供可再生能源和乡村休闲等内容。

（三）信息支持机制

美国农业部是提供农业信息的主要部门，农业部中提供农业信息的机构主要有农业营销局（Agricultural Marketing Service）、农业研究局（Agricultural Research Service）、国家经济研究局（Nationd Bureau of Economic Research）、海外农业局（Foreign Agricultural Service）、国家农业图书馆（National Agricultural Library）和国家农业统计局（National Agricultural Statistics Service）。农业营销局免费提供农产品市场信息和分析，帮助美国农牧场主和企业了解农产品价格、数量、价值、气候影响、供给和需求等信息。农业营销局每年发布数千份市场报告，为农业行业提供关键的批发、零售和运输数据。市场报告主要收集棉花、乳制品、水果蔬菜和特种农产品、畜牧家庭和谷类、烟草、本地和区域食品销售、有机农产品、零售等方面的数据。[2]农业研究局通过农业研究和信息服务促进美国农业发展，涉及高质量和安全食品、美国人营养需求、农村居民和社区需要的经济机会等信息的提供和传播。国家农业图书馆是农业研究局的下设机构，其信息中心提供农业和食品法律信息，农业企业、作物和种植系统有关的信息，动物福利信息和培训，食品和营养信息，国家入侵物种信息，农村发展资金和计划信息，水资源和农业相关信息等。[3]国家经济研究局负责为生产者提供动物产品、农作物、农场经济、农场经营和管理、食品和营养援助、食品选择和健康，食品销售和价格、食品

---

〔1〕 Charles W. Fluharty, "Why Rural Policy Now Matters to Agriculture: Rural Development, Regional Innovation, and the Farm Bill", 16 *Drake J. Agric. L.* 31（2011）.

〔2〕 载美国农业部农业营销服务网，https://www.ams.usda.gov/market-news，最后访问时间：2018 年 10 月 31 日。

〔3〕 载美国国家农业图书馆网站，https://www.nal.usda.gov/information-centers，最后访问时间：2018 年 10 月 31 日。

安全、国际市场和美国贸易、自然资源和环境的经济研究和评估信息。海外农业局主要负责按商品和目的地国家每周更新美国出口销售信息，包括由海外办事处分析和监测的农业生产和贸易的影响因素，农业、渔业、林产品和纺织品国际贸易的现有和历史数据，美国、主要生产国和消费国的农产品生产、供应和销售数据。国家农业统计局为农场主、牧场主、农业企业和公职人员提供客观、重要和准确的统计信息，满足他们对美国农业和农村的基本数据需求。可见，美国农业部及所属农业信息机构组织严密、分工合作，为农业生产者、经营者和政策制定者等利益相关者提供从产前预测到产后统计、从市场评估到产品报告、从生产库存到流通销售、从国内到国际的全方位信息服务，较为有效地解决了农业市场信息不充分和信息不对称的问题。[1]

第三节　调控型农业产业政策的内容

美国调控型农业产业政策始于20世纪20至30年代。一战结束后，美国农产品出口市场萎缩，而美国农业生产能力仍然保持高位水平，农产品生产和销售失衡，农产品生产过剩、价格下跌。美国政府先后通过提高关税、加强对农场主信贷支持和政府收购过剩农产品的方式应对农业危机，[2]但因农业干预领域集中于农产品市场销售领域且干预手段具有非强制性，导致抑制农产品过剩的效果不足，农业危机转为慢性农业危机，并于20世纪20年代末转为严重农业危机。罗斯福新政时期，美国联邦政府对经济的管理、调节和干预由一些零散的活动发展为一种系统的经济机制，成为美国经济结构和运行中不可或缺的力量。[3]农业危机是罗斯福新政迫切需要解决的问题，因此调控型农业产业政策在罗斯福新政时期逐步成型，1933年《农业调整法》建构了调控型农业产业政策的基本框架。所谓调控型农业生产政策是指政府对农业生产、供给、销售和剩余产品处理进行全过程干预的政策手段，目的是维持农产品供给和需求的整体平衡，具有较强的非自愿性特征。以农产品

---

〔1〕　王洪会、张肃、林杰：《市场失灵视角下的美国农业保护与支持政策》，东北师范大学出版社2015年版，第137~140页。

〔2〕　厉以宁：《1933年以前美国政府反农业危机措施的演变》，载《北京大学学报（人文科学）》1962年第3期。

〔3〕　王红霞：《经济法视域下的罗斯福新政研究》，中南大学2010年博士学位论文。

供给和需求的整体平衡措施为区分依据，调控型农业产业政策可以分为控制农业生产政策、调控农产品销售政策和处理剩余农产品政策。

一、控制农业生产政策

1933 年《农业调整法》确立了控制农业生产政策。具体来说，当农业部长有理由相信目前基本农产品平价低于公平交易价值时，或者基本农产品平价可能低于当前或下个销售年度正常销售的公平交易价值时，农业部长有权立即启动调查权以确定并宣告以上事实。此后，农业部长有权与生产者达成自愿协议或其他自愿方式达成一致，协议内容为调整基本农产品的种植面积或销售数量，或二者皆有；达成协议的生产者可以获得租金或收益支付。换言之，接受种植面积调整的农场主，由政府给予补贴；不与农业部长达成协议的农场主，则无法获取政府补贴。表面看，农场主是否接受联邦政府的种植面积调控是自愿的，即农业生产控制行为没有强制性；但在严重农业危机背景下，能否收到政府补贴直接影响农场主的利润和竞争能力，因此，农业生产控制事实上具有经济强制作用。1938 年新《农业调整法》仍然规定自愿性种植面积配额，将限制农业生产和获取农业补贴相挂钩。1938 年新《农业调整法》设置的控制生产政策长期被称为农产品计划（Commodity Program）。1996 年《联邦农业完善和改革法》引入脱钩的生产灵活性合同，农民可以根据市场信号而不是政府农产品计划来进行生产决策；考虑到自由农业政策的价值取向，法案中并未使用农产品计划的表述。但 2002 年《农场安全和农村投资法》再次运用农产品计划的表述，规定通过种植面积和生产调整来影响种植业，并通过反周期补贴和直接支付所提供的激励改变农户的生产决策和总的农业产出。[1] 2008 年《食品、环保、能源法》仍然使用农产品计划的表述，并且规定继续沿用直接支付和反周期支付的措施。《2014 年农业法案》和 2018 年《农业促进法》不再使用农产品计划的表述，改之以农产品的表述；但仍旧将其作为农业法的首个标题，仍然将种植基础面积、单产水平和农产品收入支持挂钩，仍然以经济激励方式约束农场主的种植面积、生产总量和农产品品种的行为。2018 年《农业促进法》中价格损失覆盖补贴和农业风险覆盖补贴的计算核心依据和《2014 年农业法案》一致，即根据基础面积

〔1〕 张汉麟等编译：《美国 2002 年农业法专题研究》，经济管理出版社 2005 年版，第 2~3 页。

和单产水平计算，且政府在确定支付水平时应参考国内农产品的市场价格。
2018 年《农业促进法》的有效参考价格比较《2014 年农业法案》而言有所变
化，《2014 年农业法案》直接设定各类覆盖农产品的参考价格；而 2018 年
《农业促进法》规定的有效参考价格具有比较性，即有效参考价格是下列
（1）和（2）两类价格比较中的较小者：（1）金额等于覆盖农产品参考价格
的 115%；（2）金额等于下列价格中的较大者，即覆盖农产品的参考价格和最
近五个作物年度的覆盖农产品销售价格平均值的 85%——排除最高年度和最
低年度的销售价格。[1]

　　农产品计划的补贴数额取决于历史的基础面积和单产水平，因此之前的
农产品种植面积和单产水平就成为控制现在农业种植面积和单产水平的依据。
从这个意义看，农产品能够计划起到保持农产品种植面积和单产水平的作用。
适用生产控制的农产品为覆盖农产品，非覆盖农产品适用销售调控机制。依
据农业产销状况，每次农业立法会对覆盖农产品进行删减或增加，大多数直
接供给粮食、油料和纤维的大田作物属于覆盖农产品范围，生产覆盖农产品
的农场主在受到收入和价格支持的同时也要接受农业部对其生产控制。美国
当前的农产品生产控制是以签订自愿性协议并给付收入支持的激励方式约束
生产者的生产决策，并且允许生产者在基础面积上调整生产产品种类，以到
达农业生产总量和种类的调控目的。可见，农业生产控制既有总量调整，也
有农产品结构调整。

　　除以农产品计划方式调控农业生产外，美国农业产业政策还借助环境资
源保护方式控制农业生产。该方法始于 1936 年《土壤保护和国内配额法》
（Soil Conservation and Domestic Alloment Act），该法区分消耗地力和增强地力
的农作物，生产者种植增强地力的农作物将得到政府补贴。其后于 20 世纪 50
年代至 60 年代，政府实施自愿退耕计划。2018 年《农业促进法》中的湿地
保存（Wetland Conservation）、休耕计划（Conservation Reserve）、环境质量激
励计划等仍然从土地用途限制、休耕退出面积增加、政府购买地役权等方面
间接激励生产者限制其农业生产面积或调整种植植物类型。环境类计划由农
场服务署管理实施，以签订合同的方式约束生产者。

　　美国农业产业政策还通过鼓励可再生能源发展，激励农场主调整农作物

---

　　〔1〕　Agriculture Improvement Act of 2018, Pub. L. 115-334, §1101（DEC. 20, 2018）.

的种植结构。美国农业部设有"生物基优先项目"，2002年《农场安全和农村投资法》规定联邦政府采购生物基产品项目，采购机构在采购产品或服务时，应发布一定数量由农业部长指定的生物基产品合同；2011年农业部开始推行生物基产品自愿标签项目，通过认证的生物基产品可以获得政府的优先采购。农业部从技术、资金和信贷担保上援助先进生物燃料的开发、可再生化学品和生物基产品的制造。除此之外，农业部还推行生物柴油教育计划、生物质能作物援助计划、激励农村能源自给和鼓励生物质能研究和发展，[1]以此调整农业生产结构。

二、调控农产品销售政策

美国政府调控农产品销售的政策分为调控农产品进口政策和调控国内农产品销售政策。

（一）调控农产品进口

美国政府具有限制和禁止农产品进口的机制，如果农业部长发现输入美国的农产品严重干扰美国国内农业法的计划实施时，他有权向总统提出相关建议；如果经过调查和报告建议，总统认为存在上述事实，则他有权从价征收不超过50%的关税或实施进口数量限制。[2]农业部常规实施进口限制的农产品为乳制品和糖，分别实施乳制品进口许可计划（Dairy Import Licensing Program）和糖进口计划（Sugar Import Program）。具体而言，乳制品和糖进入美国实施进口配额制，美国对配额范围内进入美国的乳制品和糖征收较低关税，而对超过配额部分征收较高超配额关税。美国政府还通过设置绿色壁垒和进口农产品的检验、检疫标准来限制农产品进口，其国内关于销售农产品的各项要求同样适用于相应进口农产品。如美国对国内销售的西红柿、葡萄干、橄榄油、西梅、鳄梨、芒果、酸橙、油桃、茄子、核桃、猕猴桃等近30种农产品适用销售指令，制定等级、尺寸、质量和成熟度要求，这些要求同样适用于以上农产品进口。

---

〔1〕 载美国法典之家网站，http://uscode.house.gov/download/download.shtml，最后访问时间：2018年4月26日。

〔2〕 载美国法典网，http://uscode.house.gov/download/download.shtml，最后访问时间：2018年4月26日。

（二）调控国内农产品销售

第一，国内农产品销售限额政策。销售限额与生产控制密切相关，前文述及生产控制可以通过自愿性种植面积限制实现，销售限额则是以限制销售方式来缩小种植面积。销售限额与种植面积限制有所不同，前者具有强制性，后者具有自愿性；前者以不得超额销售来约束农场主的种植面积，后者直接以自愿协议方式控制农场主的种植面积。如果农产品出现收成剩余，那么农业部长便能够请求农场主采取销售限制；如果对某种作物有 2/3 的农场主决定同意销售限额，那么农业部长就可能强制执行。[1]换言之，是否实行销售限额具有自愿性，但一旦多数表决通过，就具有强制执行的效力。此时，农场主如果超额销售农产品，不仅不再享有补贴资格，还将面临处罚。当然，销售农产品限额主要针对基本农产品，1938 年新《农业调整法》规定了烟草、玉米、小麦、棉花、水稻、花生和糖的销售限额，目前烟草、水稻、花生的销售限额已被删除。

第二，国内农产品销售协议和销售指令。1933 年《农业调整法》规定了销售协议和销售指令，作为实现农产品有序销售、保持农产品平稳供应、防止农产品市场价格不正常波动、保护生产者和消费者等利益目的达成的补充方式。其中销售协议由农业部长与加工者、生产者、生产者协会或农产品处理商签订，该协议并不违背美国反托拉斯法；销售指令由农业部长发布，须经过销售指令实施区内的 2/3 的生产者投票同意或 2/3 农产品产量的生产者投票同意才可实施。[2]销售协议和销售指令的适用范围是非基本农产品，主要是牛奶、水果、蔬菜等，国会立法可以增删上述具体农产品种类。销售协议具有自愿性，只约束签订人；销售指令具有强制性，即便生产者在表决是否通过某一销售指令时投反对票，一旦该销售指令通过，仍要受该指令约束。销售协议大多为实施销售指令起铺垫作用，销售协议可以转化为销售指令，销售协议调控区域内不少于 50%农产品产量的协议签署人可以启动销售协议转化程序，并且经过 2/3 以上生产者或生产 2/3 以上产量农产品生产者表决

〔1〕［美］J. T. 施莱贝克尔：《美国农业史（1607—1972 年）——我们是怎么兴旺起来的》，高田、松平、朱人合译，农业出版社 1981 年版，第 256 页。
〔2〕载美国法典网，http://uscode. house. gov/download/download. shtml，最后访问时间：2018 年 4 月 26 日。

同意，〔1〕销售协议即因转为销售指令而具有强制性。虽然销售协议对未签订的人不具有强制性，但是未签订协议人仍要接受与销售协议同等程序和方式的检查，不满足销售协议质量要求的农产品不得进入市场。销售指令内容包括农产品销售价格、销售数量、等级、尺寸、质量、上市日期、包装、建立储备池的条件及收益分配、共同的研发、促销和广告等，换言之，销售指令旨在建立强制性的生产者与销售有关行为的协同。

违反销售协议和销售指令的行为应当承担法律责任，当被调控者违法行为构成犯罪要承担刑事责任，不构成犯罪则受到民事制裁。以美国农业产业政策的销售指令机制为例，销售指令适用范围内的经销者，或其管理者、代理人、雇佣者，违背该销售指令，会被定罪（Conviction）且被处以不少于 50 美元、不多于 5000 美元的罚金（Fine），一天的违反行为视为单独一次违法行为（按日计罚）；同时，上述人员违反销售指令的行为还会被农业部长处以不超过 1000 美元的民事罚款（Civil Penalty），按日计罚。〔2〕当然，违反生产控制和销售协议的行为同样面临类似惩罚。即便是未达成协议的人违反农业法设定的同等条件、同等程度检查的，仍会导致惩罚。如前文提及的花生销售协议，如未达成协议者违反规定，将导致农业部长的罚款，数额等于配额花生价格支持的 140%。〔3〕

第四，农产品销售秩序规范机制。销售市场秩序主要从农产品经营行为和农产品质量两方面规制。前者规制农产品销售的不公平和欺诈行为，如1930 年《易腐农产品法案》规定各种新鲜水果、蔬菜及依据交易惯例确定的樱桃都是易腐农产品，行纪商、经销商、代销商等不得在农产品交易中采用不公平、不合理、歧视或欺骗性的做法。〔4〕后者从销售农产品分类、等级、标准、检验、检疫、仓储标准、质量认证等方面保证农产品质量，如《美国棉花标准法》授权农业部长发布棉花样品标准，农业行政法规据此规定任何

〔1〕　载美国法典网，http://uscode. house. gov/download/download. shtml，最后访问时间：2018 年 4 月 26 日。

〔2〕　载美国法典网，http://uscode. house. gov/download/download. shtml，最后访问时间：2018 年 4 月 26 日。

〔3〕　载美国法典网，http://uscode. house. gov/download/download. shtml，最后访问时间：2018 年 4 月 26 日。

〔4〕　载美国法典网，http://uscode. house. gov/download/download. shtml，最后访问时间：2018 年 4 月 26 日。

棉花分类均应根据美国官方棉花标准的样品质量来确定陆地棉的颜色和叶片等级、纤维长度和纤维性能测量标准。[1]

第五，农产品储备。美国农产品储备计划的实施方式分为政府储备和农场主自行储备两种，政府储备由美国农产品信贷公司实施，农场主自行储备由政府资助农场主改善其储备设施。美国农产品信贷公司成立于1933年，1948年根据《农产品信贷公司特许法》（Commodity Credit Corporation Charter Act）重新注册，该法也在修正后于2012年再次颁布。《农产品信贷公司特许法》规定农产品信贷公司设立的目的是稳定、维持和保护农业收入和价格，维持农产品的均衡和充足供给，促进农产品有序分配；具体权力包括以贷款、购买、支付或其他方式支持农产品价格，采购农产品出售给其他政府机构、国外政府、国内外救助机构，处置过剩农产品。[2]农产品信贷公司储备农产品的方式包括没收抵押农产品和购买农产品，前者是农产品信贷公司在农场主于贷款到期日无法还贷情形下没收抵押农产品，后者是农产品信贷公司直接向农场主收购农产品作为储备。

三、过剩农产品处理机制

美国农业生产过剩是比较常见的现象，除生产控制和销售限制措施外，国内食品援助和国际食品援助也是美国政府处理过剩农产品的惯用方式。国内食品援助始于20世纪30年代前后的农业危机，食品援助是促进国内农产品消费的措施。1933年《农业调整法》为鼓励农产品的国内消费，规定由农业部长确定的低收入群体有权通过利益支付、补偿、捐赠或其他方式获得农产品。[3]发展至今，美国食品援助项目的处理剩余农产品功能逐步弱化，保障公众营养和健康功能得以强化。2008年《食品、环保、能源法》出台，食品券项目（Food Stamp Program）更名为补充营养援助项目（Supplemental Nutrition Assistance Program）。食品援助项目的管理主体是美国农业部食品和营养管理局，援助食品提供者主要是农业营销局和农产品信贷公司，提供对象

---

〔1〕 载美国正义法律网，https://law.justia.com/cfr/title07/7-2.1.1.1.2.1.68.7.html，最后访问时间：2018年11月13日。

〔2〕 Commodity Credit Corporation Charter Act, Pub. L. 112-166, §2, 5 (AUG. 10, 2012).

〔3〕 载美国法典网，http://uscode.house.gov/download/download.shtml，最后访问时间：2018年4月26日。

则由各类食品援助项目规定。农业营销局购买 100%国产和加工的食品，这一购买剩余农产品的行为事实上起到了消除农产品过剩的作用；农产品信贷公司将其库存储备投入食品援助项目的行为也能起到调节农产品过剩的作用。

目前，美国农业部食品援助项目包括补充营养援助项目、妇女婴儿和儿童的特殊补充营养项目（Special Supplemental Nutrition Program for Women, Infanta, and Children）、儿童营养项目（Child Nutrition Programs）和食品分配项目（Food Distribution Programs）。[1]补充营养援助项目对象是低收入群体，符合条件的低收入家庭可以使用食品券在零售店或农贸市场购买食品。儿童营养项目由食品和营养管理局实施，包括全国学校午餐项目、学校早餐项目、儿童和成人护理食品项目、夏季食品服务项目、新鲜水果蔬菜项目及妇女、婴儿和儿童特殊补充营养项目等。食品分配项目由食品和营养管理局将农业部购买的农产品分配给学校儿童、低收入家庭、需紧急援助的人、印第安人和老年人。该项目通过政府采购农产品实施，也能够起到平衡农产品市场供给和需求，稳定农产品市场价格的作用。[2]

国际食品援助政策是美国处理过剩农产品的另一重要方式。1954 年《农产品贸易发展与援助法》较为系统地规定了美国国际食品援助政策，该部法律的立法目的是处理剩余的农产品，以降低粮食储存成本、促进农产品贸易，并减少世界饥饿和营养不良[3]。该法在 1966 年更名为"粮食和平计划"（Food for Peace），并被置于《美国法典》农业卷第 41 章，从其归入法典的内容看，粮食和平计划是美国国际食品援助的系统规范。具体来说，包括物物交换项目、紧急和私人援助项目、食品发展项目（Food for Development）、食品进步项目（Food for Progress）、国际食品教育和儿童营养项目（International Food for Education and Child Nutrition Program）、农场主对农场主项目（Farm-To-Farm Program）。从援助方式看，既有直接捐赠食物，也有通过售卖援助食物换取资金的方式资助别国经济社会发展，或通过技术援助参与国。总体来

---

〔1〕 载美国农业部网站，https://www.fns.usda.gov/programs，最后访问时间：2019 年 5 月 27 日。

〔2〕 载美国农业部网站，https://www.usda.gov/topics/food-and-nutrition，最后访问时间：2018 年 11 月 14 日。

〔3〕 J. Dirck Stryker, "U. S. Food Aid Legislation: Its Perspective, the American Farmer on Hungry People; and Its Structure, Purpose and Conclusions", 30 *How. L. J.* 301 (1987).

说，美国对外农产品援助的方式取决于其国内农产品盈余的数量和结构，也与贸易政策和外交政策的目标密切相关。

总而言之，美国农业产业政策的内容可以类型化为支持型和调控型，前者提高农业发展能力，后者规范农业发展秩序。支持型农业产业政策的具体内容包括农业补贴、农业信贷、农作物保险、农产品贸易和政府一般服务支持；调控型农业产业政策的具体内容包括农业生产控制、农产品销售控制和过剩农产品处理。虽然前述内容所构成的农业产业政策确实起到了增强美国农业竞争力和发展美国农业经济的作用，但是，在主张竞争机制和市场主导配置资源的环境下，表征政府干预本质的农业产业政策为什么能够在美国长期存在？换言之，美国政府为什么需要以及为什么可以推行农业产业政策，是下一步需要研究的问题，尤其是美国政府为什么可以推行农业产业政策这一问题恰是法治原则约束政府行为的体现。这些是本书第二章所要研究的问题。

第二章

美国农业产业政策的正当性

美国农业产业政策长期受到理论界和实务界的诟病。美国农业经济学家通过各类模型评价美国农业产业政策给纳税人、消费者和社会福利带来的损害;国会议员在农业立法中经常将农业补贴喻为对消费者征收的食品税,指称美国农业产业政策扭曲市场机制,导致农业生产者作出错误的生产决策;美国联邦最高法院曾在司法判决中质疑农业产业政策是否与宪法相违背;国际社会认为美国农业产业政策违背WTO规则,恶化农产品国际贸易的公平竞争环境。但是,前文表明美国具有完整的农业产业政策体系,并且国会以阶段性农业综合立法的形式不断完善农业产业政策的内容。正如李国祥所评价:反对美国消除农业管制的呼声很高,但美国政府从未在实践中放弃对农业的管制。[1]那么,美国政府为什么需要和为什么可以持续实施饱受质疑的农业产业政策?学界对美国农业产业政策的正当性研究大多集中于必要性问题,即探讨美国实施农业产业政策的原因。那么,对农业产业政策必要性或原因的惯常解释是否能够得到美国农业产业政策实践的印证和支撑?同时,对美国政府为什么可以实施农业产业政策这一问题的研究也有所忽略。为回答上述问题,笔者将首先梳理学界的一般解释,然后从历史变迁角度考察美国"为什么需要"实施农业产业政策的外在正当性,最后从权力依据角度研究美国"为什么可以"实施农业产业政策的内在正当性。

---

[1] 李国祥:《美国农业管制及其启示》,载《农业经济问题》2002年第4期。

第一节　美国农业产业政策必要性的通常解释

一、产业政策的理论依据及质疑

（一）支持产业政策的依据

支持产业政策的理论依据非常多，包括："市场失灵"和"经济发展理论"的两依据说；"基础层次机制论""产业发展定位论"和"国际层次竞争论"的三层次依据说；"纠正市场失灵""顺应产业结构变动规律""推动创新与产业集群"和"提升国家竞争力"的四依据说等。[1]具体来说，产业政策的制定和实施包括但不限于以下几方面理由：第一，市场存在公共产品供给不足、外部负效应、科研投入不足、垄断、信息不对称等失灵情形；第二，政府通过产业政策能够更好地利用一国比较优势、发挥后发优势，推动新产业建立、产业结构调整、落后产能淘汰；第三，政府通过产业政策扶持本国战略性产业成长，形成规模经济效应，增加产业的国际竞争能力；第四，政府产业政策在培育创新环境、提高创新主体能力、激励创新主体动力和加大创新投入上具有作用；第五，产业政策有效性具有事实支撑，美国、欧盟和日本都有产业政策成功的典范。[2]可见，支持产业政策既有理论层面的依据，也有实践层面的依据。

（二）质疑产业政策的依据

与支持产业政策的依据相类似，对产业政策的质疑往往也是从实践层面和理论层面进行，前者主要集中于产业政策有效性的质疑，后者主要基于对政府失灵这一可能的质疑。

实践层面的质疑，主要考察了各国产业政策是否有效，进而针对性提出质疑。比森（Beason）和温斯坦（Weinstein）研究日本产业政策后指出，规模经济不能构成日本产业政策的理论基础，日本产业政策不影响日本各产业

---

〔1〕参见江小涓：《经济转轨时期的产业政策——对中国经验的实证分析与前景展望》，格致出版社、上海三联书店、上海人民出版社2014年版，第13~22页；陈瑾玫：《中国产业政策效应研究》，北京师范大学出版社2011年版，第16~17页；赵嘉辉：《产业政策的理论分析和效应评价》，中国经济出版社2013年版，第67~95页。

〔2〕姜达洋：《现代产业政策理论新进展及发展中国家产业政策再评价》，经济日报出版社2016年版，第100页。

部门的发展速度，对日本产业部门的生产力和竞争力也没有显著的影响。[1]
姜达洋研究发展中国家、亚洲四小龙及东盟政府运用各种产业政策手段和经
济计划的东亚模式后指出，1997 年亚洲金融危机暴露出东亚模式很多不足：
政府主导型经济发展战略，容易造成政府过度干预；外向型经济发展策略、
长期鼓励出口，导致对外国投资和国际市场依赖过强。[2]就具体产业来说，
产业政策的实践效果可能也不佳。施蒂格勒（Stiegler）以电力部门为例，实
证研究电费水平和电费结构在管制和非管制状况下是否存在差别，发现管制
对电费的平均水平没有影响，和用电量有关的居民电费结构与管制是否存在
也没有关系。[3]

　　理论层面的诘难，主要从政府失灵理论方面进行。政府运用产业政策纠
正市场失灵需要先判断市场是否真的失灵，不同市场失灵需要采取的政策措
施也不同；伴随着市场失灵日益复杂，这些都会对政府纠正市场的能力提出
挑战。根纳奥利（Gennaioli）和雷纳（Rainer）认为政府组织自身的行政能力
薄弱，无法实现对资源、工具的有效管理、控制和运用，从而无法推行相关
政策。[4]赵嘉辉指出政府政策部门官员掌握的市场信息并不一定比市场上经
济主体掌握得多，因而政府的政策制定程序也并不能保证比市场机制更
优。[5]施蒂格勒质疑政府的公正性，指出当一个产业取得国家权力支持时，
该产业得到了好处，但其他人会受到损害；受管制者可能通过经常的联系和
持续的压力，使管制者以合作甚至以顺从的态度对待受管制者。[6]张纯、潘
亮从政府利益格局方面指出在我国各级政府利益博弈的情形下，不同性质产

---

　　[1]　Beason R. and Weinstein D. E，"Growth，Economies of Scale，and Targeting in Japan（1955-
1990）."，78 *Review of Economics and Statistics*. 286~295（1996）. 转引自：张鹏飞、徐朝阳：《干预抑
或不干预？——围绕政府产业政策有效性的争论》，载《经济社会体制比较》2007 第 4 期。

　　[2]　姜达洋：《现代产业政策理论新进展及发展中国家产业政策再评价》，经济日报出版社 2016
年版，第 68 页。

　　[3]　[美] G. J. 施蒂格勒：《产业组织和政府管制》，潘振民译，上海人民出版社、上海三联书
店 1996 年版，第 163~168 页。

　　[4]　Gennaioli N，Rainer I，"The Modern Impact of Pre-colonial Centralization in Africa"，3 *Journal of
Economic Growth*，12（2007），pp.185~234.

　　[5]　赵嘉辉：《产业政策的理论分析和效应评价》，中国经济出版社 2013 年版，第 75 页。

　　[6]　[美] G. J. 施蒂格勒：《产业组织和政府管制》，潘振民译，上海人民出版社、上海三联书
店 1996 年版，第 220、242 页。

业政策的有效性会存在差异。[1]何大安从政府实践理性方面指出产业规制中政府以信息、环境、理论和经验等因素处理问题时会产生理性偏好，该偏好的正向和负向作用是政策决策中的客观实在，行为主体的理性程度只能够表明其认知充分，并非意味着决策效率高。[2]

无论实践层面还是理论层面对产业政策的质疑，都无法抽象地、整体地否定产业政策。实践层面，各国都存在以产业政策干预市场活动的行为，只是干预程度和方式有所不同；各国产业政策都存在成功或失败的实例，即使某国产业政策出现失效的情形，也可能是该国法治环境、市场发展程度、政府能力多方面因素所导致。理论层面，对产业政策的质疑则往往可能因产业政策手段的改进、市场环境的改善等而消解；产业政策是可以容纳多种性质行为的弹性概念，可适用为严格的直接管制和宽松的间接调控，手段多样，这也导致产业政策难以整体被否定。所以，有学者认为对一国产业政策的研究，脱离对产业政策具体、详细的解析，抽离对该国产业政策基本特征的把握，仅仅空泛地探讨该国产业政策所谓的必要性和合理性是没有价值的，这往往会为不适当的产业政策提供不适当的理论依据。[3]因此，产业政策必要性研究日益集中于某个行业、某类产业部门或某个层次的具体产业政策。

二、美国农业产业政策必要性的通常解释

农业产业政策属于农业产业部门实施的具体产业政策，国内外学界对美国政府推行农业产业政策的原因，可以归纳为四个层面，即农业特质层面、经济层面、政治层面和文化层面。

（一）农业特质层面的解释

农业特质层面主要指从农业的重要性、弱质性以及多功能等方面解释美国农业产业政策的必要性或原因。（1）农业的重要性。农业在国民经济中占有最重要的地位，只有使农业摆脱困难，才能保证国民经济的顺利发展。农

---

[1] 张纯、潘亮：《转型经济中产业政策的有效性研究——基于我国各级政府利益博弈视角》，载《财经研究》2012 年第 12 期。

[2] 何大安：《产业规制的主体行为及其效应》，格致出版社、上海三联书店、上海人民出版社 2012 年版，第 76、100 页。

[3] 江飞涛、李晓萍：《直接干预市场与限制竞争：中国产业政策的取向与根本缺陷》，载《中国工业经济》2010 年第 9 期。

业为人们提供充足食物，为非农部门提供劳动力和资金，农业是工业原料的重要来源，农产品是美国最重要的出口物资之一，农业在美国的对外贸易中起减少贸易逆差的作用。[1]（2）农业的弱质性。农业生产活动具有生物属性，其生产具有周期性和季节性、生产的产品具有易腐性，且农业生产要素投入后农产品产量难以控制，容易造成农产品市场较大波动，这些是农业特有的弱质性。农业是一个高风险产业，生产开始前，经营者就必须投入大量资金。且农产品的供给曲线和需求曲线缺乏弹性，不可预期的价格冲击或需求冲击将会导致价格剧烈波动；在几乎所有农产品市场上，农民都仍然是价格接受者，同农民进行买卖交易的公司有强大的市场力量；农业产业的进入非常简单，农民联合为农业合作社垄断租金的能力也非常有限。[2]（3）农业的多功能性。农业多功能性是指农业具有经济、生态、社会和文化等方面的功能，其主要源于土地的多效用性。汉密尔顿研究工业化重构美国食物生产及农业可持续发展问题时指出：美国公众期望农业承担环境管理者，安全、丰富和廉价食品的生产者，农村文化的保存者和农村经济发展的推动者的角色，这些期望都塑造着美国农业法律制度。[3]

（二）经济层面的解释

美国农业产业政策的经济原因，大多与农产品盈余有关。鲁尼认为从大萧条时期演变而来的大多数农业立法都与规制农业盈余的努力有关，影响供给、投入、生产和加工、制造、销售和分销各阶段的规制手段都会被使用。[4]农产品过剩（盈余）既有结构性相对过剩，也有数量性绝对过剩，前者会导致美国政府实施农业补贴项目时有选择地支持或控制生产和销售的产品种类，后者会影响美国农业政策整体目标的设定。当然，从市场失灵的具体表现看，正负外部性效应、公共产品供给不足、农业信息不完全、社会分配不公等因

[1] 参见徐更生：《美国农业政策》，经济管理出版社2007年版，第3~7页；[美]梅勒：《农业发展经济学》，安希伋等译，北京农业大学出版社1990年版，第4页；陈华山：《当代美国农业经济研究》，武汉大学出版社1996年版，第108~109页。

[2] [美]詹姆斯·W·布罗克主编：《美国产业结构》，罗宇等译，中国人民大学出版社2011年版，第3~20页。

[3] Neil D. Hamilton, "Agriculture without Farmers? Is Industrialization Restructuring American Food Production and Threatening the Future of Sustainable Agriculture", 14 *N. Ill. U. L. Rev.* 613 (1994).

[4] J. W. Looney, "The Changing Focus of Government Regulation of Agriculture in the United States", 44 *Mercer L. Rev.* 763 (1993).

素会从宏观层面影响美国政府制定实施的农业产业政策。如美国农场主拥有的信息不完全，因此美国政府建立政府主导的健全农业信息收集、整理、分析和发布体系；社会分配体系中农业收入不公平，因此美国政府采取农业保护和支持政策，提高农场主收入水平。[1]提高农产品国际贸易竞争力也是美国农业产业政策的经济原因之一，1996 年《联邦农业完善和改革法》支持农业市场化、给农民更多生产种植的灵活选择权，目的之一是推动 WTO 促进农业贸易自由化；手段上将降低国内支持和扩大国外市场相结合，以换取国内农场主对法案的支持。

（三）政治层面的解释

哈尔克劳认为政府对提供和稳定农产品价格以及对农业收入的干预往往带有政治的动机，随着农产品平价率下降，要求通过计划提高和稳定农产品价格和农业收入的政治压力通常也会加大。[2]如美国早期规制铁路产业运行的"格兰其法"就与农民格兰其运动直接相关，农民自发组织起格兰其联盟，对抗企业在农产品运输、储藏等过程中的盘剥行为，某些地方甚至出现暴力事件，最终推动各州和联邦制定法律管制铁路运输部门的定价行为。美国农业利益集团始终是影响美国农业产业政策制定和实施的重要力量，尽管当今美国农民对国会参众议员的选区影响已经削弱。美国两大政党所代表的农民利益群体不同，也影响着美国农业产业政策的制定和实施。美国民主党和共和党代表不同农产品生产者利益，大多数水稻、花生、棉花和烟草生产者都有相同的生产限制和价格支持愿望，民主党支持这些计划；许多牛奶、玉米和生猪生产者则希望出台更少的控制措施，共和党提倡这种方式。[3]最后，美国政府还会考虑农业产业政策对国际贸易谈判的影响，基于农产品贸易自由化的谈判需要，降低国内农业支持力度，向其他国家施加压力。

（四）文化层面的解释

姚桂桂分析美国重农神话与美国农业政策的关系时指出，美国建国初期，

---

〔1〕 王洪会、张肃、林杰：《市场失灵视角下的美国农业保护与支持政策》，东北师范大学出版社 2015 年版，第 135、152 页。

〔2〕 ［美］H. G. 哈尔克劳：《美国农业经济学》，周诚等译，农业出版社 1987 年版，第 235、243 页。

〔3〕 Robert H. Salisbury, "The Political Impasse in Farm Support Legislation", 71 *Yale L. J.* 952 (1962).

以杰斐逊（Jefferson）为代表的农业民主主义者主张以农立国，美国重农神话认为美国农民是公民美德的源泉所在、小型农场家庭是最理想的核心家庭，美国重农神话是美国农业政策制定背后的强大文化动因。[1]美国对小农的重视确实影响着美国联邦农业政策，1937 年《农业营销协定法》（Agricultural Marketing Agreement Act of 1937）是为应对 20 世纪 20 年代小农户面临的经济困境而颁布，20 世纪 60 年代到 90 年代许多立法的主要特点都是"保护家庭农场"，使其不受到农业企业规模化的外在强制力约束。美国重农神话还影响着美国各州的农业立法，比如 20 世纪末期，美国内布拉斯加州和南达科他州以立法限制企业对农业生产的投资，旨在保护家庭农场。卡列伯坚（Kalebjian）认为杰斐逊精神仍然具有当代意义，保护小型家庭农场不完全是对基于浪漫主义的杰斐逊精神的信仰，其引导政府更加务实，关切社会利益、关注农场数量减少可能对多个行业，尤其对农村社区和收入分配产生的不利影响。美国农业部应该重视杰斐逊保护小农的精神，通过制定补救措施来协调经济效率的竞争利益和小农保护间的冲突。[2]

那么，理论界对美国农业产业政策的必要性分析是否可以成立？要明确这个问题，必须深入考察美国农业产业政策的制度变迁历史。政府干预农业发展的原因是不断累积的，在这个过程中会不断加入新因素或修正旧因素。按照理论界划分美国农业经济发展历史阶段的主流观点看，美国农业分为殖民地时期、建国后至南北战争前、南北战争后至一战前、两次世界大战期间、二战后至今几个阶段。[3]因农业产业政策具有政府干预市场资源配置的明显特征，美国农业产业政策史可分为市场自由发展期、政府干预主导期和市场自由和政府干预混合期三个阶段，而美国建国后至一战前的农业产业政策大多尊重市场自由发展、两次世界大战期间的农业产业政策体现政府主导、二战结束至今的农业产业政策平衡于市场自由和政府干预。该分类基本符合美

---

〔1〕　姚桂桂：《美国重农神话与美国农业政策》，载《西北农林科技大学学报（社会科学版）》2010 第 5 期。

〔2〕　Bradley John Kalebjian，"The Effect of Terminated Federal Marketing Orders on Small Farms, and a Reflection on the Jeffersonian Spirit"，11 *San Joaquin Agric. L. Rev.* 115（2012~2013）.

〔3〕　参见［美］J. T. 施莱贝克尔：《美国农业史（1607—1972 年）——我们是怎样兴旺起来的》，高田、松平、朱人合译，农业出版社 1981 年版；［美］杰拉尔德·冈德森：《美国经济史新编》，杨宇光等译，商务印书馆 1994 年版；陈华山：《当代美国农业经济研究》，武汉大学出版社 1996 年版；徐更生：《美国农业政策》，经济管理出版社 2007 年版等。

国农业经济发展的历史线索，同时兼顾到了政府干预强度的变化现实。

第二节 外在正当性：美国农业产业政策的历史考察

一、建国后至一战前的美国农业产业政策

殖民时代的美国政府已经开始推行农业产业政策。1631年，弗吉尼亚议会制定每磅烟叶6便士的最低价格，以保证烟叶质量、限制优质烟叶收获量。马萨诸塞政府在1750年推出奖励小麦生产办法，以复兴小麦生产。[1]美国建国后经历邦联政府时期和联邦政府时期，《联邦宪法》生效后，联邦政府成立并依据《联邦宪法》获得全国性管理权力。美国建国后至一战前，农业产业政策的着力点主要是干预农业土地、劳动力、机械设备、技术等生产要素的配置和投入，目标取向是发展农业生产力。根据农业产业政策的主要着力点时序，美国建国初期至一战前，农业产业政策大体包括联邦统一关税、土地政策、农产品运输设施建设、科技进步和推广、农产品流通政策等方面，与农产品流通直接相关的反托拉斯政策出现最晚，这反映出美国农业产业政策从生产力促进到生产关系调整的变化。

（一）美国农业产业政策的产生和变迁

1. 联邦政府统一农产品关税政策。邦联政府时期，各州以地方保护为目的推行农业产业政策，各州曾对其他州输入的农产品施加限制，如纽约州对其他州输入的农产品征收关税。[2]当时，邦联政府无权直接征税，该类权力保留给州政府，中央政府再从各州政府征用税款用于开支。《联邦宪法》生效后，联邦政府根据宪法规定获得制定并征收关税的权力。任何一州除为执行本州检查法所绝对必需的任务外，未经国会同意，不得对进口货物或出口货物征收任何税款；任何一州对进口货物或出口货物所征全部税款的纯收益供合众国国库使用。[3]据此，各州政府原则上无权或无经济动力对输入或输出

---

〔1〕 〔美〕J. T. 施莱贝克尔：《美国农业史（1607—1972年）——我们是怎样兴旺起来的》，高田、松平、朱人合译，农业出版社1981年版，第39页。

〔2〕 〔美〕杰拉尔德·冈德森：《美国经济史新编》，杨宇光等译，商务印书馆1994年版，第151页。

〔3〕 王希：《原则与妥协：美国宪法的精神与实践》，北京大学出版社2014年版，第802~804页。

本州的农产品征收关税。美国国会于 1789 年通过了第一部关税法，规定进出口关税税率、免征范围等。为适应美国农业发展，1794 年《关税法》开始取消了作种畜用的马、牛、羊、猪以及其他动物的进口税；为应对英国制成品大量涌进美国市场严重威胁美国工业的问题，1816 年国会通过第一部保护主义《关税法》，对啤酒、杏仁、奶酪、棉花、无花果、香料、葡萄干、食糖和加工烟等产品课征特别税。[1]换言之，美国对国内短缺的农业生产资料取消进口关税，对需要保护的产业或行业课以进口关税。

　　2. 土地政策。土地政策是建国初期美国政府干预农业的主要措施。邦联政府时期，邦联议会通过 1785 年《土地法令》，规定政府具有负责丈量公有土地，确定用于发展公共教育的事业用地和出售、赠与土地的权力。1787 年，邦联议会通过《西北土地法令》允许西北开发土地在适当时候成为新的州。早期美国土地政策由于出售地块面积大、出售难度大，并没有很快达到提高财政收入目的，到 1800 年只售出了 48 566 英亩土地。1800 年《土地法令》允许购买土地分期付款和土地信贷，明显刺激了土地的买卖。[2]此后，土地分割小块出售、土地买卖自由化和投机性逐步加强。1820 年《土地法令》取消了大多购买土地的信贷政策，仅保留购买 80 英亩的信贷政策，同时降低土地购买均价，因为美国早期土地资源供应丰富，这一举措减少了土地投机。1841 年的《优先购买权法案》允许农场主在购买土地以前合法垦殖，并降低购买价格和简化购买手续；1854 年国会通过《土地价格递减法》；1862 年《宅地法》允许符合条件的移民申请免费获得土地。[3]1877 年，美国国会通过《荒地法》低价出售干旱或半干旱的公共土地，但购买土地者必须在 3 年内开垦和灌溉 1/3 的所得土地。此后，联邦政府实施一系列与西部土地有关的灌溉计划，政府和私人通过灌溉土地共同分配产权的做法逐渐成为惯例。[4]

　　3. 农产品运输设施建设。美国早期农产品主要通过水路和公路方式运输

〔1〕　徐更生：《美国农业政策》，经济管理出版社 2007 年版，第 25 页。
〔2〕　［美］J. T. 施莱贝克尔：《美国农业史（1607—1972 年）——我们是怎样兴旺起来的》，高田、松平、朱人合译，农业出版社 1981 年版，第 61~62 页。
〔3〕　［美］J. T. 施莱贝克尔：《美国农业史（1607—1972 年）——我们是怎样兴旺起来的》，高田、松平、朱人合译，农业出版社 1981 年版，第 67~71 页。
〔4〕　Frederick Merk, *History of Westward Movement*, New York: Alfred A. Knopf, 1978, p. 508.

到大西洋海岸，再通过海上运输至欧洲市场。农产品运输设施建设大体经历了公路运输、水路运输和铁路运输三个阶段。道路建设和使用的第一个重大发展是私有关卡大道的出现，建成于 1794 年的宾夕法尼亚州兰开斯特至费城的大道是第一条这样的大道。1806 年，国会授权建筑一条从坎伯兰、马里兰向西，终点到伊利诺伊州的公路，这条国家公路是完全依靠联邦政府的经费建成的。[1]公路运输存在公路质量较差、收费较高、运输工具（四轮马车）通行时间较长等不足，水路运输则因其运输量大、通行时间少和运输费用低逐步受到市场欢迎。1817 年纽约州议会在得不到联邦资助情况下拨款建造了363 英里长的伊利运河，这条运河建成于 1825 年，成为了农场主旅行频繁的通道，他们从新英格兰和纽约去老西北的肥美地区。[2]19 世纪 30 年代开始，铁路修建速度空前提高，至 1860 年美国已有三万多英里铁路。对农产品运输来说，虽然铁路运输的里程单价较高，但其运输时间短、总里程数少和运输量大仍然能够降低农场主总体运输成本，农场主也开始选择铁路沿线进行专业化种植。如伊利诺伊州、威斯康星州和艾奥瓦州组成了高度专业化的农业地区，铁路兴起促使大多数良田种植可以运到市场上去销售的农产品。从1845 年至 1860 年，铁路线在这个新的小麦种植区密如蛛网[3]。政府以赠与土地的方式支持铁路建设，美国总统富兰克林·皮尔斯（Franklin Pierce）在国情咨文中提及如果赠与土地援助铁路建设是为了经营者利益，就应当受到抑制；而如果是为了公共利益，那么对这些公共工程是有帮助的。[4]换言之，铁路建设以公共福利名义得到政府资助。

4. 农业科技政策。1767 年至 1811 年间建立的农业改革协会的职能最接近于"研究和发展工作"，协会把会员的新发现在杂志上加以宣传介绍和传播。[5]这种科技研究和推广的互助性组织能够促进农业生产发展，并且为农

---

〔1〕〔美〕J.T. 施莱贝克尔：《美国农业史（1607—1972 年）——我们是怎样兴旺起来的》，高田、松平、朱人合译，农业出版社 1981 年版，第 95~96 页。

〔2〕〔美〕J.T. 施莱贝克尔：《美国农业史（1607—1972 年）——我们是怎样兴旺起来的》，高田、松平、朱人合译，农业出版社 1981 年版，第 97 页。

〔3〕〔美〕杰拉尔德·冈德森：《美国经济史新编》，杨宇光等译，商务印书馆 1994 年版，第301~302 页。

〔4〕United States, Department of the Interior, "Congressional Land Grants in Aid of the Construction of Railroads". Washington: National Archives Record Group 48, Railroad Package 305 (1980).

〔5〕〔美〕杰拉尔德·冈德森：《美国经济史新编》，杨宇光等译，商务印书馆 1994 年版，第162~164 页。

业技术革新者提供机会和报酬。美国国会在 1839 年第一次对农业专门拨款，用于专利局收集和分配种子、开展农业调查和收集农业统计资料，[1]这成为美国政府早期农业科技研究和推广的政策雏形。1862 年，林肯签署设立农业部的法案，艾萨克·牛顿（Tsaac Newlon）宣誓就任第一任农业委员，他接收了专利局农业处的 9 名职员和房屋设备。[2]农业部成立后，主要从农作物品种引入、培育、试验和改良，畜牧品种改良和饲养方法改进，动植物病虫害防治，农业技术推广和宣传，农业机械化，农业化学和生物技术促进等方面推行农业科技政策。1862 年至 1914 年期间，美国农业科技政策发展和完善起来，分别通过 1862 年《莫里尔法》、1887 年《哈奇法》和 1914 年《史密斯-利弗法》（Smith-Lever Act）建立起以农业教育、农业研究和试验、农业技术推广为内容的农业科技政策体系。《莫里尔法》规定各州可以按照他们在国会中的议员人数从联邦政府获得公有土地（每人 3 万英亩土地），各州可以出售这些土地，将所得款项用来创办或维持至少一所农业和机械技术学院。[3]《哈奇法》规定联邦政府和州政府拨款资助农业试验站工作。《史密斯-利弗法》提倡合作推广系统，联邦政府、州政府和县政府同时拨款资助农业技术推广工作，联邦政府还以额外拨款的方式要求各州筹集相等的配套款项，否则各州就不能获得额外拨款。

　　5. 农产品流通政策。美国早期的农产品流通政策与农产品密集运输和大规模流通导致的动植物病虫害传播速度加快有关，主要表现为农产品流通的检验和检查措施。如 1859 年，马萨诸塞州出现一种肺炎传染病，它由荷兰来的四头奶牛引起，很快这种传染病扩散到康涅狄格州、特拉华州、宾夕法尼亚州、弗吉尼亚州和哥伦比亚特区。[4]各州政府为防止农产品病虫害的传染和扩展，加大检查和检验流通农产品的力度；甚至以保障农业生产安全和农产品质量的名义，禁止某些农产品的流通。当畜牧产品瘟疫或动植物感染病虫害蔓延扩散时，联邦政府治理农牧产品州际流动的效用便开始扩大，各州

---

　　〔1〕 ［美］沃尔特·W. 威尔科克斯、威拉德·W. 科克伦、罗伯特·W. 赫特：《美国农业经济学》，刘汉才译，商务印书馆 1987 年版，第 473 页。
　　〔2〕 ［美］美国农业部编：《美国农业一百年》，中国农业科学院科学情报资料室译，农业出版社 1964 年版，第 12 页。
　　〔3〕 徐更生：《美国农业政策》，经济管理出版社 2007 年版，第 159 页。
　　〔4〕 ［美］沃尔特·W. 威尔科克斯、威拉德·W. 科克伦、罗伯特·W. 赫特：《美国农业经济学》，刘汉才译，商务印书馆 1987 年版，第 474 页。

政府也对控制本州内动植物病虫害进行补充立法。19世纪中后期，农产品流通政策更多表现为对农产品流通中工商行业垄断和价格歧视政策的反对。19世纪中后期，美国工商企业的经济优势逐步明显，工商企业为获得高额垄断利润联合抬高农产品储存和运输服务的收费价格，根据不同铁路运输里程制定不同收费标准，短途运输的里程均价高于长途运输的里程均价，这些行为让农民感到不公平。19世纪60年代末，中北部和东北部农业区出现"保护农业社"组织，他们最初以消除不公平为议题，不久转向铁路运费率和粮仓收费率。[1]南部以及靠近西面的一些州，也出现了为抗议不公平而开展的运动，各地方农民以"联盟会"名义集结起来，要求政府建造仓库，主张农民可以得到农业生产贷款，政府应该发行更多纸币。[2]上述农民利益团体的政策主张确实影响到了政府的农业产业政策，1870年，《伊利诺伊州宪法》吸收了关于谷物检验及其在公共仓库储存的内容；1871年，伊利诺伊州议会批准"管理公共仓库、谷物检验和仓储"的法令，以实施前述宪法规定。法令将公共仓库分为A、B、C三类，并规定对应适用的城市人口规模、谷物类型、许可证管理要求及仓储费用限定。[3]伊利诺伊州还通过制定法规定，任何铁路公司在该州内收取同一类型的乘客或货物的费用时，任何距离费用高于或等于长途费用的，都应承担不公正歧视导致的惩罚责任。[4]伊利诺伊州限定铁路运费的法律因其州权行使范围超越州际范围，被联邦最高法院宣告违反宪法相关规定，但国会也借此颁布了《州际贸易法》，要求所有铁路运输必须合理收费。可见，州政府和联邦政府先后采用反垄断和反价格歧视政策来保障农产品流通，保护农产品生产者受到市场的公平对待。

（二）美国农业产业政策的外在正当性生成

1. 农业具有经济价值。美国建国初期至19世纪初，农业在美国经济结构中都处于非常重要的地位，它在全部经济活动中占90%，[5]这意味着早期美

---

〔1〕［美］杰拉尔德·冈德森：《美国经济史新编》，杨宇光等译，商务印书馆1994年版，第535页。

〔2〕［美］杰拉尔德·冈德森：《美国经济史新编》，杨宇光等译，商务印书馆1994年版，第536页。

〔3〕Munn v. Illinois, 94 U. S. 113, 115~118 (1876).

〔4〕Wabash, St. Louis & Pacific Railway Company v. Illinois, 118 U. S. 557~558 (1886).

〔5〕［美］杰拉尔德·冈德森：《美国经济史新编》，杨宇光等译，商务印书馆1994年版，第292页。

国农业具有重要的经济价值。

（1）农业产业政策增加政府财政收入、减少财政支出。美国独立战争期间，大陆会议应对战争经费需要大量借债；邦联政府时期，美国中央政府尚未具备直接征税的权力，导致中央政府的财政状况非常虚弱。因此，美国建国后中央政府很快陷入债务危机，国内通货膨胀严重。联邦政府成立后，与农产品贸易有关的税收成为联邦政府最为重要的财政收入来源；同时，美国大部分土地已经处于联邦政府控制之下。第一届联邦政府想把土地作为主要的收入来源，这是以前邦联国会政策延续下来的目标。[1]1785 年《土地法令》规定中西部土地分块出售，每块 640 英亩，最低价格为每亩 1 美元，外加行政费用，到了 1796 年，国会将土地价格提高到每亩 2 美元，且允许以拍卖方式出售土地。这一措施是汉密尔顿从公地方面增加财政收入计划的一部分。[2]各州政府发展农产品运输基础设施，也有增加财政收入的考虑。比如前文述及的第一条关卡大道利润丰厚，州政府便通过给关卡大道公司颁发执照获得大量的财政收入；伊利运河建成后的 10 年内，纽约州收入的通行税也已经完全偿付了建筑成本，此后，通行税纯粹为纽约州提供收入。美国农业的经济价值其次表现为减少财政支出。独立战争结束后，美国联邦政府向参加独立战争的老兵无偿赠与土地作为对老兵服役的报酬。总数约 950 万英亩的公共土地预留给了参加独立战争的老兵和他们的后代，那些老兵可以向其他人出售他们的土地权益，换取现金。[3]中西北地区开发导致了人口迁移，这些开发地区的人民需要教育。但由于联邦政府财政支出能力十分有限，其以向各州大量拨地方式替代教育经费的支出；农业部成立后，联邦政府仍然以赠地方式和一定教育经费投入的方式，促进美国农业职业教育。

（2）农业产业政策的资本积累和提供原料作用。美国建国初期，工商业发展处于初级阶段，大量农产品出口为美国提供了经济收入。法国、荷兰、

---

〔1〕　[美] J. T. 施莱贝克尔：《美国农业史（1607—1972 年）——我们是怎样兴旺起来的》，高田、松平、朱人合译，农业出版社 1981 年版，第 60 页。

〔2〕　[美] J. T. 施莱贝克尔：《美国农业史（1607—1972 年）——我们是怎样兴旺起来的》，高田、松平、朱人合译，农业出版社 1981 年版，第 60 页。

〔3〕　Jerry O'Callaghan, "The War Veteran and the Public Lands", in Vernon Carstensen, *The Public Lands* (1962), p. 112.

西班牙等国和美国签订商业条约，这些条约主要是有关农产品的，因为美国没有什么其他东西可供出口。[1]此后，美国农产品出口受到国外市场影响而发生波动，但作为工业原料的棉花和烟草出口一直不断上升。虽然，1847年棉花出口值自1810年前后以来第一次落在粮食出口值之后，但其仍然超过所有其他农产品价值的总和。[2]农产品出口利润为美国制造业发展提供资金，棉花和烟草出口提供了美国交通运输业发展所需要的资本。美国农业的经济价值还表现为提供工业发展的原材料。从1783年到南北战争，按重要性的次序看，主要的工业是磨面、棉纺、木材与木制品产品、熔铁与制铁、制鞋、成衣、制革、毛纺、制糖和食品加工。[3]可见，至少在南北战争前，上述工业领域绝大多数由农业为其提供原料。南北战争后，美国工业化主要表现在钢铁业、电器工业、化学工业、采矿业、纸张业等方面，农业作为原料提供者的地位逐步下降，但在某些领域农业仍是原料的重要提供者。如制船业仍然大量运用木料制船，造纸工业以木头替代废旧纺织品作为它的原料等。

2. 农业具有政治价值。首先，农业生产要素——土地的政策对美国建国和开拓疆域具有重要意义。独立战争期间，各州和联邦政府为动员人民参加对英战争，承诺了金钱和土地赠与，起到动员平民参战的作用。美国建国初期，政府难以在广阔的地域上实现有效治理，便通过出售公有土地的方式鼓励人口向中西部迁移，实现对未开发地区的占有。其后，联邦政府在中西部地区逐步建立行政区，由国会指派一名地区长官和多名法官，许诺中西部地区在条件适当时——人口数是重要指标，可以作为正式州加入联邦。其次，农业保障美国民主政治。杰斐逊认为小农是独立而自由的公民，他们最关心自由与权利的保持，目标与民主政治一致；拥有小块土地的农民也最关心维持法律和秩序。[4]在美国早期人口构成中，农村居住人口和农业从业人口占据绝大多数。以1800年为例，美国总人口数约530万，城镇人口占比6.1%；劳动力总

---

〔1〕 ［美］J. T. 施莱贝克尔：《美国农业史（1607—1972年）——我们是怎样兴旺起来的》，高田、松平、朱人合译，农业出版社1981年版，第77页。

〔2〕 ［美］J. T. 施莱贝克尔：《美国农业史（1607—1972年）——我们是怎样兴旺起来的》，高田、松平、朱人合译，农业出版社1981年版，第80页。

〔3〕 ［美］J. T. 施莱贝克尔：《美国农业史（1607—1972年）——我们是怎样兴旺起来的》，高田、松平、朱人合译，农业出版社1981年版，第83页。

〔4〕 刘祚昌：《杰斐逊改造美国土地制度的宏图》，载《美国研究》1987年第4期。

数 171.2 万，农业劳动力 127.4 万，非农业劳动力 43.8 万。[1]因此，保护农牧场主的农业政策对美国的政治稳定和民主选举具有重要意义。再次，农业政治价值体现在改变美国政治格局方面。美国联邦政府成立后的 30 多年内，建立了肯塔基、田纳西、俄亥俄、路易斯安那、印第安纳、密西西比、伊利诺伊、亚拉巴马、密苏里、佛蒙特、缅因共 11 个新州。这些新地区人口数增加很快，如 1830 年老地区人口共计 920 万，新地区人口共计 360 万，而 1860 年老地区人口共计 1600 万，新地区人口共计 1540 万。[2]农业政治势力也开始影响美国政治格局，1800 年农业政治势力把汉密尔顿的以金融、商业和工业为核心的党逐出了政权之外，出身于自由农民家庭、具有重农思想的杰斐逊当选总统。据统计，1829 年至 1901 年的这段时期，当选的 14 位美国总统除了 4 位以外，其余均不是出生在密西西比河流域（前述新农业州区域），便是早年就居住在这一地区，同这一地区的人民和利益息息相关。[3]最后，农业政治价值体现于农业利益集团的影响力。西进农民开拓新地区时经历了恶劣环境和政府管理不善的状况，因此，美国西进农民具有更强的自治能力和更紧密的利益联结，所以美国农业利益集团的管理性和组织力很强。全国格兰其是最早的农场主组织，其对自由市场阶段的美国农业产业政策影响很大。当农场主面临垄断资本家盘剥时，格兰其组织通过组织农民抗议、联合游说等活动影响联邦和州政府农业政策，以管制垄断企业对农场主的不公平对待；当农业面临困境需要特殊待遇时，格兰其组织游说政府采取非市场化手段和垄断豁免政策。

　　3. 农业弱质性的显现。首先，农业生产过程中存在气候、动植物病虫害等自然风险。农业弱质性主要体现在传统自然风险危害农业生产、减少农业产量，以致危及食物纤维的供给。如 1660 年殖民地出现小麦黑锈病，使得新英格兰大部分地区小麦种植困难、收成无保证，马萨诸塞州以奖励办法复兴

---

　　[1]　[美] 乔纳森·休斯、路易斯·凯恩：《美国经济史》，杨宇光等译，格致出版社、上海人民出版社 2013 年版，第 117、130 页。

　　[2]　[美] 乔纳森·休斯、路易斯·凯恩：《美国经济史》，杨宇光等译，格致出版社、上海人民出版社 2013 年版，第 110 页。

　　[3]　[美] 查尔斯·比尔德、玛丽·比尔德：《美国文明的兴起》（第一卷 农业时代），许亚芬译，商务印书馆 1991 年版，第 490 页。

小麦生产也并不能克服黑锈病的破坏，[1]小麦生产困难迫使人们只能选择黑麦和玉米作为主粮。其次，农产品具有不易保存、易腐败的弱点。殖民时期到建国前后，美国商业性农业发展一直比较缓慢；随着中西部地区的开垦，农产品总体产量提高得很快，农民的农业生产目的转向销售农产品以获取资金并用于日常消费和农业再投入；1790年至1812年，欧洲因拿破仑战争大幅度增加对美国农产品的需求。但是，很多农产品存在不易保存、易腐败的缺点，使得农场主只能选择生产最容易长时间保存的农产品，由此产生了冷藏保存技术和快速运输服务的市场需求。实现快速的铁路运输满足易腐农产品的运输需要，为美国城市居民提供更便宜、新鲜和丰富的食物不仅是市场需要更是公共利益所在。因此，加快铁路建设成为事关公共福利的关键政策。同时，铁路加快农产品流通也会助长农业病虫害和动植物疾病的传播，于是，针对农业病虫害的科技政策和检验检疫政策得到更多使用。最后，农业市场竞争的弱质性开始显现。1859年，美国农业产量占全部商品量的一半以上，工业从19世纪初以来已经经历了很长的路程，可仍旧只占32%，远远落在农业后面。[2]南北战争结束后，美国工业化进程加快，农业较工商业而言的劣势逐渐明显，到1899年，工业品占全部商品产量的53%，而农产品占33%；工业品总产值从1859年的8.6亿美元增加到1899年的62.6亿美元。[3]工业发展带动人均收入的提高，根据恩格尔定律，随着家庭和个人收入的增加，收入中用于食品方面的支出比例将逐渐减小。农产品需求弹性不大、单价下降导致农产品利润下降，而农场主前期投入的沉没成本无法改变，传统生产要素投入成本增加，此时需要寻求新的、成本低的生产要素投入，提高生产率、消解单个农产品的成本。这种进行改造所需要的特殊新生产要素装在被称为"技术变化"的大盒子里，必须从这个盒子里取出这些要素。[4]南北战争后，奴隶成为自由民，奴隶的自由化意味着农业劳动力的自由流动，美国

〔1〕［美］J. T. 施莱贝克尔：《美国农业史（1607—1972年）——我们是怎样兴旺起来的》，高田、松平、朱人合译，农业出版社1981年版，第39页。
〔2〕［美］杰拉尔德·冈德森：《美国经济史新编》，杨宇光等译，商务印书馆1994年版，第417页。
〔3〕［美］杰拉尔德·冈德森：《美国经济史新编》，杨宇光等译，商务印书馆1994年版，第417页。
〔4〕［美］西奥多·W. 舒尔茨：《改造传统农业》，梁小民译，商务印书馆2011年版，第89页。

工业发展又吸收了大量农业劳动力，农业从业人员急剧下降。农业从业人员占整体劳动力百分比的变化数据为 1870 年 53%、1880 年 49.4%、1890 年 42.6%、1900 年 37.5% 和 1910 年 31%。[1]农业生产成本增加、利润减少和劳动力短缺的弱质性客观上需要科技研究、推广和教育政策的介入。随着美国工业化进程加快，农业处于市场结构中的弱势性进一步显现，农业生产者处于分散且高度竞争的状态，农业生产率提高导致农产品供给扩大；而农产品经销商、仓库经营者、银行、铁路运输商等相对比较集中且规模化，他们更容易达成一致的市场行为，如粮商联合压低粮食收购价，控制粮食在市场上的售出时间，仓库经营者和铁路运输商联合提高服务收费价格，银行增加农业贷款利率或条件等。因此，农民不断抗议市场竞争给其带来的不公平对待，农业在市场结构中的弱势地位成为农民诉求公正待遇的正当理由。

二、两次世界大战期间的美国农业产业政策

两次世界大战期间的美国农业产业政策主要体现为罗斯福新政。1933 年出台的《全国工业复兴法》和《农业调整法》共同构成新政初期的基石，《农业调整法》是美国现代农业产业政策的开端。奥尔森（Allen H. Olson）认为 1933 年《农业调整法》从根本上改变了农业政策，为 20 世纪余下时间的联邦农业计划奠定基础，20 世纪国会制定的大部分农业计划都源于 1933 年《农业调整法》、1936 年《土壤保护和国内配额法》和 1938 年《农业调整法》。[2]罗斯福新政被弗里德曼评价为美国现代法治和社会的发端。[3]那么，新政期间美国农业产业政策有哪些变化以及改变的原因是什么？

（一）美国农业产业政策的变化梳理

1. 农业产业政策领域从销售转向生产销售兼顾

一战期间，美国政府全面管制农业生产和农产品销售活动。1916 年联邦政府开办土地银行为农民提供土地抵押贷款，国会拨款援助海运船只建造和购

---

〔1〕　［美］J. T. 施莱贝克尔：《美国农业史（1607—1972 年）——我们是怎样兴旺起来的》，高田、松平、朱人合译，农业出版社 1981 年版，第 184 页。

〔2〕　Allen H. Olson, "Federal Farm Programs—Past, Present and Future—Will We Learn From Our Mistakes?", 6 *Great Plains Nat. Resources J.* 1（2001）.

〔3〕　［美］劳伦斯·弗里德曼：《二十世纪美国法律史》，周大伟等译，北京大学出版社 2016 年版，第 186 页。

买以促进农产品出口。1917 年，《粮食与燃料管制法》（Food and Fuel Control Act）授权联邦政府控制食物和燃料等必需品的生产、供应、价格和分配，防止产品的稀缺、垄断、囤积、投机、操作和私人控制等行为。[1]同年，联邦政府掌握全国铁路运输管理，调节农产品的流动和农产品运输费用。一战结束后，威尔逊总统迅速解除了统制经济。

1920 年，欧洲农业生产基本复原，美国粮食出口下降、粮食价格下跌。至此，美国农业历史 25 年的"黄金时期"结束。1921 年，美国农业产出的名义价值、实际价值和农业净收入都跌入 1919 年至 1930 年间的历史最低水平，[2]市场上农产品过剩现象明显，美国联邦政府随即调整农产品流通政策。1922 年《农产品生产者团体法》（Association of Agricultural Products Producers）又被称为《卡伯尔-沃尔斯特法案》（Capper-Volstead Act），这部法律允许农民、种植者、大农场主、奶农、果农等农业生产者在州际或对外贸易中联合起来共同行动，即共同加工、销售准备、处理和销售产品。1924 年起，农业利益集团联合推出《麦克纳利-豪根农田救济法案》，该法案创造了两类农产品价格制度，国内建立公平价格出售农产品，剩余农产品由政府公司以低价在世界市场出售，[3]该法案先后两次被时任总统柯立芝否决。1929 年，胡佛总统批准《农产品销售法》，法案设立联邦农业委员会，指令财政部向农业委员会贷款 5 亿美元，农业委员会贷款给政府公司收购过剩农产品以保证农产品价格稳定在较高水平；农业委员会还贷款给农业合作社，授权农业合作社以 0.5% 至 3% 的利率给其成员贷款。胡佛总统时期起，联邦政府已经注意到通过农业合作社约束其成员的农业生产行为，以调整农业生产行为。

1933 年《农业调整法》标志着美国农业产业政策真正由销售领域转入生产领域。该法案授权农业部长与农民自愿达成减少农作物种植面积的协议，以控制农业生产行为。1936 年，联邦最高法院宣告 1933 年《农业调整法》违宪。1936 年国会通过《土壤保护和国内配额法》以代替 1933 年《农业调整法》，这一法案将农作物分为消耗地力农作物和增强地力农作物，且消耗地力

---

〔1〕 http://www.legisworks.org/congress/65/publaw-41.pdf，最后访问时间：2018 年 5 月 16 日。

〔2〕 [美] 乔纳森·休斯、路易斯·凯恩：《美国经济史》，杨宇光等译，格致出版社、上海人民出版社 2013 年版，第 503 页。

〔3〕 Allen H. Olson, "Federal Farm Programs—Past, Present and Future—Will We Learn From Our Mistakes?", 6 *Great Plains Nat. Resources J.* 1 (2001).

农作物正好是生产过剩的农作物;农场主只要把原本种植消耗地力作物的土地转种植增强地力作物,就可以获得政府的土壤保护补贴。[1]该法通过使用环境保护补贴手段影响农场主种植结构,进而控制农业生产。1938 年《农业调整法》仍然运用了农业生产控制手段,如该法规定如果生产小麦的农场主投票同意总产量配额,那么他们就可以获得营销贷款。[2]1938 年《农业调整法》还规定销售配额制度,配额适用于玉米、棉花、水稻、烟草和小麦。可见,罗斯福新政期间美国农业产业政策突破销售领域,同时对生产和销售领域进行了干预。

2. 农业产业政策权力逐步转向联邦政府

一战前,美国联邦政府经济权力经由州际商业委员会和联邦贸易委员会的设立而大幅度扩张;一战期间,联邦政府以战争紧急状态的名义形成了更为强大的中央政府控制经济活动的体制。默里·罗斯巴德(Murray N · Rothbard)认为一战是美国经济体制的关键分水岭,战时集体主义(War Collectivism)作为完全的计划经济由大企业的意愿借助中央政府的权力而运行,这种经济体制成为 20 世纪剩余期限内国家资本主义管理的模式、先例和灵感。[3]但是,农业被视为地方性活动,干预农业经济活动的权力长期属于州和地方政府。如 1933 年纽约州应对农产品价格下跌而制定《农业和销售法》(Agriculture and Markets Law),规定纽约州立法机构设立牛奶控制委员会,由委员会确定商店出售给消费者牛奶的价格为每夸脱 9 美分,以防止商店破坏性降价。[4]经济危机全面爆发后,地方政府无法单独解决农业危机问题,农场主们希望联邦政府全面介入以应对农业危机,联邦政府干预农业市场的必要性日益强化。联邦政府制定 1933 年《农业调整法》、1933 年《农业信贷法》、1934 年《班克黑德棉花控制法》、1934 年《农场破产法》、1936 年《土壤保护和国内配额法》、1936 年《农村电气化法》、1938 年《农业调整法》、1941 年促进农产品出口的《租借法案》等法律规范,建立农场信贷管理局、农业

---

[1] 权昌会主编:《美国农业立法》,经济科学出版社 1997 年版,第 33 页。

[2] Jon Lauck, "After Deregulation: Constructing Agricultural Policy in the Age of 'Freedom to Farm'", 5 *Drake J. Agric. L.* 3 (2000).

[3] Ronald Radosh and Murray N · Rothbard, *A History of the Leviathan*, New York: E. P. Dutton &Co, Inc. 1972, p. 66.

[4] Nebbia v. New York, 291 U. S. 502, 519 (1934).

调整局、联邦农场抵押公司、农村电气化署、联邦农作物保险公司等农业产业政策的执行机构。1942年，联邦政府具有运用农业产业政策权力的法律地位得到最高法院的认可，最高法院认为凡属于影响州际贸易的活动，联邦政府都可运用州际贸易权予以规制。

3. 农业产业政策力度不断增加

一战期间，美国农业产业政策的管制力度非常强大，如《粮食和燃料管制法》授权联邦政府发放各种商业执照、征用各类物资，甚至直接接管生产企业。[1]一战结束后，联邦政府放松了对农业领域的管制力度，主张恢复常态，即以市场手段解决农产品价格不景气问题。总统威尔逊主张政府与农民形成伙伴关系，弥补农场主组织方面的不足；总统哈丁通过《卡伯尔-沃尔斯特法案》细化农业合作社的垄断豁免规定。以上政策措施均以农民自愿参加合作社为原则，由农场主联合起来控制农产品价格，以解决农民面临的不平等待遇问题。但是，未参与的农场主一方面无需尊重合作社内部规则，另一方面从合作社稳定的市场价格中获益，由此产生搭便车问题。《麦克纳利-豪根农田救济法案》开始强制要求农民参与农业合作社等集体组织，尽管该议案被总统柯立芝否决，[2]但议案仍反映出农民利益集团开始要求联邦政府加大农业产业政策的管制力度。胡佛当选总统后，成立了联邦农场委员会以稳定农产品价格，委员会通过向农业合作社发放贷款协调合作社的合作营销行为，再由农业合作社以集体行动约束其成员——农场主的生产行为。农场委员会倡导"种植更少、收获更多"（Grow Less, Get More）的运动，但农场主并没有减少生产，他们在1930年和1929年种植同样数量的农作物。[3]可见，罗斯福新政前，美国通过合作社运动来调控农业市场活动，农业产业政策措施虽然符合自愿原则，但实际效果不佳。

1933年《农业调整法》颁布，美国农业产业政策力度也随之增强。该法规定当农业部长调查发现基本农产品的当前平均价格低于或可能会低于公平

〔1〕〔美〕乔纳森·休斯、路易斯·凯恩：《美国经济史》，杨宇光等译，格致出版社、上海人民出版社2013年版，第488页。

〔2〕David E·Hamilton, *From New Day to New Deal: American Farm Policy From Hoover to Roosevelt*, 1928—1933, Chaper Hill: University of North Carolina Press, 1991, p.20

〔3〕Jon Lauck, "After Deregulation: Constructing Agricultural Policy in the Age of 'Freedom to Farm'", 5 *Drake J. Agric. L.* 3 (2000).

交易价值时，可以通过与生产者达成协议或以其他自愿方式，来调整种植面积或销售产品数量，或两者皆被调整，并给予生产者以租金或补贴支付。[1]表面看，生产者自愿调整种植面积是不受政府强制干预的行为，并且还能获得相应补贴；事实上，正如 1936 年"合众国诉巴特勒"案（United States v. Butler）中，多数意见撰写者罗伯茨（Roberts）大法官所指出的那样：该规定实际上不是自愿的，农民可能会拒绝遵守，但这种拒绝的代价是利益损失，政府提供的资金足以对他施加压力。如果棉花种植者选择不接受利益，他的庄稼收入会减少，受到政府支付的人可以低价抛售棉花，不合作者则会面临财务危机。所以，农业部所宣称的自愿是受经济压力胁迫的，生产者选择权是虚假的。[2]1937 年《农业营销协定法》规定的农产品销售规程强制性特征更为明显：销售规程一旦得到 2/3 以上生产者的投票赞同，就在整个预定地区实施，即使投反对票的人也必须执行；违反销售规程，农业部长可以指定执行令，强制执行销售规程；当事人如超过销售规程限额销售产品，则面临与超出部分市场价格等同的罚款。[3]换言之，罗斯福新政前美国农业产业政策更多体现为柔性诱导，联邦政府通过合作社运动援助救济农场主，以经济激励方式诱导农场主自愿减产和控制农产品价格；罗斯福新政后的政策则更类似于战争时期的刚性管制，采取如经济压力、加重税收、违法罚款等手段实施农业产业政策。

4. 农业产业政策机制更加多元

一战到二战期间，为维护美国农产品生产和销售平衡、稳定农产品价格，美国政府在农业生产和销售领域创造了多项农业产业政策机制。

其一，农业合作社协同机制。1914 年《克莱顿法》（Clayton Act）第 6 条规定：人的劳动不是商品或贸易的物品。反托拉斯法不得解释为禁止那些出于互助成立的、未发行股票、非营利的劳工组织、农业组织、园艺组织的存在和经营，也不禁止或限制其成员合法地实现该组织的合法目标；这样的组织或成员，也不能依据反托拉斯法解释为限制贸易的非法联合或共谋。[4]可见，互助性、未发行股票和非营利的农业组织可依据《克莱顿法》获得垄断

---

[1] 7 U. S. C. §608（1），608（2）（2012）.

[2] United States v. Butler, 297 U. S. 1, 71~72（1936）.

[3] 权昌会主编：《美国农业立法》，经济科学出版社 1997 年版，第 134~136 页。

[4] 15 U. S. C. §17（2012）.

豁免。1922 年《卡伯尔-沃尔斯特法案》继续明确农业合作组织在州际或对外贸易中共同行动的含义，即共同加工、销售准备、处理和销售产品，并且不对外发行股票。[1]此后，1926 年的《合作销售法》（Cooperative Marketing Act）扩大豁免于反托拉斯的合作活动范围；1933 年《农业调整法》规定农业部长与农产品加工商、生产者、生产者协会以及其他加工任何农产品者或生产者订立的销售协议豁免于合众国任何反托拉斯法。[2]

其二，限制美国农产品进出口。一战和二战期间，美国政府加大了对同盟国家农产品的出口援助力度；一战结束后，美国促进向欧洲各国出口农产品。1920 年后，欧洲农业生产能力恢复，美国开始通过《福德尼-麦坎伯关税法》（Fordney-McCumber Tariff Act）和《斯穆特-霍利关税法》（Hawley-Smoot Tariff Act）提高农产品的进口税率。1933 年《农业调整法》从出口补贴、进口限制、进口调查等方面干预农产品进出口。1935 年修改《农业调整法》的第 32 条修正案规定：关税收入总量的 30% 设立独立基金，供农业部长用于鼓励农产品的利润支付或损失补偿、鼓励指定农产品的国内消费和重建农场主购买权力；农业部长应当编辑和报告进口原料和加工农产品的总量和价值数据。[3]

其三，农产品销售配额机制。销售配额机制主要包括销售协议（Marketing Agreement）和销售指令（Marketing Orders）。前者是由农业部长与加工商、生产者、生产者协会及农产品处理商等达成的农产品销售协议；后者是农业部长根据 2/3 生产者投票同意，授权成立相应机构在特定区域实施的控制农产品上市时间、价格、数量和质量的指令。销售协议的达成具有自愿性，销售指令的形成过程则强调少数服从多数，形成后具有强制性。虽然销售协议具有自愿性，生产者在销售协议限额内销售农产品可以得到价格支持，但超限额销售不仅没有价格支持，还会面临处罚。不与农业部长达成销售协议的生产者、处理商等同样受到规范，并且还可能因其产品不合格面临高额罚款。1933 年《农业调整法》规定，所有不与农业部长达成销售协议的花生处理商，应该接受与销售协议同等程度和方式的检查，质量达不到协议要求的花生不得出售，并且要接受同等评估费用；如果未达成销售协议的花生在处理

---

[1] 7 U.S.C. §291 (2012).
[2] 7 U.S.C. §608b (a) (2012).
[3] 7 U.S.C. §612c, 626 (a) (2012).

方式上违背上述规定，将被处以花生配额支持价格 140% 乘以销售或处置花生数量的罚款。[1] 销售指令根据不同用途将农产品划分等级，规定农产品最低且统一的价格，联邦政府和州政府都会采用统一最低价格方式稳定农产品销售价格秩序。除此以外，政府还可通过发放许可证的方式来实施销售配额机制，如 1930 年《易腐农产品法案》规定参加易腐农产品交易的代理商都应申请许可证，由农业部长审查后统一发放许可证。[2]

其四，农产品计划机制。1933 年《农业调整法》建立农产品平价保护制度，以 1909 年至 1914 年的农产品价格为平价，计算出当前农产品的公平价格；如果农产品市场价格达不到公平价格，则政府以此为目标通过价格支持方式实施调整计划。政府通过法律将基本农产品纳入调整计划，将小麦、棉花、玉米、生猪、水稻、烟草、牛奶及其制品 7 种主要农产品纳入 1933 年《农业调整法》的生产调整范围。1936 年《土壤保护和国内配额法》根据是否消耗地力区分种植作物，并对增加地力作物给予一定土壤保护补贴。1938 年《农业调整法》规定对小麦、棉花、玉米、烟草和水稻 5 种基本农产品实施生产控制和价格支持；建立农作物保险制度，给予小麦因不可抗力遭受的损失进行保险。

其五，农业信贷机制。1916 年《联邦农业信贷法》规定联邦政府建立 12 家地区性土地银行，授权未来借款人在各自区域内组建国家农场信贷协会，作为土地借贷的中间人，长期抵押贷款由土地银行通过农场信贷协会完成。[3] 1923 年《农业信贷法》成立联邦中间信贷银行作为信贷资金的批发商，向农业合作社和农民协会提供短期贷款。1929 年胡佛总统根据《农产品销售法》的规定，同意向农业合作社提供约 5 亿美元贷款。经济危机全面爆发后，大量农场主面临农场抵押赎回权被取消的境况，各州尤其是农业大州，政府开始制定农场援助计划。如 1933 年明尼苏达州出台一项法律，允许农场和住房取消抵押品赎回权有效期延长两年，农场主和房主可继续在土地上生活和工

---

[1]　7 U. S. C. §608b（b）（1）、（2）（2012）.

[2]　权昌会主编：《美国农业立法》，经济科学出版社 1997 年版，第 137 页。

[3]　Anonymous，"Proposed Revisions in the Farm Credit System：Current Legislation"，51 *Yale L. J.* 649（1942）.

作，并付给贷款方合理的租金。[1]联邦政府 1933 年出台《紧急农场抵押法》减轻农民债务、防止抵押品赎回权取消。1933 年《农业调整法》和 1938 年《农业调整法》都规定了无追索权贷款，1938 年《农业调整法》授权农产品信贷公司可对一切农产品发放无追索权贷款。依据 1933 年《农业信贷法》成立的农场信贷管理局（Farm Credit Administration）向农场主提供可用不动产抵押贷款的条件更为宽松。该法还将信贷业务划分为土地银行、生产信贷、中间信贷和合作信贷等四类，并且大大扩充原有信贷范围，这样美国就建立起一个有政府监督的完整的农业信贷体系。[2]

其六，剩余农产品控制机制。一战结束后，美国国内农产品过剩，农业利益集团游说美国国会通过《卡伯尔-沃尔斯特法案》，农业生产者通过农业合作社协同限制农产品产量。《麦克纳利-豪根农田救济法案》试图建立两套农产品价格体系，对国外低价倾销农产品，低价部分以"平衡费"名义予以补助，以此来消除国内剩余农产品。胡佛当选总统后，颁布《农产品销售法》以政府收购农产品来调节市场上农产品数量，缓解农产品供过于求的情况。但一方面政府因资金有限不可能收购全部过剩农产品，另一方面农场主因其糟糕境况反而继续扩大农业生产，最终导致胡佛政府的政府购销措施破产。1933 年《农业调整法》开始干预农业生产过程，将自愿减少种植面积和农业补贴相结合，以事实上的经济压力增加农业减产的力度。1936 年《土壤保护和国内配额法》采用控制农业生产过程的措施。1938 年《农业调整法》核心是建立农业常平仓（Ever Normal Granary），由对农业生产过程的控制转向对剩余农产品的控制。[3]农业常平仓是指政府向农场主发放无追索权的农业贷款，要求农场主服从政府下达的农作物生产计划；在此基础上，农业部将农场主每年按计划生产粮食的多余部分储藏起来，并在歉收年推向市场。农业常平仓措施将农业生产计划性和农产品生产过剩、短缺的状况结合起来，一方面强制农场主服从生产调整，另一方面注重农产品产量波动时的政府购销，成为了现代美国农业产业政策的根基。罗斯福新政初期，行政当局推行面向

---

[1] ［美］劳伦斯·弗里德曼：《二十世纪美国法律史》，周大伟等译，北京大学出版社 2016 年版，第 213 页。

[2] 王红霞：《经济法视域下的罗斯福新政研究》，中南大学 2010 年博士学位论文。

[3] 李超民：《中国古代常平仓思想对美国新政农业立法的影响》，载《复旦学报（社会科学版）》2000 年第 3 期。

低收入家庭和穷人发放食物的计划；1939 年行政当局考虑穷人营养方面需要，制定和推行食品券计划；与此同时，农业部剩余农产品销售局向在校学生提供食物，后来逐步发展为全国在校学生午餐计划。[1]这些措施，既能满足救济穷人和儿童营养需要，也能消费部分过剩农产品。由此，食品券计划等福利措施成为剩余农产品控制机制的一部分。

（二）美国农业产业政策的外在正当性积累

1. 国内农业危机的产生和蔓延

1914 年，一战爆发，战争导致欧洲各国农业生产能力不足、对美国农产品需求扩大，美国农产品价格上涨。1913 年小麦农场主的利润总额为 56 713 000 美元，1917 年增加到 642 837 000 美元；小麦平均价格由 1914 年 0.975 美元增至 1918 年 2.05 美元，玉米平均价格由 1914 年 0.708 美元增至 1918 年 1.52 美元，黄油平均价格由 1914 年 0.298 美元增至 2.05 美元。[2]农产品价格上涨刺激美国农业生产能力扩大。一战结束后，美国农产品出口大幅下降，但其农业生产能力仍然巨大，农业生产过剩问题开始凸显。1929 年相比 1920 年，10 年间农业产出只增加了 16%，但农产品价格暴跌。这导致 1929 年农场主净收入远低于 1920 年，而且这种状况一直没有被扭转过来。[3]农产品价格暴跌引起农场主不满，他们开始要求得到"公平价格"，甚至谋求特殊待遇。农场主以联合协作的方式控制农产品竞争、限制成员的生产和销售，但不参与协作的农民却从扩大生产中获利，破坏了联合限制竞争的效果。1920 年底，棉花种植者已经开始采用暴力，包括谋杀顽抗者、毁坏不合作者的棉花和轧棉机[4]。经济危机全面爆发后，大量农场主时常试图通过武力来阻止取消抵押品赎回权。如 1933 年 4 月，一伙暴徒袭击并差点吊死艾奥瓦郡的一位法官，因为这些人要求法官不要取消抵押资产的赎回权，但这位法官拒绝了他们[5]。某些州开始通过农产品禁运措施来保护本地农场主利益，1932 年秋，

〔1〕 徐更生：《美国农业政策》，经济管理出版社 2007 年版，第 266~267 页。
〔2〕 [美] J. T. 施莱贝克尔：《美国农业史（1607—1972 年）——我们是怎样兴旺起来的》，高田、松平、朱人合译，农业出版社 1981 年版，第 219~220 页。
〔3〕 [美] 乔纳森·休斯、路易斯·凯恩：《美国经济史》，杨宇光等译，格致出版社、上海人民出版社 2013 年版，第 503 页。
〔4〕 [美] 默里·罗斯巴德：《美国大萧条》，谢华育译，上海人民出版社 2009 年版，第 210 页。
〔5〕 Fred A · Shannon, *American Farmers' Movements*, Princeton, N. J.: D. Van Nostrand, 1957, pp. 88~91.

明尼苏达州州长弗洛伊德·奥尔森（Floyd Olson）提出使用州民兵对所有从该州"出口"的农产品实行强制禁运。[1]

可见，农业危机蔓延导致农场主越来越多地运用暴力措施维护自己的利益，法治权威受到严重损害。美国各州普遍采用地方保护主义方式维护本州农场主利益，损害美国联邦政府权威，甚至威胁美国联邦体制。

2. 农业弱质性放大和农业集团施压

一战前，农业生产者相对于国内垄断企业的弱势地位已经很明显。国内垄断企业抬高农业生产投入要素价格，压低农产品收购、运输和仓储价格，导致农业生产者在生产投入和销售两端均处于弱势地位。一战期间，国际农产品需求的扩大掩盖了农业弱质性。但是一战结束后，欧洲农业生产能力恢复，并且逐步实施农产品关税保护措施；加拿大、澳大利亚、阿根廷等国家农业产量增长，国际市场普遍出现低价过剩的农产品。而美国农业生产者产能难以短期降低，机器、农业技术等生产要素沉没成本较高，美国处于限缩生产和扩大生产的两难境地。同时，邻国加拿大因国土面积扩大，农产品生产量剧增，美国国内垄断企业可以选择加拿大农产品以替代国内农产品，大量便宜农产品倾销到美国市场，加剧美国农业生产者的危难处境。

农业危机促使农业生产者联合起来，19世纪后半叶也曾出现这一情形，此时，农业利益集团更为团结、经验更加丰富。农业利益集团一方面利用媒体渠道大肆宣传农业危机的严重性，另一方面呼吁给予农民"农业平等权"和"特殊待遇"。农业平等权和特殊待遇二者并不矛盾，正因为农民在市场交易过程中无法获得农业平等权，才需要国家给予特殊待遇来矫正。农民们利用合作社运动、农业局和国会中的农民集团，主导了20世纪20年代的农业政策制定。[2]罗斯福新政期间的农业部长华莱士就来自于农业集团，其早期从事农业报纸编辑和高产玉米品种试验；在1933年至1940年间，他担任罗斯福政府农业部长，参与制定和主导实施新政期间农业产业政策法。

3. 政府危机治理失效和调整

纵观美国农业危机的整个过程，呈现出危机产生——政府治理失效——危机加重——政府治理加码的逻辑。换言之，美国联邦政府逐步获得全局干

---

〔1〕［美〕默里·罗斯巴德：《美国大萧条》，谢华育译，上海人民出版社2009年版，第221页。

〔2〕［美〕斯坦利·L.恩格尔曼、罗伯特·E.高尔曼主编：《剑桥美国经济史：20世纪》（第三卷），蔡挺、张林、李雅菁译，中国人民大学出版社2008年版，第522页。

预权是建立在此前治理手段效果不佳的基础上。从州政府角度看，自 1921 年农业危机开始，各州政府就通过增加财政支出方式救助农业；随后各州政府发现其应对农业危机的能力有限，并且日益陷入财政支出危机，于是将救助农业的责任转交给联邦政府。经济危机严重时期，各州政府开始采用地方保护主义措施，这虽然损害美国的联邦体制，但对于联邦政府治理农业危机具有必然性。从联邦政府角度看，其同样经历了治理农业危机失效和调整的过程。1921 年农业危机开始，联邦政府就试图通过农业合作社运动来治理农业危机；但由于农业合作社只能控制农民社员的生产和销售行为，而无法控制农业合作社成员借机扩大农业生产的自利行为，这使得农业合作社的协同机制效果不佳。胡佛政府通过 5 亿美元贷款或直接购买的方式来稳定农产品市场价格，并鼓励农产品加入全国性农业合作社；但 20 世纪 30 年代的大萧条使 5 亿美元周转金像厨房里炉灶上的雪球一样融化了，贷给大合作社购买和维持低价存货的许多借款永远不能得到偿还。[1]经济危机全面爆发后，联邦政府的财政状况恶化，1932 年美国联邦政府的财政收入跌至低点，只有 16 亿美元。[2]联邦政府可用于农业救助的资金受到牵连，限制主要农作物产量成为联邦农业局和农业利益集团的共识；罗斯福政府进而选择开征加工税补贴自愿限产的农场主，在不增加或少增加财政支出的情形下控制农业生产。

4. 政府统制经济的经验

一战期间，美国联邦政府设立了近 5000 个新的行政机构以迅速动员社会资源，以非市场化手段重新配置资源，为战争创造有利条件。联邦政府通过发放执照、执行非竞争的统购、实施紧急状态下的监管和必要时政府直接接管等一系列统制措施，在短时间内实现了预期要达到的产出目标。[3]一战胜利后，威尔逊总统迅速解除了战时统制经济体制，恢复市场竞争常态。但是，战争时期政府动员和干预经济活动的效果依然令人印象深刻，政府动员和干预经济的经验并未被遗忘。一战结束至经济危机爆发的时间如此短促，当美

〔1〕［美］沃尔特・W. 威尔科克斯、威拉德・W. 科克伦、罗伯特・W. 赫特：《美国农业经济学》，刘汉才译，商务印书馆 1987 年版，第 479 页。
〔2〕［美］乔纳森・休斯、路易斯・凯恩：《美国经济史》，杨宇光等译，格致出版社，上海人民出版社 2013 年版，第 529 页。
〔3〕［美］乔纳森・休斯、路易斯・凯恩：《美国经济史》，杨宇光等译，格致出版社，上海人民出版社 2013 年版，第 489 页。

国面临经济危机以致扩散为严重的政治和社会危机时，一战期间应急设置的机构改头换面重新出现，具有政府动员和干预经济丰富经验的管理人员开始回归。如战时工业委员会在 1933 年以全国复兴管理局这个新身份再次出现，美国谷物公司也以商品信贷公司的新名称复出，战时工业委员会的乔治·皮克（George·Peek）成为农业调整管理局首任领导，休·约翰逊（Hugh S·Johnson）则被任命为全国复兴管理局的局长。[1]二战期间，联邦政府根据统制经济经验将配给制改造为农业垄断性交易，增强了美国消费者对政府持续经济干预的接受度。

5. 国际领域普遍使用农业产业政策

一方面，传统农业进口国开始采取干预政策保护国内农业发展。德国、意大利和法国从 20 世纪 20 年代中期开始重建其农业贸易的传统性壁垒，英国也在 20 世纪 30 年代放弃自由贸易，为支持其共同体成员而采取歧视政策。[2]另一方面，新政前后，加拿大、澳大利亚、苏联、阿根廷等农业生产大国也开始实施农产品出口扶持和倾销措施。以加拿大为例，自治政府推出价格稳定和囤储政策，垄断了所有的出口，向国外倾销过剩农产品。[3]上述两方面构成了农业产业政策的国际背景，且彼时农产品国际贸易自由规则尚未建立，20 世纪 30 年代农产品国际贸易的保护主义倾向非常明显，农产品补贴、倾销、高额关税、进口配额等措施屡见不鲜。美国仅依靠各州自身力量或市场自我调节，难以应对国际农业危机和他国农业贸易保护政策。换言之，国际领域普遍推行的农业产业政策为美国联邦政府制定、实施农业产业政策提供了正当理由。一方面，美国政府先后以《福德尼-麦坎伯关税法》和《斯穆特-霍利关税法》提高农产品关税，规定农产品进口限额政策；另一方面，美国政府据此实施了以农业补贴为主的国内农产品支持政策。时至今日，关于美国国内农业产业政策的立法辩论，参议员和众议员仍然通过指责他国或其他地区的农业产业政策措施扭曲市场机制，论证美国农业产业政策的合理性。

---

〔1〕 [美]乔纳森·休斯、路易斯·凯恩：《美国经济史》，杨宇光等译，格致出版社、上海人民出版社 2013 年版，第 492 页。

〔2〕 [美]斯坦利·L. 恩格尔曼、罗伯特·E. 高尔曼主编：《剑桥美国经济史：20 世纪》（第三卷），蔡挺、张林、李雅菁译，中国人民大学出版社 2008 年版，第 524 页。

〔3〕 [美]斯坦利·L. 恩格尔曼、罗伯特·E. 高尔曼主编：《剑桥美国经济史：20 世纪》（第三卷），蔡挺、张林、李雅菁译，中国人民大学出版社 2008 年版，第 524 页。

三、二战结束至今的美国农业产业政策

(一) 美国农业产业政策的变化梳理

1. 二战结束至 20 世纪 70 年代末的加强管制和放松管制交替阶段

二战结束后，世界大部分地区粮食供应不足，食品价格大幅上涨，但是美国政府汲取一战结束后结束农业管制的教训，并未放弃农业管制政策。《1948 年农业法》延续对基本农产品、乳制品、猪、鸡和蛋的平价 90% 的战时价格支持，同时规定从 1950 年开始根据农产品过剩和短缺情况调整执行灵活性价格支持。[1]因为 1949 年农产品价格开始下跌，人们对战后衰退的担忧加剧，《1949 年农业法》很快替代《1948 年农业法》。《1949 年农业法》废除《1948 年农业法》的灵活性价格支持，规定固定的平价价格支持。《1949 年农业法》规定如果生产者不拒绝当年销售配额的，那么 1950 年可以获得 90% 平价的价格支持，1951 年可获得 80% 至 90% 平价的价格支持；同时规定通过种植面积使用配额和销售配额实施供给管理。[2]艾森豪威尔（Dwight Eisenhower）当选总统后，明确接受灵活的价格支持，给予农场主农场自由，美国农业快速集约化。[3]肯尼迪（Edward Kemedy）当选总统后，将农产品低价问题视为第一号问题，宣布实施农产品供给管理计划以提高农产品价格。[4]同时，为应对农产品价格上涨对穷人的影响和缓解农产品剩余问题，政府施行食品券计划援助美国低收入家庭的食品和营养需要。《1970 年农业法》取消小麦、棉花和饲料谷物的销售配额和面积分配，增加接受农场计划的支付限制；1973 年《农业和消费者保护法》增加目标价格的概念，作为联邦农场计划一部分的目标价格一直保留到 1996 年。[5]1977 年《食物和农业法》允许农民

---

[1]　Allen H. Olson, "Federal Farm Programs—Past, Present and Future—Will We Learn From Our Mistake?", 6 *Great Plains Nat. Resources J.* 1 (2001).

[2]　Allen H. Olson, "Federal Farm Programs—Past, Present and Future—Will We Learn From Our Mistake?", 6 *Great Plains Nat. Resources J.* 1 (2001).

[3]　Jon Lauck, "After Deregulation: Constructing Agricultural Policy in the Age of 'Freedom to Farm'", 5 *Darke J. Agric. L.* 3 (2000).

[4]　Giglio, "New Frontier Agricultural Policy: The Commodity Side, 1961—1963", 61 *Agric Hist.* 53 (1987).

[5]　Allen H. Olson, "Federal Farm Programs—Past, Present and Future—Will We Learn From Our Mistake?", 6 *Great Plains Nat. Resources J.* 1 (2001).

自由生产农产品，且让所有农产品自由进入国际市场；内容上除包括农产品计划外，还涉及农场储备计划、食品券计划、农业研究、推广、教育等[1]，美国农业产业政策的综合立法特征已经显现。

2.20 世纪 80 年代初至 90 年代末的放松管制趋向农业自由阶段

1981 年《农业和食物法》包括农产品计划、农产品出口、食品券和农产品分配、农业研究、资源保护、农业信贷、农村发展等 17 章。[2]虽然迫于国内农业危机，该法仍然维持农产品价格支持政策，但是支持政策措施更具灵活性，仅设定最高补贴限额，减少政府支出和农业干预意图十分明显。另外，采取信贷补贴方式扩大农产品出口成为该法重点。1985 年《食物保障法》继续降低农产品价格支持水平，以减少政府的农业方面支出，实施出口援助和扩大出口两类计划，以应对他国农产品出口补贴。1990 年《食物、农业、资源保护和贸易法》更明显地实施市场化导向政策。该法规定农场主具有 15%的常规灵活面积，上面可以种植非计划内农作物；农场主还具有 10%的选择性灵活面积，以种植非计划农作物。农场主在上述灵活面积种植非计划作物不能享有贷款不足支付，但仍保留计划基本面积的待遇。[3]1996 年《联邦农业完善和改革法》对于深化农业部门市场化导向具有里程碑意义，有学者将该法描述为对过去 60 年农业政策最根本的变化。[4]《联邦农业完善和改革法》放弃了政府的供给管理，农民首次被允许根据市场信号做出自己的种植决策，不受政府监管。联邦政府不再向农场主进行不足支付（Deficiency Payments），但生产某些农产品（如小麦、饲料谷物、旱地棉和水稻）的农场主可以获得"生产灵活性合同"以代替不足支付，签订生产灵活性合同的生产者可以根据单位产量获得 7 年的固定支付。[5]

3.21 世纪初至今的回归强化管制阶段

1998 年中期，包括小麦、玉米和豆类在内的大多数农产品价格开始回落，

---

[1] 权昌会主编：《美国农业立法》，经济科学出版社 1997 年版，第 55 页。

[2] 徐更生：《美国农业政策》，经济管理出版社 2007 年版，第 299 页。

[3] Allen H. Olson, "Federal Farm Programs—Past, Present and Future—Will We Learn From Our Mistake?", 6 *Great Plains Nat. Resources J.* 1（2001）.

[4] Charles E. Grassley, James J. Jochum, "The Federal Agriculture Improvement and Reform Act of 1996: Reflections on the 1996 Farm bill", 1 *Drake J. Agric. L.* 1（1996）.

[5] Nathan R. R. Watson, "Federal Farm Subsidies: A History of Governmental Control, Recent Attempts at a Free Market Approach, the Current Backlash, and Suggestions for Future Action", 9 *Drake J. Agric. L.* 279（2004）.

公众压力导致美国国会出台了 600 亿美元的一揽子援助措施，其中 42 亿美元的紧急援助用于提高农产品价格和援助南方农民。[1]以市场为导向、不干预农业的《联邦农业完善和改革法》已经难以应对美国农业面临的国内危机，受到越来越多质疑。有美国学者评价这一法案已经彻底失败，失败于农产品出口的增长，将重大风险转嫁给了没有明显效益的农民。[2]基于此 2002 年《农场安全和农村投资法》回归农产品价格支持政策，通过直接支付、反周期补贴和营销贷款三类政策工具实施农产品计划，同时在环境资源保护、农业信贷、农产品贸易、乡村发展计划等方面进行补贴和贷款支持。2008 年《食品、环保、能源法》的思路由农场收入安全网向农场整体收益安全网转变，更加注重农产品能源价值的开发。产业政策措施方面虽然继续保留了直接支付，但规定 2012 年后取消该措施；营销援助贷款利率不再固定不变，农业部长有权根据市场状况进行调整；农业补贴的产品结构调整，将水果和蔬菜等特种农产品纳入补贴范围；对特种作物和有机作物的保护力度加大，以基金支持特种农产品出口，将有机作物全面、平等地纳入农业部联邦农作物保险计划；设置农业补贴获取资格的限制，导入整体支付和调整总收入限制的改革。《2014 年农业法案》大幅度削减农业预算，尤其是农产品计划、营养计划和环境保护三方面的支出下降较多，将环境保护项目由 23 个整合为 13 个。农产品计划部分取消直接支付、反周期支付和平均作物收入选择的项目，增加价格损失保障支付和农业风险保障支付。增加农业保险计划的种类，扩大农业保险的作物范围至特种农作物和有机农作物，将农业保险计划和水土保持挂钩；扩大食品券计划和农业保险计划内的特种农产品范围。[3]2018 年《农业促进法》进一步加大"黄箱"类农业支持力度，对价格损失中的参考价格设定 115% 的上浮率，提高单位产量，农业保险从担保收入损失风险更多转向利润损失风险。

（二）美国农业产业政策的外在正当性发展

1. 农业多元价值的拓展认同

第一，农业在国际援助和贸易方面的价值。1954 年美国国会通过的《农

〔1〕　Amanda Stokes, "Selling out the Farm? The Impact of the Farm Security and Rural Investment Act of 2002 on Lending Institutions and the Small Farmer", 9 *N. C. Banking Inst.* 243 （2005）.

〔2〕　Robert Scott, "Exported to Death: The Failure of Agricultural Deregulation", 9 *Minn. J. Global Trade* 87 （2000）.

〔3〕　韩一军、徐锐钊：《2014 美国农业法改革及启示》，载《农业经济问题》2015 第 4 期。

产品贸易发展与援助法》将提升农产品出口、援助友好国家农产品、对外政策等相互结合起来。农业国际援助具有外交政策的功能和政治价值，粮食援助通常会附加政治条件。如 2014 年美国参议院农业委员会报告指出，美国农产品出口计划和向其他国家提供粮食援助的计划对农业经济和国家的地缘政治利益都很重要。[1]农业在国际贸易方面的价值主要是通过扩大美国农产品出口市场，来减少美国国内剩余农产品，并实现贸易顺差。2002 年农业立法的众议院国际关系委员会报告中提到：接近 1/3 的美国农场和食品生产系统服务于海外市场，农业是美国少数几个获得国际贸易顺差的产业之一；参议院农业委员会同样指出农产品贸易是美国产品的关键出口贸易，农业出口贸易顺差可以抵消非农产品贸易的持续逆差。[2]2017 年，美国农产品出口价值为 1404.7 亿美元，农产品进口价值为 1191.4 亿美元，贸易顺差 213.3 亿美元；产品总出口价值为 12 839.4 亿美元，农产品出口价值占总出口价值的 11%。[3]

第二，农业在社会稳定和发展方面的价值。美国大萧条时期，农业就已具有保障社会稳定的功能，农业保障管理局（Farm Security Administration）将城市的无业游民安置到农场中帮助其部分实现自给自足。[4]即便在当今，农业也仍能在某些危机时期吸纳剩余就业人口。如 2008 年美国金融危机导致就业率下降、就业压力增加时，美国农业尤其是水果、蔬菜、树坚果、苗圃植物等特种农作物生产领域能够容纳比较多的劳动力。农业相关产业如涉农能源行业的发展也促进了美国劳动力就业。《2014 年农业法案》出台时，参议院农业委员会报告指出在目前的经济环境下，新生物经济通过为农村社区战略性开拓新兴市场和就业机会而创造机遇，生物塑料和化学品制造行业可以为美国创造 10 万个就业岗位。[5]农业在社会稳定和发展方面的价值还表现在为美国人民提供充足、丰富、安全和可负担的食物和纤维，为美国低收入、妇女、儿童和老年人群体提供食品和营养。20 世纪 60 年代，美国大力实施食

---

〔1〕 See CRPT-113srpt88：10.
〔2〕 CRPT-107hrpt191-pt3：15；CRPT-107srpt117：47.
〔3〕 载美国农业部网站，https://www.ers.usda.gov/data-products/foreign-agricultural-trade-of-the-united-states-fatus/fiscal-year/，最后访问时间：2018 年 5 月 11 日。
〔4〕 [美]乔纳森·休斯、路易斯·凯恩：《美国经济史》，杨宇光等译，格致出版社、上海人民出版社 2013 年版，第 554 页。
〔5〕 CRPT-113srpt88：21.

品券计划以提高美国低收入家庭的营养水平。维持农场主和消费者之间的平衡是农业产业政策的重点，既要维持和提高农场主的收入水平，也要保证消费者以可负担、合理的价格获得农产品。在这个意义上，农业关系到公民基本权利和国家安全，适度过剩的农业生产和多种类的农业补贴可以保证食物和纤维的充足、丰富和可负担。2001 年 10 月 3 日的美国众议院农业法案辩论中，贝里（Berry）提出美国拥有世界上最安全、最丰富、价格最合理的食物和纤维供应，不援助我们的农民，他们就会离开农业这个行业，迫使美国人只能依赖其他国家提供食物。因此，农业援助涉及国家安全问题。[1]

第三，农业在生态和能源方面的价值。环境保护主题进入农业产业政策的重要节点是《1956 年农业法案》，该法第 1 章规定土壤银行计划（Soil Bank）、种植面积储备计划（Acreage Reserve Program）和土壤保护储备计划（Conservation Reserve Program）。该法政策宣示提及土地不当使用，造成土壤侵蚀、土壤肥力枯竭以及坡地水资源流失过快等问题，从而对国家福利造成不利影响，损害农产品持续稳定供应所需的生产设施，危及农业和非农业用水的充足供应。[2]土壤银行中的土壤保护储备计划被 1985 年《食物保障法》吸收后，一直沿用至今。农业生态价值还表现为环境享有价值。以 2002 年《农场安全和农村投资法》出台时参议院和众议院农业委员会的两份报告为例：参议院农业委员会提出美国农场和牧场是水资源的补给区和野生动物的栖息地；众议院农业委员会则在主张林业激励机制时指出美国公共林地提供休闲价值日益困难，越来越依赖于林业私人所有者满足社会公众非市场价值需求。[3]随着科学技术进步，农作物转化为可再生能源的成本降低。2002 年《农场安全和农村投资法》中将"能源"独立成章，2008 年《食品、环保、能源法》和《2014 年农业法案》继续专门设置"能源"一章。广袤的农村地区具有大量风能资源，农产品和林产品通过技术手段可以转化为乙醇、生物燃料，农作物和林业作物加工后留下的材料具有资源开发的潜力。农业增加了美国可再生能源的多样性和供应量，降低美国能源进口数量，帮助降低美国对国外能源尤其是石油进口的依赖性，降低石油供应和价格波动对美国经济的损害。

第四，农业在地区平衡方面的价值。农业在地区平衡方面的价值主要表

[1] CRCE-2001-10-03-pt1-PgH6172.

[2] https://www.govtrack.us/congress/bills/84/hr10875/text，最后访问时间：2018 年 7 月 5 日。

[3] CRPT-107srpt117：36；CRPT-107hrpt191-pt1：111.

现为两方面：其一，农业州和其他州的平衡；其二，城市和农村地区的平衡。前文述及农业州长期对美国农业产业政策施加影响，美国农业呈现专业化布局，农业及其细化产业在美国各州的地位差别较大，对不同种类农作物施加规制或补贴的背后往往涉及各州农业利益。因此，来自各州的参众议员立法辩论时经常根据本州农业状况提出相应主张，2002 年的农业立法辩论就能反映这一情况。来自俄勒冈州的农业委员会委员布鲁梅纳尔（Blumenauer）指出农业是俄勒冈州第三大产业，当地城市、郊区或农村都受到农业，尤其是农业环境的重要影响，应该支持生态环境保护项目；[1]来自威斯康星州的农业委员会委员金德（Kind）提出牛奶产业仍是该州的第一产业，但过去几年中，因为牛奶价格过低，威斯康星州每天会消失 4 到 5 户家庭农场，因此应该扩大乳制品价格支付项目。[2]美国大约有 1/5 人口居住在农村，但农村地区和城市地区在经济收入、基础设施建设方面都有差距。1998 年，美国城市地区劳动者人均收入 35 151 美元，农村地区劳动者人均收入为 23 619 美元；1999 年，美国农村贫困率 14.3%，城市贫困率为 11.2%，中西部很多县农村人口不断下降，从事农业的劳动力缺乏。[3]农村人均基础设施建设成本高、运输距离远、资本回报率低，市场化投资不愿进入农村。因此，政府更应以贫困救济、加大基础设施投入、扶持农村地区创造更多就业岗位、补贴农场主高附加值作物和特种作物等手段推动美国农村发展，缩小城乡差距。

2. 国内外农业发展的事实判断

第一，美国农业市场化和市场一体化。两次世界大战之间是美国农业机械化时期，同时农业化学技术和生物技术也有了初步发展。[4]二战结束后，美国农业化学技术和生物技术再次取得长足进步，农药、化肥、种子培育等技术进步促使美国农业生产效率不断提高；农场主的农业生产完全以市场交易为目的，农业市场化使得农业和其他产业不断融合，农业生产分工细化，农业产销系统更为复杂，农产品种类日益丰富。因此，农业市场化引发农业系统的复杂程度提高，使得农业风险的不可预测性更大，农业更为容易受到其他产业波动的影响，农场主应对市场的自我调节也更困难。另一方面，美

---

〔1〕 CRCE-2001-10-03-pt1-PgH6173.

〔2〕 CRCE-2001-10-03-pt1-PgH6175.

〔3〕 CRPT-107srpt117：73.

〔4〕 徐更生：《美国农业政策》，经济管理出版社 2007 年版，第 30 页。

国农业国内外市场一体化。1960 年至今，美国农业国际贸易一直处于顺差状态，美国农业发展对外依赖程度高，使得国内农产品价格和农场主收入更容易受到国际农产品产销状况和他国农业政策影响，这些问题是美国农场主和农业团体无法应对的，只能依赖政府的政策措施加以解决。所以，美国政府需要不断研判国际农业形势，采取针对性农业产业政策。如 2002 年美国农业立法开始检讨 1996 年《联邦农业完善和改革法》对国际农产品形势的错误判断，指责他国农业产业政策损害了农产品贸易的公平竞争。众议院农业委员会报告直言美国国内生产者遇到了贸易壁垒的不公平竞争和国外的高额农业补贴，美国农业补贴远远低于欧盟，美国农业生产者出口市场还面临高关税和非关税贸易壁垒。[1]2008 年《食品、环保、能源法》曾因持续高额补贴引起他国反对，进而因损害美国农产品出口而被布什否决。

第二，农业危机常态化。农业弱质性导致美国农场主经常面临农业危机，有学者评价市场萧条在美国农业史上是司空见惯的现象。[2]20 世纪 50 年代，美国政府采取放松管制的农业产业政策，农产品过剩问题逐步突出。至 1961 年，美国农产品过剩达到危机程度，农产品价格远低于无追索贷款利率，农场主普遍选择让政府没收其作物而非偿还贷款，1 蒲式耳谷物的政府储存成本已经超过谷物本身的价值；[3]肯尼迪政府放弃了 20 世纪 50 年代的农业自由化措施，加强农产品供应管理，实施更严格的强制性生产控制和更高的农产品价格。20 世纪 70 年代，国际农产品市场需求扩大，至 1976 年，美国农产品出口达到顶峰，随后出现农业深度危机。里根政府初期，大量农场濒临破产，农场主组织示威活动，要求国会解决农业衰退问题，1981 年《农业和食物法》仍然维持农产品价格支持和农作物补贴计划。此后，农产品贸易自由化刺激着美国农业发展，农产品价格和农场主收入得以增长，这导致 1985 年《食物保障法》、1990 年《食物、农业、资源保护和贸易法》和 1996 年《联邦农业完善和改革法》逐步采取放松管制措施，降低农产品价格支持水平，扩大农产品出口。1998 年起，美国农业又逐步陷入危机；2000 年，美国农产

---

[1]　CRPT-107hrpt191-pt1：93&101.

[2]　Jon Lauck，"After Deregulation：Constructing Agricultural Policy in the Age of 'Freedom to Farm'"，5 *Darke J. Agric. L.* 3 （2000）.

[3]　Allen H. Olson，"Federal Farm Programs—Past, Present and Future—Will We Learn From Our Mistake?"，6 *Great Plains Nat. Resources J.* 1 （2001）.

品中大豆处于 27 年来最低价，棉花处于 25 年来最低价，小麦和玉米处于 14 年来最低价，水稻处于 8 年来最低价。〔1〕而美国农业生产成本却不断攀升，种子、农药、化肥、能源等农业生产资料价格上涨明显。埃弗雷特（Everett）在国会讨论中指出燃料、化肥等农业投入费用在过去 4 年增加了 25%，导致很多美国农村地区的危机增加。〔2〕美国农业危机的常态化需要美国政府不断从国内农业生产成本、农产品产量、农产品结构、农产品质量安全、农产品国内需求、农场主收入、政府财政状况和现行政策工具效果等方面分析美国农业发展状况，进而制定和实施农业产业政策，化解美国农业危机。

第三，以产业政策发展农业的路径依赖。自罗斯福新政起，美国联邦政府形成了以农业产业政策促进农业发展的路径依赖，大萧条这样的重大历史事件促使联邦政府形成干预生产销售活动的初始选择。二战后，美国政府的农业管制呈现加强和放松的态度交替的局面，农业危机时则加强农业产业政策管制性，农业繁荣时则放松农业产业政策管制性，但美国政府从未放弃农业产业政策。农业危机的常态化不断强化农业产业政策，只有发生重大事件时，农业产业政策才可能发生路径方向的变化，如 1995 年 WTO 的成立，促成了 1996 年《联邦农业完善和改革法》的"自由农场"政策导向，是对传统农业产业政策的重大改革。农业产业政策的自我强化因素还包括农业产业政策的阶段性和综合性立法以及政策效果。阶段性农业立法能够增强农业产业政策对国内外形势变化的适应力，不断优化政策组合，为各方利益主体提供多次博弈的机会；综合性农业立法则将多类涉农主题纳入到农业产业政策中，在保证传统政策得以保留的前提下，利于新主题置入农业法，最大限度实现多类农业主题背后利益主体之间的利益平衡。农业产业政策的整体和具体效果也强化了农业产业政策的路径依赖。农业产业政策的整体效果表现为美国农业能够为美国人民提供充足、丰富和可负担的食物与纤维，农产品出口也缓解了美国贸易逆差。具体政策工具同样具有效果，2012 年，美国最大作物生产地区的农场主在生产季节遭遇毁灭性的干旱，农业保险计划覆盖超过 2.8 亿英亩的土地，并承担超过 1170 亿美元的保险责任，农场主遭受损失超过 170 亿美元。由于农业保险的赔偿，纳税人不需要提供特别的灾难援助，绝大

〔1〕 CRPT-107hrpt191-pt1：93.
〔2〕 CREC-2001-10-03-pt1-PgH6173.

多数农场能够在遭受巨大损失的情况下继续经营[1]，这充分说明了农作物保险的积极作用。

3. 农业产业政策的平衡功能

正如众议院农业委员会主席康博斯特（Combest）在 2002 年众议院全院讨论农场安全法案时指出：议案能够在农业委员会顺利通过并呈送给众议院全院讨论，关键因素是平衡。[2]可见，平衡是农业产业政策立法产出的关键因素。同时，农业产业政策满足相关利益主体的利益诉求在法治框架内的平衡考量，也是农业产业政策正当性要素之一。美国农业产业政策的平衡功能体现于以下几个方面。第一，市场机制和政策干预的平衡。2002 年、2008年、2014 年和 2018 年农业立法的参议院农业委员会报告中都有农业规制对经济和私人领域影响的内容，强调计划的自愿性、非监管性和援助性。第二，供给和需求的平衡。农业产业政策需要考虑农产品供给和需求的总量平衡和结构平衡，限制供给过剩的农产品生产，鼓励供给不足的农产品生产。如《2014 年农业法案》提到了美国膳食结构、健康饮食观念变化导致美国公众对水果、蔬菜等新鲜农产品需求增加而现有供给不足的问题，应当采取扶持措施以平衡特种农产品的供给和需求。第三，农业法政策性和永久性的平衡。美国农业法大多具有期限性，每 5 年左右政府会制定新农业法替代旧法规定。但美国 1938 年《农业调整法》和《1949 年农业法》属于永久性立法，当政策性农业法到期且新农业法无法出台时，永久性立法自动生效。政策性和永久性立法相互平衡的制度为美国农业产业政策制定设定了时间限制，利于各方主体妥协达成共识。第四，联邦和州及地方政府的平衡。美国《联邦宪法》对联邦政府和州及地方政府的分权作出了规定，法院系统通过宪法解释来平衡联邦和州及地方政府的权力范围。此外，联邦政府还可通过委任来约束州和地方政府，联邦委任是美国联邦政府以财政投入约束州和地方政府行为的重要方式，但受到评估及其他程序的限制。第五，党派平衡。如 1996 年《联邦农业完善和改革法》立法时，参议院就共和党支持的"自由农场"展开的辩论和谈判陷入僵局，但来自佛蒙特州的帕特里克·莱希参议员领导的民主党参议员转向支持该法案，原因是他们主张增加"环境保护和营养计划"的

---

[1]　CRPT-113srpt88：24.
[2]　CREC-2001-10-03-pt1-PgH6167：4.

条款得到了共和党人的同意。[1]第六，农业部门内部平衡。农业部门内部平衡是指不同农作物的收益平衡和不同类型农场主的收益平衡。如 2008 年参议院农业委员会报告指出一些农产品获益比其他农产品多，农产品之间的不平等需要重新平衡；[2]农业立法设定了农场主补贴资格的收入下限和补贴数量的上限。第七，财政收入和支出的平衡。美国参众两院提交的农业法提案都要经过国会预算办公室的预算评估，并根据预算决议修改法案内容。第八，国内农业政策与国际农业规则的平衡。如 20 世纪 80 年代初至 1996 年，美国国内农业政策整体取向为农产品贸易自由化，与美国推动建构农产品自由贸易的国际规则直接相关。美国在与巴西棉花贸易纠纷败诉后，《2014 年农业法案》从涵盖商品中取消陆地棉，将其置入农作物保险项目内，扩大了绿箱范围的农作物保险适用范围。

总而言之，美国农业产业政策的外在正当性经历了不断累积的过程。具体来说，外部正当性包括：（1）农业价值的多元发展及人们对多元农业价值的接受；（2）农业面临的自然风险和随着农业市场化程度提高引发的更为复杂的市场风险，以及美国政府在应对农业风险引发的农业危机过程中形成的路径依赖；（3）美国国内农业危机的常态化和国际农业产业政策的普遍性也是美国实施农业产业政策的重要理由；（4）农业产业政策的平衡功能是其得以实施的关键因素。虽然外在正当性构成了美国政府实施产业政策的必要性，但是美国政府何以能够长期实施此类政策措施呢，换言之，政府是否有权采取产业政策措施以及政府如何有权采取产业政策？这正是下一节内在正当性需要讨论的问题。

第三节　内在正当性：美国农业产业政策的权力依据

美国农业产业政策是政府以规划、扶持、调整、保护、限制等方式干预农业发展的行为，农业产业政策为什么可以制定实施是内在正当性的问题。美国《联邦宪法》不仅奠定了美国政治制度的基本框架，而且其多项规定直

---

[1] Charles E. Grassley, James J. Jochum, "The Federal Agriculture Improvement and Reform Act of 1996: Reflections on the 1996 Farm Bill", 1 *Drake J. Agric. L.* 1 (1996).

[2] CRPT-110srpt220: 4.

接影响到美国的经济生活。[1]美国农业产业政策的权力总来源是美国《联邦宪法》的授权条款，当前美国国会农业立法皆需载明宪法授权声明（Constitutional Authority Statement），如2002年和2008年国会众议院农业委员会报告声明农业立法以《联邦宪法》第1条第8款第18项规定的为行使上述所有权力，行使宪法授予联邦政府、授予各部门及其他官员的权力，制定必要和适当的立法为依据。[2]2011年1月5日，众议院规则第12条规则修改，要求所有议案和联合决议必须提供说明文件，以阐明《联邦宪法》赋予国会制定议案或联合决议授权的具体性和可实施性。[3]所以，2014年和2018年农业立法的宪法授权声明更为具体：国会根据管理州际贸易和对外贸易条款的权力，制定管制商品价格、影响经营和向贫困国家贸易和捐赠的法律；根据宪法提供一般福利的权力，包括以研究和信贷延长促进美国农村发展的权力。[4]按照美国《联邦宪法》的分权原则，联邦政府和州政府都具有制定和实施农业产业政策的权力，联邦政府具有宪法列举的权力，州政府的权力则源于宪法列举和州权保留规定。联邦政府的国会和行政部门也都具有制定和实施农业产业政策的权力，国会通过立法程序制定农业法；行政部门为执行农业法，依据农业法授权或总统行政命令（Executive Order）可以制定行政规则和法规（Administrative Rule and Regulation），行政部门这一行为被称为委任立法或次级立法。根据美国《联邦宪法》的联邦至上原则，国会制定法律优占州法，如果国会授权，联邦行政机构的法规亦可优占州法。[5]联邦行政部门的权力实质上是法律执行权，其权力范围主要取决于国会立法权涉及的事务范围。因此，美国国会农业产业政策的权力来源是本节首要研究内容。

---

〔1〕　曾尔恕：《美国宪法对调整经济生活的作用》，载《比较法研究》2002年第3期。

〔2〕　CRPT-107hrpt191-pt1：170. &CRPT-110hrpt256-pt1：400.

〔3〕　载美国国会网，https://www. congress. gov/bill/113th-congress/house-bill/2642？r=7"About Constitutional Authority Statements"，最后访问时间：2017年4月16日。

〔4〕　载美国国会网，https://www. congress. gov/congressional-record/2013/7/10/house-section/article/H4370-2；https://www. congress. gov/bill/115th-congress/house-bill/2/all-actions-without-amendments？r=29. Constitutional Authority Statement，最后访问时间：2019年4月16日。

〔5〕　张千帆：《美国联邦宪法》，法律出版社2011年版，第152~153页。

一、国会干预农业的权力类型

(一) 征税权条款

美国《联邦宪法》第 1 条第 8 款第 1 项规定国会拥有征税权，即国会有权规定和征收税款、关税、进口税与货物税，用以偿付债务、供给合众国共同防御与一般福利；但所有关税、进口税与货物税在合众国统一征收。从形式看，国会征税权是财权，而非管理权；而如果从宽解释一般福利，征税权就可能以募集收入外观隐藏真实意图的方式行使。斯托里（1779～1845）曾称之为有预谋的篡权，认为只要不是需要金钱或者收入之时，为任何宪法目的而言，征税权力都不是适当的手段。[1]是不是以募集财政收入为征税动机影响对征税权的认定，但早期美国联邦最高法院拒绝判断和分析国会的征税动机。1869 年"维齐银行诉芬诺"案中（Veazie Bank v. Fenno），最高法院曾确认对缅因州维齐银行发行的纸币征税过高，表明国会有意破坏银行的特许经营权；但司法不能对政府立法部门行使其公认权力作出限制，立法机关的责任不在于法院，而在于人民选举出来的立法成员，[2]这意味着法院拒绝追究国会的征税动机。

1904 年的"麦克雷诉合众国"案（McCray v. United States），最高法院拒绝调查国会征税动机的态度更为明确。最高法院认为：

> 司法机关没有权力撤销（Avoid）国会依法行使征税权的行为，即使该案中国会看上去通过不明智或压迫性的征税滥用合法权威，或者执行结果可能间接影响不在国会授权范围的动机，司法机关也不能调查国会在宪法权力范围内通过征税法令的动机或目的。法院强调司法机关不能篡夺立法机关的职能，不能控制政府部门行使其合法职能。[3]

"维齐银行诉芬诺"案和"麦克雷诉合众国"案，最高法院虽然表达了不调查征税目的或动机的态度，但两案都指明国会滥用征税权，对征税权的适用超越了财权范围。这就意味着，如果法院启动对征税权目的或动机的调

---

〔1〕 ［美］约瑟夫·斯托里：《美国宪法评注》，毛国权译，上海三联书店 2006 年版，第 324 页。
〔2〕 Veazie Bank v. Fenno, 75 U. S. 533, 548（1869）.
〔3〕 McCray v. United States, 195 U. S. 27, 28（1904）.

查，征税权很可能会因管理动机或目的而被视为违宪。

1922 年"贝利诉德雷克赛尔家具公司"案（Bailey v. Drexel Furniture Co.）中，最高法院改变了不调查征税动机的态度。

1919 年，德雷克赛尔家具公司允许一名未满 14 岁男孩在其工厂工作，依据童工税法，该家具公司被征收当年净利润 10% 的税。最高法院认为国会童工就业税法案显然旨在通过惩罚而劝阻或压制童工就业，但规制童工就业属于各州权力的排他性宪法保留，童工就业税是惩罚性税收，不在联邦征税权力下。[1]

可见，童工就业税只是名义上的征税，实际目的是通过惩罚性征税管制童工劳动问题，最高法院最终宣布童工就业税违反宪法规定，联邦政府以征税权名义实现全国性商业管制的行为被否定，这是 20 世纪早期关于征税权是否符合宪法规定的"惩罚"理论。

1933 年，联邦政府为解决农业生产过剩危机，颁布《农业调整法》，规定农产品加工商缴纳加工税，并以加工税所得补贴自愿减产的农业生产者。《农业调整法》的实施导致 1936 年"合众国诉巴特勒"案中，最高法院否定联邦政府借助征税权控制农业生产的行为，这是美国法律史上首例农业产业政策法违宪案。最高法院认为：

宪法明确授权给国会的征税权，可以作为另一种宪法明确授权权力的实施手段，但不能用以实现不属于宪法范围的目的。最高法院反对一般福利条款扩展解释为支持征收农产品加工税的依据，因为这会导致国会替代各州实施农业管制乃至其他所有产业管制。[2]

1953 年"合众国诉卡里格"案（United States v. Kahriger），最高法院对征税权动机的态度再次发生改变。该案源于 1951 年税收法规定对赌场开设者征收开业税，要求赌场开设者在国内税收署进行注册，未缴纳税款和未注册的将面临处罚。最高法院判决征税并不违宪，多数意见认为：

---

〔1〕　Bailey v. Drexel Furniture Co, 259 U. S. 20, 21, 34（1922）.
〔2〕　United States v. Butler, 297 U. S. 1, 69（1936）.

征税对赌博业具有管制作用，产生超出国会直接立法权的结果，但征税权并不无效；注册要求因有助于税收目的也有效；除非有与征税不相干的规定，法院没有权力限制征税权的行使。[1]

征税权条款经历了最高法院不断解释发展的过程，早期最高法院虽然从严解释征税权的适用范围，但在程序上拒绝调查征税权的动机或目的；20 世纪 20 年代后，最高法院开始调查征税权目的，禁止国会使用名义征税权行实质管制目的的行为；20 世纪 50 年代后，最高法院从宽解释一般福利条款，只要征税权表面与征税目的有关即可，不再考虑征税是否存在管制动机和效果。至此，国会运用征税权条款干预农业生产经营行为的宪法障碍消除。同时，国会立法规定农业税收优惠政策以给予农业特殊待遇。

（二）贸易管理权条款

贸易管理权条款是联邦政府调整全国性经济活动最为重要的宪法依据，是联邦政府对各州调整经济活动权力进行制约的依据。美国先贤在美国建国早期就已经认识到了贸易管理权对经济调整的重要意义，汉密尔顿指出，缺乏贸易管理已经成为同外国订立条约的障碍，并且造成各州之间的相互不满。[2]斯托里认为（联邦政府）如果没有管理各州之间贸易的这种权力，其管理对外贸易的权力将是不完整和无效的。[3]换言之，如果联邦政府没有贸易管理权，那么各州之间陷入恶意竞争，就无法同心协力参与国际贸易竞争，州际贸易管理权和对外贸易管理权是不可分割的。

贸易管理权条款的适用争议最早出现在"吉本斯诉奥格登"案（Gibbons v. Ogden）中。1808 年，纽约州将该州水域的汽船航行垄断权授予利文斯顿和富尔顿，这两人又将新泽西与纽约之间水域的航行权转租给奥格登；吉本斯曾是奥格登的合伙人，其于 1818 年创办新的轮船公司与之竞争。奥格登在纽约州法院起诉吉本斯违反纽约州授予航运专有权的法律，获得禁止吉本斯营业的禁令，该禁令得到纽约州最高法院的支持。吉本斯认为纽约州垄断航运立法的行为侵犯联邦授予他的航运权利，随即向联邦最高法院起诉。马歇尔

---

〔1〕 United States v. Kahriger, 345 U. S. 22, 26~32（1953）.

〔2〕 ［美］汉密尔顿、杰伊、麦迪逊：《联邦党人文集》，程逢如、在汉、舒逊译，商务印书馆 1980 年版，第 122 页。

〔3〕 ［美］约瑟夫·斯托里：《美国宪法评注》，毛国权译，上海三联书店 2006 年版，第 316 页。

大法官陈述的多数意见首先说明"贸易"的含义不仅是交易，还是交往，是每一种商业往来，也包括航行；其次说明"在……之间"可以恰当地限定于涉及不止一个州的贸易；最后说明贸易管理权和授予国会的所有其他权力一样，可以行使到最大限度，除宪法规定的限制外，不受其他任何限制。[1]早期贸易管理权的认定标准显然有利于联邦权力扩张，具有联邦专有属性。

贸易管理权的联邦专有性标准在 1851 年的"库利诉费城港管理委员会"（Cooley v. Board of Wardens）一案中得以改变，最高法院的多数意见开始谋求联邦和州之间的权力平衡。该案发展出了贸易管理权的选择性专有标准，即向国会授予的贸易权并不禁止各州通过法律规范领航的权力，规制贸易的权利包括各种主题，有些主题有统一规则，而其他规制贸易的地方性活动有差异性规则；前者权力由国会排他享有，后者则不然。[2]换言之，贸易管理权为联邦选择性专有，而州拥有管理地方贸易活动的权力，联邦政府和州政府都可能成为贸易管理权主体。至于哪些主题属于联邦专享权力范围，则留待法院进一步解释。

1888 年"基德诉皮尔森"案（Kidd v. Pearson），最高法院要求调控事项必须和贸易直接相关，才属于州际贸易范围。

拉马尔撰写的多数意见区分"制造"（Manufacture）和"贸易"（Commerce），制造是把原材料加工为成品使用的过程，贸易功能完全不同；如果贸易条款可以涵盖规制制造商的内容，那么所有生产性产业都可能涵盖入监管内容，国会不仅可监管制造业，还可监管农业、园艺、畜牧业、国内渔业和采矿业。[3]

以区别制造和贸易作为厘定直接相关原则的技术手段在 1895 年的糖业反托拉斯案中继续得以使用。因此，农业活动因其主要为生产活动，长期被认为属于地方性活动，农业管制属于州治安权的权力范围。1936 年"合众国诉巴特勒"案，最高法院多数意见强调农业生产活动是地方性活动，属于州治

〔1〕 ［美］斯坦利·I. 库特勒编著：《最高法院与宪法——美国宪法史上重要判例选读》，朱曾汶、林铮译，商务印书馆 2006 年版，第 87~89 页。
〔2〕 Cooley v. Board of Wardens, 53 U. S. 299, 299~300（1851）.
〔3〕 Kidd v. Pearson, 128 U. S. 1, 21（1888）.

安权管制范围，联邦无权通过州际贸易条款介入农业生产领域。

值得注意的是，有两个与农业生产有关的案件，对推动贸易条款成为联邦政府制定和实施农业产业政策的宪法依据具有重要意义。

1922 年的"斯塔福德诉华莱士"案（Stafford v. Wallace），涉及 1921 年国会颁布的《包装商和牲畜围场法》（Packers and Stockyards Act of 1921）是否超越宪法授权的问题。该法案授权联邦政府监管大型畜牧场内的畜牧交易活动，按照此前判例的观点，畜牧场内交易活动是典型的地方性活动，属于州治安权监管范围。然而，最高法院认为：

> 州际贸易不是技术性法律概念，而是商业过程中的实用法律概念，各州间的贸易流动（Streams of Commerce）受到国家保护和规制，其附属活动和设施也是这一流动过程的重要部分，即便这些附属活动和设施拆分开看并不具有州际性质。畜牧品从畜牧场流入包装商、交易商以及运送到屠宰场所等整个过程，意图说明本地交易变更畜牧所有权是整个贸易流动过程不可缺少的环节，因此畜牧场内的活动构成州际流动重要环节之一。[1]

杰罗姆·巴伦（Jerome Barron）和托马斯·迪恩斯（Thomas Deans）分析该案时指出畜牧场是州际贸易流通必经的"咽喉"，是最高法院维护联邦立法的主要理由；但最高法院只谈到州际贸易"咽喉"处的地方性活动，并没有进而赞成联邦对农业生产和采矿等活动的管理权。[2]换言之，州际贸易流动前环节——生产和州际贸易流动后环节——消费尚未纳入州际贸易调控范围，这意味着联邦政府以州际贸易条款管制农业生产和消费的行为尚未得到最高法院的认可，因此，1933 年《农业调整法》试图管制农业生产活动的行为受到最高法院的反对。这一问题在 1942 年"小麦超种"案中得以解决。

1942 年"小麦超种"案在美国宪政史上具有重要意义，陈吉姆评价"小麦超种"案是弥合农业和宪法之间鸿沟的罕见案例，凭借其在与罗斯福新政农业政策有关争论中的突出表现，该案在随后的宪政转型中扮演了更为重要

---

〔1〕 Stafford v. Wallace, 258 U. S. 495, 518~519 (1922).
〔2〕 ［美］杰罗姆·巴伦、托马斯·迪恩斯：《美国宪法概论》，刘瑞祥等译，中国社会科学出版社 1995 年版，第 46 页。

的角色。〔1〕"小麦超种"案的起因是1938年《农业调整法》通过限制农场主种植小麦的土地面积来限制小麦产量，俄亥俄州的农场主费尔伯恩由于生产的小麦数量超过《农业调整法》所允许的数量，农业部长拒绝给他办理必需的销售许可证；美国俄亥俄州南区地区法院则颁布禁止令授权费尔伯恩阻止法律执行，其后该案进入最高法院审理。费尔伯恩认为额外生产的小麦已被自用，从未在市场上销售过，对州际贸易没有影响，所以不应受贸易条款的管制。最高法院的裁判思路是：

首先，承认特定情况下农场消费自己生产小麦的影响可能微不足道；其次，将州际贸易管理权分为规制商品价格的权力和规制影响商品价格行为的权力；最后，因为种植者消费自己生产小麦就不需要在公开市场购买小麦，这种自产自销行为不断累积，仍会对农产品价格产生影响，所以超额生产行为会影响商品价格，应受到联邦管制。〔2〕

该案中最高法院确定农场主的生产行为是否影响州际贸易时，采用累积效应原则，认为国会管理州际贸易的依据是全部农场主产生的总体或累积影响，开启了州际贸易判定的相互影响理论。换言之，即便农业生产属于地方性活动，但只要生产行为对州际贸易累积影响，国会便可依据州际贸易条款进行管制立法。

2005年"冈萨雷斯诉赖斯"案（Gonzales v. Raich）中，涉及家中种植大麻成为州际贸易中药用大麻的竞争来源，而受到州际贸易条款规制，史蒂文斯（Wallace Stevens）撰写的多数意见重申了判例法牢固确立的国会对纯粹地方性活动——属于对州际贸易有实质性影响的经济活动部分的管理权。〔3〕时至今日，州际贸易条款已成为联邦政府直接干预国内农业生产数量、质量标准、销售许可等活动的主要依据。

（三）开支权条款

美国农产品计划、食品券项目、农作物保险计划等农业产业政策内容大多涉及联邦政府财政资金的投入，而联邦开支不仅是根据国会立法委托行使

〔1〕　Jim Chen, "Filburn's Legacy", 52 *Emory L. J.* 1719（2003）.

〔2〕　Wickard v. Filburn, 317 U. S. 111, 127~128（1942）.

〔3〕　Gonzales v. Raich, 545 U. S. 1, 13（2005）.

权力的行为，更是宪法授权的权力形态。美国《联邦宪法》第1条第8款第1项统一规定国会征税权和开支权，强调开支目的是偿付国债、用于国家防御和一般福利；第1条第9款第7项则规定政府除根据法律规定的拨款外，不得从国库支款，前述两项构成开支权的宪法依据。开支权条款在美国宪法史上多次经历最高法院审查、解释，发展至今已成为美国以财政投入实施农业产业政策的宪法权源。

开支权条款的争议最早发生汉密尔顿和麦迪逊之间，1936年"合众国诉巴特勒"案，罗伯茨大法官指出美国成立以来，开支权条款解释就持续存在尖锐的意见分歧：麦迪逊认为税收和拨款是行使列举权力的必要手段；汉密尔顿则认为开支条款赋予了开支权独立权力形态，区别于其后的列举权力，因此国会具有实质性的征税和开支权力，其只受到一般福利目的的限制。[1]罗伯茨大法官支持汉密尔顿的观点，认为征税和开支的权力是一种独立（Separate）和明确（Distinct）的权力，它的实施并不局限于其他列举权力授权范围，它的行使受美国一般福利条款的限制。[2]虽然，罗伯茨大法官支持汉密尔顿开支权是独立权力的观点，但其在解释开支权性质时，选择将开支权仅仅解释为财权，这也恰恰反映出罗斯福新政初期，开支权和征税权都被视为财权而非管理权的状况。杰罗姆·巴伦和托马斯·迪恩斯评价道：（该案税收和开支条款的争论）虽然在理论上汉密尔顿占了上风，但实际上麦迪逊取得了胜利。[3]联邦政府如果通过行使开支权达到超越其管理范围的目的，可能因侵害州管理权而违反宪法第十修正案有关州权力保留的规定，被宣告违宪。当联邦政府的州际贸易管理权仍以"直接相关"为判定标准时，以开支权作为介入州际或州内事务管理的手段，仍然具有违宪风险。

事实上，1937年的"斯图尔德机器公司诉戴维斯"案（Steward Mach. Co. v. Collector）中，[4]以开支权为由介入州内事务管理开始得到最高法院的有限认可。该案主要涉及1935年《社会保障法》（Social Security Act），法案规定联邦对雇主征税作为对失业救济金的捐助，如果雇主为州捐助计划缴纳

---

〔1〕 United States v. Butler, 297 U. S. 1, 65~66 (1936).

〔2〕 United States v. Butler, 297 U. S. 1, 65 (1936)

〔3〕 ［美］杰罗姆·巴伦、托马斯·迪恩斯：《美国宪法概论》，刘瑞祥等译，中国社会科学出版社1995年版，第52页。

〔4〕 Steward Mach. Co. v. Collector, 301 U. S. 548 (1937).

类似的税，可以从联邦税中扣除，税收扣除本质上也是拨款赠与，该赠与行为建立在自愿和有条件的基础上。案件争点在于自愿和附条件的联邦赠与行为是否侵害州权力保留。最高法院判决认为在引导（Conduct）为条件的情形下，每次从税收中获得的抵扣在某种程度上是一种诱惑（Temptation），但是动机或诱惑并不等于胁迫（Coercion）。[1]此后，国会在开支的同时给接受联邦赠款的各州和地方政府附加合理的条件，各州和地方政府自愿选择是否接受联邦赠款，但如果接受资金赠与，就要受到附加条件的约束。据此，联邦政府可以通过开支权条款实现对各州和地方政府的调控，只要符合一般福利目的，州和地方政府自愿接受，开支与联邦利益有关的条件即可。

　　联邦政府利用开支权对各州和地方政府接受联邦资金的行为附加条件，以实现联邦政策目标的行为在 1980 年"富利洛夫诉克伦茨尼克"案和 1987 年"南达科他州诉多尔"案中都得到了法院多数意见的支持。[2]20 世纪 80 年代，联邦政府通过资金赠与委任州和政府的行为种类越来越多，甚至联邦政府还不一定给付相应的资金。1990 年，金凯德（Kincaid）提出论断：联邦政府要求州和地方政府解除和实施某些规范，同时也增加了无附带资金的委任。[3]联邦委任行为种类增加甚至不给予资金支持的行为受到州和地方政府的抵制，1995 年美国出台《无附带资金委任改革法》(Unfunded Mandates Reform Act of 1995) 规定增加委任行为的成本收益评估和更严格的程序限制。目前，联邦政府已将农业财政投入和农业发展要求结合起来，对接收资助赠与的农场主或州政府设定条件和要求，以推行农业产业政策的行为已是普遍现象。

　　2012 年"全国独立商业联盟诉西贝利厄斯"案（National Federation of Independent Business v. Sebelius）中，为了使北美电器医疗补助项目所附带的有条件开支计划无效，法院恢复了对此类计划潜在强制性质的调查[4]。换言之，此前法院认可国会开支计划和国会监管目的名义联系，但这一态度开始

　　[1]　Steward Mach. Co. v. Collector, 301 U. S. 548, 550（1937）.
　　[2]　[美] 杰罗姆·巴伦、托马斯·迪恩斯：《美国宪法概论》，刘瑞祥等译，中国社会科学出版社 1995 年版，第 52 页；张千帆：《美国联邦宪法》，法律出版社 2011 年版，第 121 页。
　　[3]　Kincaid, John, "From Cooperative to Coercive Federalism", 5 *Annals of the American Academy of Political and Social Science*. 509（1990）, pp. 139~152. 转引自吴木銮：《美国政府间委任研究的发展——一个研究央地关系的新视角》，载《经济社会体制比较》2010 第 5 期。
　　[4]　National Federation of Independent Business v. Sebelius, 132 S. Ct. 2566, 2603（2012）.

变化。有学者对此评价，征税权和开支权以及被称为"美国一般福利"的基本观念，可能会成为未来联邦制争论的突出领域。[1]从《2014 年农业法案》和 2018 年《农业促进法》的宪法依据表述看，涵盖征税和开支的一般福利条款是支持农业立法的重要依据。因此，以开支权及一般福利条款推行美国农业产业政策是否会受到法院强制性质的调查还有待观察。

（四）必要且适当条款

必要且适当条款是指美国《联邦宪法》第 1 条第 8 款第 18 项的规定，即为行使上述所有权力，行使宪法授予联邦政府、授予各部门及其他官员的权力，进行必要和适当的立法。该条款是结构模糊的联邦权力弹性条款，当今美国宪法学者米哈伊尔（Mikhail）认为必要且适当条款是立宪者以伟大技能和精巧设计以达到多个不同目标的条款，其中最重要的目标是直接让美国政府被赋予的隐含或未列举权力被纳入宪法文本。[2]广义或狭义地解释必要且适当条款会导致国会立法权力扩展或限缩的不同结果，早期立宪者围绕必要且适当条款与国会列举权力间关系产生争论。杰斐逊主张狭义解释列举权力，所谓必要且适当的手段，是指那些如果没有它们，就会使宪法授权国会的权力变得没有价值的那些手段；汉密尔顿则将必要且适当条款引申为隐含权力，必要且适当作为手段，被当作执行任何列举权力的工具。[3]

必要且适当条款解释反映出联邦权力和州权力冲突的实质，1819 年"麦卡洛克诉马里兰州"案（McCulloch v. Maryland）为解决联邦权力和州权力冲突提供契机。该案中，马里兰州认为宪法没有明文规定联邦政府有设立银行的权力，故美国第二银行设立不符合宪法；而未经立法机构特许的所有银行在马里兰州内都应被征税。联邦最高法院马歇尔大法官拒绝接受该州的观点，即必要且适当条款仅适用于执行其列举权力绝对必要的法律。

马歇尔首先确认联邦政府权力虽然受限制，但其依据宪法制定的法律是美国最高法律；其次他比较分析《联邦宪法》和《邦联条例》文本，指出《联邦宪法》没有任何内容排除附带或隐含的权力（Incidental or Implied Pow-

---

[1] Alison L. LaCroix, "The Shadow Powers of Article I", 123 *Yale L. J.* 2044, 2085（2014）.

[2] John Mikhail, "The Necessary and Proper Clauses", 102 *Geo. L. J.* 1045, 1128（2014）.

[3] 强世功：《联邦主权与州主权的迷思——麦卡洛克诉马里兰州案中的政治修辞及其法律陷阱》，载《中国法学》2006 年第 4 期。

ers）；最后他指出如果目的合法且在宪法范围内，那么所有手段适当和明显符合（前述）目的且未被禁止的行为，可以合宪地使用以生效。[1]

马歇尔大法官确立的隐含权力教义，为国会选择各类规制手段以行使宪法授权提供宽阔裁量空间。卡特（Carter）认为自从"麦卡洛克诉马里兰州"案，必要且适当条款已不再是国会立法活动的强力障碍，这一条款一直被宽泛解读，必要且适当条款的附带法律地位也是个固定的教义事实。[2]2013年"合众国诉凯本迪奥克斯"案（United States v. Kebodeaux），针对国会是否有权制定《性犯罪登记与社区公告法》（Sex Offender Registration and Notification Act），布雷耶大法官发表的法院意见阐明必要且适当条款的宽泛性，并再次援引马歇尔法官关于隐含权力的法律意见。[3]

必要且适当条款授予的隐含权力具有附带性，因而，必要且适当条款在被国会农业产业政策立法援用时，必须要与列举权力相结合。所以，农业立法授权大多以贸易管理、一般福利制定的必要且适当条款作为宪法依据的表述方式。如此，最高法院仍然可以收缩列举权力的范围或弱化列举权力与必要且适当条款关系的方式来审查国会立法是否符合宪法要求，如"合众国诉康斯托克"案（United States v. Cornstock）中，法院对受国会管制的活动与该活动依据的列举权力之间的联系进行评估。[4]可见，规制活动与列举权力之间的联系适当与否作为普遍性问题仍会困扰必要且适当原则的适用。

二、联邦行政部门干预农业的权力来源

联邦行政部门干预农业的权力本质是法律执行和实施的行政权，目的是将国会立法转化为行政干预行动，所以，行政部门大部分干预权力需要国会立法授权、以国会立法为指引、贯彻国会立法的政策意图。同时，美国《联邦宪法》第2条第1款规定行政权属于总统，第2条第3款规定总统负责使法律切实执行，并委任合众国的所有官员。据此，美国总统发布的行政命令

---

[1]　McCulloch v. Maryland, 17 U. S. 316, 318（1819）.

[2]　Stephen L. Carter, "The Political Aspect of Judicial Power: Some Notes on the Presidential Immunity Decision", 131 *U. PA. L. REV.* 1341, 1378（1983）.

[3]　United States v. Kebodeaux, 570 U. S. 387（2013）.

[4]　United States v. Cornstock, 130 S. Ct. 1949, 1966（2010）.

是行政部门干预农业的另一权力来源。联邦行政部门依据国会立法和总统行政命令的指引细化落实农业产业政策，文本载体为农业行政规则。[1]较国会农业立法而言，农业行政规则属于从属性规范，内容更为具体和精确。

（一）国会立法

联邦行政部门是国会立法的执行主体，其执法权大多来源于国会立法，执法主体为总统和联邦行政部门的各部官员，后者以农业部长或官员为主，如《2014 年农业法案》规定农业部长有权颁布管理条例，以解决乳制品生产者利润保护项目在实施过程中出现的管理和执行问题，禁止乳制品生产者出于接受利润保护支付的目的而对乳制品经营进行重组。[2]其他部门官员也可依据国会立法授权行使行政权力，如 1897 年《茶叶进口法案》（Tea Inspection Act）授权财政部长确定美国进口茶叶的品质、纯度和适合饮用的标准，以阻止不纯和不健康茶叶的进口。[3]农业行政规则对国会农业立法进行细化和扩展以便行政部门操作更符合事实需要。以国家乳业促进和研究理事会（National Dairy Promotion and Research Board）为例，国会农业立法规定了国家乳业促进和研究理事会的权力：（1）接受和评估，或主动制定和促进液态奶和乳制品等项目或计划，（2）按照条款或规定管理销售指令（Order），（3）制定规则和条例以执行指令的条款和规定，（4）接受、调查和向农业部长报告违反指令的投诉，（5）建议农业部长修改指令。除此以外，理事会征求、研究以增加军队和发展中国家人员使用液态奶和乳制品的提案，并证明将剩余脱脂奶粉转为酪蛋白用于国内和出口的可行性。[4]农业行政法规（立法性规则）对此除规定以上几项权力外，还规定了以下权力：通过项目或利用公共邮资系

---

[1]　关于联邦行政部门制定的"Rule"，国内学界有不同的翻译或表述，有称之为行政法规，有称之为行政规则。前者如王名扬：《美国行政法》，中国法制出版社 2005 年版；[美] 彼得·海：《美国法概论》，许庆坤译，北京大学出版社 2010 年版；杨蕾：《美国行政法规的司法审查研究》，山东大学 2015 年博士学位论文。后者如 [美] 理查德·J·皮尔斯：《行政法》（第一卷），苏苗罕译，中国人民大学出版社 2016 年版；高秦伟：《美国行政法上的非立法性规则及其启示》，载《法商研究》2011 年第 2 期；胡敏洁：《美国行政法中的"政策声明"》，载《行政法学研究》2013 年第 2 期；王留一：《美国非立法性规则与立法性规则的区分标准及其启示》，载《河北法学》2018 年第 3 期。整体上看，较新的学术论文或专著大多将"Rule"译为行政规则，而且"Rule"的含义包括立法性规则和非立法性规则，立法性规则相当于是行政法规，所以，笔者将"Rule"译为行政规则，其是行政部门农业产业政策的载体。

[2]　Agricultural Act of 2014, Pub. L. 113-79, § 1410（a），（b）（FEB. 7, 2014）.

[3]　Buttfield v. Stranahan, 192 U. S. 470, 472（1904）.

[4]　7 U. S. C. § 4504（c）（2012）

统或其他系统直接联系的方式，向生产者或符合条件的组织传播信息；选举理事会委员会或小组委员会，并采取其认为可取的业务规则；设立理事会委员会以外的咨询委员会，并支付委员会成员必要和合理的费用；根据农业部长批准，按照计划和项目投资、退出支付和筹集资金。[1]

行政部门根据国会立法的授权制定农业行政法规的活动被称为立法权力委任，问题在于一方面立法权力委任违背美国《联邦宪法》分权原则，应予禁止；另一方面如果禁止立法权力委任，行政部门将难以面对具体情形作出有效决定以执行法律，或者可能出现大量游离国会立法之外的自由裁量行为。

1892 年"菲尔德诉克拉克"案（Field v. Clark），法院明确表达国会不能将立法权授予总统是一项普遍原则，这对宪法规定的政体完整和维护至关重要；但随后法院经过事实分析认为总统行为不涉及自由裁量权，只是执行国会制定的政策[2]，这意味着该案件的总统行为不属于立法权力委任。20 世纪以来，美国法院开始放弃禁止授权原则，认为国会立法只要规定一个基本标准就可以委任行政部门立法[3]。由此，禁止授权原则转化为立法委任有限原则。换言之，授权法要有明确标准，行政部门在授权法范围内可以制定必要和合理的行政法规。1928，最高法院确立可理解原则，即国会通过立法行为制定一项可理解的原则，指示被授权的人或机构遵守，这样立法行为就不违背禁止立法权委托。[4]1935 年的"谢克特家禽公司诉美国"案（A. L. A. Schechter Poultry Corp. v. United States）和"巴拿马炼油公司诉莱恩"案（Panama Refining Co. v. Ryan）之后，法院再次维护国会的宽泛标准下的授权能力。[5]当然，国会为控制行政部门自由裁量权过大的情况，一方面在立法中更为精确地表述其对行政机关的指令，另一方面放松市场领域的管制。以2002 年《农场安全和农村投资法》中的反周期支付条件为例，该法规定当覆盖农产品的有效价格低于目标价格时，农业部长应该向农场生产者进行反周期支付。有效价格为生产者在 12 个月的市场年度接受的国家平均市场价格与市场援助的国家平均贷款利率二者间的更高者；目标价格则分别规定 2002、2003

---

[1] 7 C. F. R. § 1150. 139 (2018).

[2] Field v. Clark, 143 U. S. 649, 693~694 (1892).

[3] Buttfield v. Stranahan, 192 U. S. 470 (1904).

[4] J. W. Hampton, Jr, & Co. v. United States, 276 U. S. 394, 409 (1928).

[5] Mistretta v. United States, 488 U. S. 361, 374 (1989).

作物年小麦、玉米、高粱、大麦等9种农产品的目标价格与2004年至2007作物年上述农产品的目标价格。[1]2002年《农场安全和农村投资法》保留了1996年的种植灵活性规定，允许农户根据某些农产品的历史状况选择不受限的灵活种植，以满足农场主适应市场状况进行生产决策的需要。

（二）总统的行政命令

美国《联邦宪法》规定总统具有负责执行和实施法律的权力，法律执行的具体任务分配给各部，部长的权力来自于国会立法和总统的行政命令。据此，美国农业部长实施农业产业政策的权力来源是国会立法和总统的行政命令——内容主要为农业干预。前者上文已经述及，国会立法明确表达政策目标或必须遵守的标准及精确立法指引，农业部长在此基础上制定补充性法规；总统行政命令因总统权力来源的多元而更为复杂。文本解释层面看，总统权力来源可能是宪法规定，也可能是国会立法规定；除此以外，总统权力还可从宪法规定合理推断而来，即默示总统权力。有观点认为行政权属于美国总统的宪法表述与国会权力列举授予的宪法表述含义不同，总统权力是无需以其他权力为依据、独立存在的权力。[2]现实操作层面看，总统依据宪法规定发布行政命令——如总统依据国内外紧急状况发布行政命令——可能绕过国会立法权；总统依据国会立法规定发布行政命令指令行政部门制定具体措施，则可能出现超越国会授权范围或违背国会授权意图的情形。因此，总统权力和国会权力的冲突具有必然性；尤其当总统发布行政命令仅仅宣示依据宪法制定，或者并不具体说明国会立法的授权来源时，行政命令合法性就成为需要解决的问题。

1952年"扬斯敦钢板钢管公司诉索耶"案（Youngstown Sheet & Tube Co. v. Sawyer）中，美国联邦最高法院试图对国会权力和总统权力的划分作出解答。该案事由是杜鲁门依据总统固有权力（Inherent Powers）而非寻求国会特别授权发布行政命令，命令商务部接管全国钢铁公司，以便钢铁公司能在联邦政府管理下经营并继续向韩国军队供应物资。该案的关键点在于总统不

---

〔1〕 Farm Security and Rural Investment Act of 2002, Pub. L. 107-171, §1104.（a），（b），（c）（MAY. 13, 2002）.

〔2〕 Louis Fisher, *The Law of the Executive Branch*: *Presidential Power*, Oxford University Press, 2014, pp. 69~70. 转引自贾圣真：《总统立法——美国总统的"行政命令"初探》，载《行政法学研究》2016第6期。

是依靠法定授权采取行动，而是依据宪法赋予他的权力之总体——固有权力来发布行政命令，该行政命令的合法性问题本质是总统权力是否侵害国会立法权。从最高法院判决结果看，未经美国《联邦宪法》或法律授权的行政命令，不能成立。判决理由为：

> 没有任何法律明示或默示授权总统占取（Take）这些财产，总统在本案情形下发布命令的权力并未隐含于宪法之总体，行政命令不能视为总统总司令军事权力或宪法第二条若干权力的合适行使方式，该案中涉及权力是立法权——无论任何时期都是宪法授予国会。[1]

虽然，该案判决结果是杜鲁门总统无权接管各大钢铁公司的资产，但大多数法官都写了单独意见，以不同分析方式得出相同结论。其中，杰克逊对国会权力和总统权力的分析框架最有影响力。2015 年"齐沃托夫斯基诉克里"案（Zivotofsky v. Kerry），肯尼迪（Kennedy）大法官撰写的法院意见在判断总统权力边界时继续援引了杰克逊的分析框架。[2]杰克逊的分析框架为：

> 首先阐明"总统权力不是固定的，而是根据他们与国会意见的一致或分歧而波动变化的"。然后杰克逊将总统权力与国会权力的关系分为三组：（1）总统根据国会的明示或默示授权行使权力，他的权力包括总统自身拥有权力和国会授予权力之和；（2）总统在国会没有授权或拒绝授权情形下行使权力，则只能依据总统自身权力，但他和国会间可能存在共享权力或权力分配不定的阴影区（Zone of Twilight），这个区域的权力分析依赖于事件紧迫性和时代不可估量性（Imperative of Events and Contemporary Imponderables），而非抽象的法律理论；（3）当总统采取与国会明示或暗示意图不符合的措施时，总统就只能依靠自身的权力减去国会对此事的任何权力，法院必须谨慎审查总统权力的决定性和排他性主张。[3]

据此，如果总统发布的行政命令处于总统权力与国会权力的阴影区，则需要根据事件紧迫性和时代性来判断行政命令的合法性；如果总统发布行政

---

〔1〕 Youngstown Sheet & Tube Co. v. Sawyer, 343 U. S. 579, 585~589（1952）.
〔2〕 Zivotofsky v. Kerry, 576 U. S. 13~628, 637~638（2015）
〔3〕 Youngstown Sheet & Tube Co. v. Sawyer, 343 U. S. 579, 635~638（1952）.

命令与国会意图相悖，则只有行政命令依据的总统权力具有专属性和排他性（审查权在法院）时，行政命令才会有效。

三、州干预农业的权力

虽然农业活动不再被视为纯粹的地方性活动，受到大量联邦政策的介入，但是涉农事项复杂、各地农业干预需求有差异，联邦政策需要州政府配合，州政府仍具有较多农业干预的权力。根据美国《联邦宪法》规定，宪法未授予合众国也未禁止各州行使的权力，保留给各州或人民行使，即州政府享有保留权力。州政府还享有部分非联邦政府专有之权力，即州政府和联邦政府存在共享权力部分。州政府还可以基于联邦政府委托，在联邦政府立法范围内享有联邦委托之权力。当然，各州宪法会对本州政府享有权力的范围予以限定。因此，各州干预农业的权力包括《联邦宪法》州权保留的部分、共享权力和联邦委托权力，其行使范围还受本州宪法的限定。

各州治安权是州权保留的重要内容，其往往成为各州干预农业的首要权力来源。治安概念最早出现在"吉本斯诉奥格登"案中，马歇尔法官指出：州规制其治安、州内贸易和管理其居民是公认权力，这可以使州就贸易主题而立法至可观程度。州检验法、健康法、规制州内贸易法以及那些有关收费公路、渡轮等规制法，被排除出国会权力范围外。[1]治安权作为明确概念也由马歇尔在 1827 年的"布朗诉马里兰州"案（Brown v. Maryland）中提出——"指令去除火药的权力是治安权的一个分支，毫无疑问保留且应该保留给各州"。[2]从治安权的初期使用情况看，治安权主要与公共安全和健康有关。1869 年，路易斯安那州立法机关通过一项管理新奥尔良屠宰场的法令，以卫生保障措施的名义要求屠夫们到指定场所进行屠宰，并为使用指定场所提供的设备支付合理费用。[3]1905 年"洛克纳诉纽约州"案（Lochner v. New York），最高法院开始界定治安权内容，"宽泛地表述，这些权力（治安权）涉及公众的安全、健康、道德和普遍福利"。[4]

当前，美国各州为实现治安权目的而进行农业立法的做法很普遍。以

---

〔1〕 Gibbons v. Ogden, 22 U. S. （9 Wheat.） 1, 208 （1824）.

〔2〕 Brown v. Maryland, 25 U. S. （12 Wheat） 419, 443 （1827）.

〔3〕 Slaughterhouse Cases, 83 U. S. 36 （1872）.

〔4〕 Lochner v. New York, 198 U. S. 45, 43 （1905）.

《伊利诺伊州牛奶促进法案》（Illinois Milk Promotion Act）为例，该法因私人牛奶生产者不能发展足够新市场而立，其立法政策目标之一是鼓励市场的发展和研究计划，并为牛奶销售市场和牛奶生产发展提供资金。[1]俄勒冈州农业法规定州农业局应该努力开展规划以发展和促进俄勒冈州的农业资源，尽可能为州未来经济作出贡献；农业局还具有法律规定的检查、监督和市场开发工作的责任和权限。[2]俄勒冈州农业法的前项权力内容与治安权有关，后项权力内容则与贸易管理有关。

"吉本斯诉奥格登"案中，马歇尔法官将贸易管理权分为对外贸易管理权、州际贸易管理权、与印第安地区贸易管理权和州内贸易管理权；而且州政府管理贸易实践不可能完全对州际贸易无影响，州内贸易管理和州际贸易管理在实践中仍需要不断利益平衡。所以，贸易管理权整体而言属于联邦政府和州政府共享权力，与此类似，征税权也属于共享权力。各州通过实施农业销售计划、生产者保护项目、农业金融计划，参与农业营销项目，制定农产品质量标准等方式管理各州农业的产销，如明尼苏达州、威斯康星州、堪萨斯州已制定了监管农业生产合同的法律，以保护农业生产者。[3]

联邦立法委托各州行使农业产业政策权力的现象十分普遍。2008《食品、环保、能源法》14204款"为棉花研究和提升的各州指令"，规定从2008年棉花作物年度开始增加对堪萨斯州、弗吉尼亚州和佛罗里达州的指令；[4]《2014年农业法案》4015款涉及委任州移民确认，该款在2008年《食品和营养法案》第11款中，增加州确认选项：为执行补充营养援助项目，州代理机构应该运用根据社会保障法建立的移民身份确认系统以及农业部长制定的收入和资格核查系统确认援助对象资格。[5]联邦立法委托各州的权力大多集中于环境保护项目、食品安全和营养项目、农业生物能源项目等领域，这些正成为州政府发挥重要作用的领域。

---

〔1〕　载美国正义法律网，https://law.justia.com/codes/illinois/2017/chapter-505/act-505-ilcs-95/，最后访问时间：2018年7月28日。

〔2〕　载美国正义法律网，https://law.justia.com/codes/oregon/2017/volume-13/chapter-561/section-561.020/，最后访问时间：2018年7月28日。

〔3〕　William L. Oemichen, "State Government Service to the Agriculture of Tomorrow", 2 *Darke J. Agric. L.* 247, 255 (1997).

〔4〕　Food, Conservation, and Energy Act of 2008, Pub. L. 110-246, §14204 (JUN. 18, 2008).

〔5〕　Agricultural Act of 2014, Pub. L. 113-79, §4015 (a), (b) (FEB. 7, 2014).

　　总体看，美国农业产业政策的内在正当性主要源于《联邦宪法》对政府的权力授予。具体包括：（1）国会享有征税权、贸易管理权、开支权和必要且适当条款隐含的权力；（2）行政部门依据总统命令和国会立法授权享有的立法权和执行权；（3）州和地方政府享有《联邦宪法》保留的权力。值得注意的是，随着农业干预领域的扩展，美国政府享有的促进和干预农业的权力不断扩展，法院系统对宪法授权条款的从宽解释也为政府权力扩展提供了可能性。那么，政府实施农业产业政策的权力扩展的限度是什么？或者说，农业产业政策的权力边界在哪里？这是本书下一章需要研究的问题。

第三章

美国农业产业政策的权力边界

　　王希认为美国宪法实践同时包括两个主要内容：一个是关于"权力"（包括国家和政府权力）的建构与运用，另一个是关于"权利"（公民的个人和集体权利）的建构、享有与保护。[1]如果说权力授予可以理解为公权力以宪法和法律授权方式介入私人领域，公权力因其来源、范围和分权准则而受到限制；那么，权力边界则意味着公权力不得侵犯受宪法和法律保护的私人领域——权利和自由。美国《联邦宪法》以保障公民的宪法权利和自由作为对国家（政府）权力行使的一项重要限制措施，补充了（横向和纵向的）权力分立的宪法原则。[2]1787年的《联邦宪法》规定了一部分基本权利，如第1条第2款至4款规定的选举权和被选举权，如第4条第2款规定的各州公民享有的特权与豁免权。但大多数权利和自由是由宪法修正案规定，尤其是前10条修正案（"权利法案"）和第十四修正案。基于农业产业政策是政府干预农业经济活动的行为特征，美国《联邦宪法》所保护的与农业产业政策有关的权利和自由主要表现为第一修正案之言论自由条款，第五修正案之正当法律程序和征收补偿条款，第九修正案之人民固有权利条款，第十四修正案之国家和州公民权条款、正当法律程序条款和法律平等保护条款。那么，本章所要研究的问题是，以上宪法保护权利和自由的条款是如何制约农业产业政策对私人领域的介入。换言之，宪法保护权利和自由条款是如何设定美国农业产业政策的权力限度的。最高法院通过"吸收"，使得第五修正案和第十四修正案对个人权利的两项保障同时适用于联邦和各州政府；1925年，最高法院将第十四修正案"吸收"第一修正案的言论自由。[3]所以，联邦和各州的

---

〔1〕　王希：《原则与妥协：美国宪法的精神与实践》，北京大学出版社2014年版，前言第4页。

〔2〕　［美］彼得·海：《美国法概论》，许庆坤译，北京大学出版社2010年版，第30页。

〔3〕　张千帆：《美国联邦宪法》，法律出版社2011年版，第345页。

农业产业政策都会受到"正当法律程序""法律平等保护""言论自由"和"征收补偿"四项条款的限制。

第一节　控制农业生产经营自由与正当法律程序条款

美国《联邦宪法》第五修正案和第十四修正案规定"正当法律程序"条款，即未经正当程序，不得剥夺任何人的生命、自由或财产。第五修正案批准时间（1791 年批准）早于第十四修正案批准时间（1868 年批准），因此最高法院早期仅将正当法律程序适用于限制联邦政府权力。在整个 19 世纪，最高法院也未赋予"正当程序保障"以任何实体性含义。[1]换言之，19 世纪的正当法律程序仅意指程序性正当，要求政府官员剥夺一个人的生命、自由或财产要遵循公平程序。[2]1905 年"洛克纳诉纽约州"案后，实质性正当程序在经济领域兴起，直到 1937 年"西海岸宾馆诉帕里什"案（West Coast Hotel Co. v. Parrish）实质性正当程序在经济领域衰落。这一期间联邦和州的经济干预立法受到最高法院的严格审查，农业产业政策立法也不例外。1938 年"美国诉卡罗琳产品公司"案（United States v. Carolene Products Company）后，实质性正当程序开始转入政治权利、权利法案》前 8 条、少数群体权利的领域。

一、早期正当法律程序的适用

第五修正案的正当法律程序条款早期适用于联邦政府，换言之，以第五修正案为依据的正当法律程序并不适用于州政府行为。"巴伦诉巴尔的摩"案（Barron v. Mayor & City Council of Baltimore）中，最高法院认为宣称私人财产未经公正补偿不得征收的宪法第五修正案的规定，其目的仅仅是限制联邦政府的权力行使，不能适用于州政府的立法行为。[3]换言之，第五修正案之正当法律程序只能限制联邦政府行为，并未扩展到限制州政府行为。而第十四修正案确立的正当法律程序是否可以限制州政府行为？在"1872 年屠宰场"

---

〔1〕　张千帆：《美国联邦宪法》，法律出版社 2011 年版，第 203 页。

〔2〕　Ronert L. Glicksman, Richard E. Levy, *Administrative Law*: *Agency Ation in Legal Context*, Foundation Press, 2010, p. 657.

〔3〕　Barron v. Mayor & City Council of Baltimore, 32 U. S. 243, 243（1833）.

案（Slaughter-House Case）中，最高法院对此表达了明确的态度。

屠宰场案的事由为路易斯安那州通过一项法律，因保护城市居民健康的必要，将新奥尔良市的屠宰业务限制于特许公司，新月城公司（Crescent City）和屠宰之间公司（Slaughter-House）获得经营屠宰场的特许令，他们将屠宰场地分租给其他屠夫并收费。一些屠夫认为如果允许这种垄断，他们将失去从事贸易和谋生的权利。他们认为路易斯安那州的法律有以下几方面违反《联邦宪法》：其一，产生第十三修正案禁止的非自愿奴役；其二，限制了（他们作为）美国公民享有的特权和豁免权；其三，否定了他们受法律的平等保护；其四，违反第十四修正案，未经正当程序剥夺他们的财产。[1]米勒（Miller）代表最高法院发表判决意见，主要论述美国公民的特权和豁免权与州公民的特权和豁免权存在区别，然后界定了美国公民的特权和豁免权内容，除此以外，即是州公民的特权和豁免权——受到州宪法和法律而非联邦政府的保护。米勒认为：

《联邦宪法》对州政府限制州公民特权和豁免权的约束很少，只有如禁止制定有溯及力的法律、褫夺法权的法案、损害合同义务的法律等。必须依靠联邦政府保护的特权和豁免权主要有担任政府公职的权利、州际贸易的权利、请愿权、人身保护令的特权、使用合众国可航水道的权利、合众国与他国缔约保障的公民权利等。[2]

显然，屠宰场案涉及的特许经营权并非美国公民享有的特权和豁免权。至于正当法律程序所保护的权利，米勒认为这没有多大的争论：

第五修正案所确立正当法律程序是对联邦权力的限制，因此第十四修正案的正当法律程序仅仅限制州政府行使权力。对于该条款的司法解释并不缺少，没必要调查正当法律程序的全部效力，因为这组短语经常是司法判决的主题。[3]

换言之，米勒认为正当法律程序只具有程序属性。而且米勒结合第十三

---

〔1〕　Slaughterhouse Cases, 83 U. S. 36, 66 (1872).
〔2〕　Slaughterhouse Cases, 83 U. S. 36, 77~79 (1872).
〔3〕　Slaughterhouse Cases, 83 U. S. 36, 37~38 (1872).

修正案和第十五修正案理解，正当法律程序和平等保护条款适用于种族歧视。联邦最高法院的屠宰场案判决表明，正当法律程序仍停留于程序意义：第十四修正案的正当法律程序限制对象限于种族歧视，州政府对经济权利的规制尚未纳入正当法律程序的范围。

二、实质性正当程序兴起与农业产业政策

前文述及，早期正当法律程序意指程序性正当程序，即政府剥夺任何人的生命、自由或财产要经过通知、听证等公平程序。但是，1887年"缪格勒诉堪萨斯州"案（Mugler v. Kansas）中，最高法院态度开始改变，认为其有权调查立法机关在治安权规定背后的意图。伊斯特布鲁克（Easterbrook）认为该案为最高法院后续更改对正当程序的理解埋下了种子，即将开始实质性正当程序的狂欢，因为该案判决书露骨地声明任意的行为不是法律，不能满足正当法律程序。[1]1905年"洛克纳诉纽约州"案则标志着经济领域的实质性正当程序的兴起。该案在最高法院审查纽约州劳动法后宣称：

我们不能对许多宣称以治安权保护公共安全或福利，实际上却含有其他动机的法律视而不见，纽约州劳动法的真正目标和目的只是规制雇主和雇员间的劳动时间。[2]

自"洛克纳诉纽约州"案开始，法院严格审查经济立法手段和目的间的关系，以司法能动方式探究经济活动立法目的，即经济立法是不是不合理、不必要和恣意地干预个人权利和自由。但是，1908年"马勒诉俄勒冈州"案（Muller v. Oregon），最高法院创造了审查立法合理性的社会事实依据，即可以使用现实的、具体存在的和可以量化的社会事实来说明立法的必要性和合理性。[3]换言之，虽然最高法院适用正当法律程序条款严格审查联邦和州的立法的合理性和必要性，但同时最高法院也会依据社会现实来判断立法合理性，这在某种意义上凸显了最高法院在法律教条主义和现实主义之间的摇摆态度。

---

〔1〕 Frank H. Easterbrook, "Substance and Due Process", *Sup. Ct. Rev.* 85, 103（1982）.

〔2〕 Lochner v. New York, 198 U. S. 45, 64（1905）.

〔3〕 王希：《原则与妥协：美国宪法的精神与实践》，北京大学出版社2014年版，第395页。

20 世纪 20 年代前后涉及正当法律程序的三个农业产业政策案件体现着最高法院对运用法律教条和社会事实处理州法是否合理的态度。

1918 年 "佩恩诉堪萨斯州" 案（Payne v. Kansas），堪萨斯州法律规定销售农产品必须获得年度许可证，州农业委员会根据合格的品质、责任和诚实担保发放许可证。最高法院分析该法的目的后，认为州法目的显然是通过规制农产品行纪商来防止某些确定的危害事实，现有记录并未表明这种限制是过度的。[1]

1924 年 "琼斯诉联合海鸟粪肥料公司" 案（Jones v. Union Guano Company），北卡罗来纳州法规定如化肥的成分不足或根据成分含量短缺比例，制造商将向购买者承担赔偿责任，短缺 5% 承担短缺价值的双倍赔偿，短缺 10% 承担短缺价值的三倍赔偿。州法规制肥料销售的目的是防止欺诈、授予购买者新权利和救济措施。[2]

一方面，最高法院认为州法并未剥夺购买者的任何权利，州行政决定并未代替法院审判；另一方面，最高法院从肥料对种植的损害难以提前判定这一方面认为规定惩罚性赔偿具有合理性。[3]

最终最高法院判定州法规定并不是任意的，而是合理且符合第十四修正案的正当法律程序的。

1929 年 "弗罗斯特诉俄克拉何马州公司委员会" 案（Frost v. Corporate Commission of Oklahoma）涉及该州法规定的棉花轧棉经营许可问题。最高法院认为获得特许权属于个人财产权的范畴，如果禁止没有许可证经营竞争性轧棉的行为，经营者可以因其财产权被侵害受损而诉诸法院禁止这一违法行为。[4]

上述三个案件首先表明当事人越来越多地借助正当法律程序对抗农业产业政策立法，而法院会严格审查农业产业政策立法的手段是否合理、任意和必要，以及立法目的和手段间是否存在合理联系，进而判断该立法是否满足

---

[1]　Payne v. Kansas, 248 U. S. 112, 113 (1918).

[2]　Jones v. Union Guano Co., Inc., 264 U. S. 171, 172~179 (1924).

[3]　Jones v. Union Guano Co., Inc., 264 U. S. 171, 180~181 (1924).

[4]　Frost v. Corporate Commission of Oklahoma, 278 U. S. 515, 521 (1929).

正当法律程序原则，这符合以正当法律程序严格审查立法的时代背景。其次，前述案例表明如果社会事实能够证明农业经济规制的合理性和必要性，法院就会支持农业产业政策立法；如果农业经济规制损害市场自由竞争，法院则可能判定农业产业政策立法违宪。最后，以正当法律程序审查农业产业政策立法，意味着审查的过程和依据是法官们根据法律原则和对社会现实的认识来解释宪法和法律的过程，其结果并不必然为宣布农业产业政策违宪，但最高法院积极探求立法目标的做法确实约束了联邦政府和州政府的农业干预立法。

三、实质性正当程序转向与农业产业政策

(一) 农业经济领域实质性正当程序的撤离

洛克纳式的实质性正当程序的消亡迹象首先突出表现在维护纽约州牛奶最低价格限制法的"内比亚诉纽约州"案（Nebbia v. New York）中。[1] 牛奶是纽约州最重要的行业，影响人口众多；纽约州牛奶控制委员会获得立法机关授权，固定商店向客户收取的最低和最高零售价格。从形式上看，最高法院仍然采用了洛克纳式的合理性检验方式审查纽约州的立法。最高法院判决意见认为：

> 私人财产和私人合同的使用不受政府干预是一般原则，但是当公共需要时，它们会受到公共规制；第十四修正案的正当程序条款限定了规制权的发挥，要求规制权通过与正当程序一致的方法实施，该规制不得武断、不合理、任意，并且所选择的手段与所寻求实现的目标之间须具有真实和实质的联系。[2]

但是，法院不再积极和能动地探求立法目的中的问题，而更多给予立法机关立法目的的尊重。最高法院认为：

> 法院没有权力宣布一项政策目标或者在立法机关宣布某些政策目标时推翻它；立法机关主要判断立法的必要性，每种可能性假设都应有利于其有效

---

〔1〕 [美] 杰罗姆·巴伦、托马斯·迪恩斯：《美国宪法概论》，刘瑞祥等译，中国社会科学出版社 1995 年版，第 105 页。

〔2〕 Nebbia v. New York, 291 U. S. 502, 523~525 (1934).

性，即便法院认为该法令不明智，除非明显超越立法权，否则不得废除；和其他形式规制一样，价格控制只有在任意、歧视或明显与立法政策无关（Demonstrably Irrelevant to Policy），并因此对个人自由进行不必要和无根据的干涉时，才是违宪的。[1]

可见，法院开始审查政策手段是否与立法目标明显无关，这意味着法院宽松审查经济规制立法的动向。

1938年"美国诉卡罗琳产品公司"案，一方面标志着最高法院从经济领域撤离实质性正当程序，另一方面该案的第四注脚为最高法院为将实质性正当程序用于政治权利、隐私权、宪法前八条修正案、少数群体权利保护预留空间。该案源于国会依据《换脂牛乳法》（Filled Milk Act）禁止在州际贸易运输任何换脂牛乳——添加牛奶外其他来源脂肪或油的乳制品；而卡罗琳公司认为这部法律缺乏合理基础，在没有正当法律程序的情形下剥夺其财产，违反第五修正案。最高法院从三方面论证禁止换脂牛乳并未违背宪法规定：

其一，贸易管理权可以延伸到商业运输；其二，禁止卡罗琳公司运输换脂牛乳产品并没有违反第五修正案；其三，禁止运输换脂牛乳的经济规制行为具有合理基础。在合理基础判断方面，最高法院宣称即使没有辅助司法审查的事实，也应该推定存在支持立法判断事实以致规制立法不违宪，除非立法判断是建立在排除立法者知识和经验基础之上的。[2]

可见，最高法院虽然仍适用合理基础标准判断经济立法是否符合实质性正当程序，但判断立法事实时首先推定支持立法事实以尊重立法的合宪基础，也表明最高法院不再依据实质性正当程序审查经济管制立法。

合宪推定在1976年的"尤塞里诉特纳埃尔霍恩矿业公司"案（Usery v. Turner Elkhorn Mining Co.）中得以强化。最高法院指出：到目前，调整经济生活以使部分人负担、部分人受益的立法推定为与宪法规定相符合的原则已经建立，主张该法违反正当程序者应承担证明立法机关行为任意和不合理

---

[1]　Nebbia v. New York, 291 U. S. 502, 503, 537~539 (1934).
[2]　United States v. Carolene Products Co., 304 U. S. 144~152 (1938).

的责任。[1]换言之,立法是否具有任意和不合理情形,由受损害方承担证明责任。1992 年"通用汽车公司诉罗曼"案(General Motors Corp. v. Romein)中,最高法院进一步放宽满足正当程序的条件,即如果政府能够证明制定法以合理手段促进了正当立法目的,那么正当程序的要求就能得到满足。[2]法院对经济立法正当程序宽松的合理基础审查延续至今。[3]

(二)农业领域内实质性正当程序的适用转向

前文述及 1938 年"美国诉卡罗琳产品公司"案之后,实质性正当程序从农业经济规制立法领域撤离,但该案著名的第四脚注为实质性正当程序适用于其他领域创造了可能。1970 年"戈德伯格诉凯利"案(Goldberg v. Kelly),布伦南(Brennan)代表最高法院撰写判决意见时指出:

> 福利利益是有资格获得福利的人的法定权利,程序性正当程序适用于福利终止行为;必须在终止(福利)前举行证据听证会,这是向福利受助人提供的程序性正当程序。[4]

最高法院将福利利益视为权利,进而受到正当法律程序原则保障。该规则在 1973 年涉及农业福利政策——食品券发放的两个相关案件中得到体现。

1964 年《食品券法》(Food Stamp Act of 1964)目的是保障国家人民的健康和福祉、提高低收入家庭的营养水平、促进充足农产品分配和加强农业经济发展,该法设定了不得参加食品券计划的情形。1973 年"美国农业部诉默里"案(United States Dept. of Agriculture v. Murry)涉及"任何具有已满十八周岁成员及非独立生活人——由非家庭成员纳税人进行纳税申报的家庭,没有资格参加食品券计划"的规定。[5]该案中,默里的前夫填写纳税申报表时将和默里生活的两个儿子和一个孙子女填写为自己纳税的被抚养人,导致默里家庭丧失获得食品券计划的资格。最高法院认为:

---

[1] Usery v. Turner Elkhorn Mining Co., 428 U. S. 1, 15 (1976).

[2] General Motors Corp. v. Romein, 503 U. S. 181, 191 (1992).

[3] 参见 Swisher International, Inc. v. Schafer, 550 F. 3d 1046 (2008),最高法院处理该案仍然适用宽松审查经济立法的正当法律程序。

[4] Goldberg v. Kelly, 397 U. S. 254, 261~264 (1970).

[5] United States Dept. of Agriculture v. Murry. 413 U. S. 508 (1973)

　　为上一年度父母利益而采取的减税措施没有合理衡量减税父母的子女因生活在不同家庭产生的需要，并且该法案行政管理中允许的不经听证表明减税与家庭的需要无关，因此违反正当程序。[1]

　　1973 年"农业部诉莫雷诺"案（Department of Agriculture v. Moreno）涉及 1971 年修改的有资格参加食品券计划家庭的定义，即家庭只包括相关个体的群体。农业部长颁布法规规定，如果家庭成员并非彼此相关的家庭，则没有资格参加食品券计划。[2]莫雷诺（Moreno）（糖尿病患者）与桑切斯（Sanchez）及其三个孩子共同生活，桑切斯照顾莫雷诺，但因为莫雷诺与桑切斯家庭成员无任何关系，如果继续生活在一起，桑切斯家庭也会被禁止参加食品券计划。最高法院认为：

　　该法的分类不能持续，因为这一分类显然与该法案立法目的无关，也不能合理保证政府正当利益；实际操作时，该法案不能排除那些可能滥用食品券计划的人，反而会排除那些急需援助甚至负担不起改变生活以保持食品券资格的人。[3]

　　前述三个案件判决书的撰写者都是布伦南法官，判决反映出实质性正当程序在农业领域转向的三个方面。第一，正当程序的权利保护范围扩展。虽然实质性正当程序从经济自由、契约自由方面撤退，但是其保护权利范围在其他领域得以扩展，如最高法院处理福利待遇问题适用正当程序原则。换言之，农业经济规制立法适用宽松的正当法律程序审查，而农业其他领域如福利领域则可能适用更为严格的审查。第二，法院通过强化程序性的正当程序来保护农业领域的个人权利，尤其是对个人财产权利限制的审查。因为农业经济规制立法或多或少都会限制个人财产权利，那么该问题可能转化为规制方式是否符合正当程序或者能否转化为征收补偿的法律问题，前者如"安东尼奥诉波多黎各糖业委员会"案（Antonio Roig Sucrs. S. En C. v. Sugar Board of Puerto Rico），第一巡回法院认为第五修正案和第十四修正案并未禁止政府基

---

〔1〕　United States Dept. of Agriculture v. Murry. 413 U. S. 508，511~514（1973）.

〔2〕　United States Dept. of Agriculture v. Moreno，413 U. S. 528，530（1973）.

〔3〕　United States Dept. of Agriculture v. Moreno，413 U. S. 528，533~538（1973）.

于公共福利进行规制行为，仅仅要求规制方法必须符合正当法律程序[1]；后者如"葡萄干"案涉及要求葡萄种植者必须无偿交出一定比例葡萄干的葡萄干销售指令，最高法院认为这一行为应该适用征收补偿条款。第三，农业产业政策受到"平等保护"条款审查。在"实质正当程序"理论失宠之后，法院就把司法审查的焦点转移到"平等保护"理论。[2]那么，法院是如何适用平等保护条款（Equal Protection Clause）审查政府区别对待农业市场主体行为的呢？

第二节　区别对待农业市场主体与平等保护条款

平等保护条款（Equal Protection Clause）是美国《联邦宪法》第十四修正案的一部分，平等保护条款原本仅约束州和地方政府行为，通过正当法律程序条款吸收后也可以约束联邦政府行为。所谓平等保护不仅仅要求"平等地"实施法律，也要求法律本身是"平等的"，即法律不能违反平等保护原则。一般来说，政府规制行为因其对规范对象的针对性，往往会采用到"分类"（Classification）的方法，这些"分类"可能因涉嫌"歧视"（Discrimination）而受到平等保护条款的挑战。需要说明的是，涉嫌"歧视"或不公平对待的州农业产业政策立法也可能受到潜伏贸易条款（Dormant Commerce Clause）的审查，即各州制定的歧视州际贸易的法律无效。关于这个问题，本书将在农业产业政策和竞争政策协调中予以研究。

从平等保护的主体看，平等保护条款早期仅适用于自然人，1886 年"圣克拉拉县诉南太平洋铁路公司"案（Santa Clace County v. Southern Pucific Railroad Company）后，平等保护条款也可以适用于公司。[3]从平等保护条款的审查力度看，平等保护可以分为传统平等保护和新的平等保护，对前者法院实行宽松审查，而对后者法院实行严格审查或中级审查。

一、传统平等保护对农业产业政策的限制

前文述及政府通常以"分类"的方法进行管制立法，此类立法可能因涉

---

〔1〕　Antonio Roig Sucrs. S. En C. v. Sugar Board of Puerto Rico, 235 F. 2d 347 (1956).

〔2〕　张千帆：《美国联邦宪法》，法律出版社 2011 年版，第 262 页。

〔3〕　Santa Clara County v. Southern Pacific Railroad Company, 118 U. S. 394 (1886).

嫌歧视而受到平等保护条款的审查。经济社会领域的法律一般受到传统平等保护的宽松审查。所谓宽松审查指法院非常自我克制，尊重立法机关的立法判断，只要立法目的合法、立法手段和立法目的具有合理关联，法院就认为立法具有理性基础。

1920 年，最高法院在"罗伊斯特海鸟粪肥料公司诉弗吉尼亚州"案(F·S·Royster Guano Co. v. Virginia) 中明确阐述合理性标准，即分类必须是合理的而非任意的，并且某些合理差异和立法目的间具有公平和实质的联系，从而使得所有情况类似的人都能够受到同等对待。[1]可见，首先分类要具有合理性，其次合理的分类手段和分类目的间要具有联系。1920 年前的两个农业产业政策法案件，已经涉及上述标准。1904 年"密苏里、堪萨斯和德克萨斯铁路公司诉梅"案（Missouri, Kansas & Texas Railway Company v. May），涉及密苏里州立法规定铁路通行处不得种植石茅和俄罗斯蓟两种危害农业生产环境的植物。法院在裁判中认为立法机关是区别对待政策的唯一判断者，除非法律没有公平理由，否则立法不受到第十四修正案的干预。[2]也就是说，对于分类目的是否正当，法院主要尊重立法机关的判断。1918 年"佩恩诉堪萨斯州"案，该案涉及堪萨斯州通过立法设定农产品出售许可、禁止未获许可证的出售农产品行为。法院认为出售农产品需满足州农业委员会对农产品品质、责任及交付诚实保证金的规定，是为了监管农产品销售商以防止某些危害。[3]换言之，以农产品品质、责任承担、诚实保证金等作为分类特征，符合要求则颁发销售许可证，不符合要求则禁止销售，这一分类特征和防止农产品损害具有联系或重合部分，就可以认为分类满足平等保护条款的要求。上述两个农业产业政策案例分别从分类目的正当、分类手段和分类目标合理关联两个不同方面肯定政府农业立法符合平等保护条款。

正当法律程序部分述及 1924 "琼斯诉联合海鸟粪肥料公司"案，该案另一争议问题是平等保护条款的适用。法院认为：

卡罗来纳州法律规定将肥料成分分析作为特定损害赔偿案件的先决条件并未违反平等保护条款，因为起诉的具体种类或类别以区分真实（Real）为

[1]　F·S·Royster Guano Co. v. Virginia, 253 U. S. 412, 415 (1920).
[2]　Missouri, Kansas & Texas Railway Company v. May, 194 U. S. 267, 269 (1904).
[3]　Payne v. Kansas, 248 U. S. 112, 113 (1918).

基础，且设定条件和合法正当目标间具有合理关系。[1]

　　1929 年"弗罗斯特诉俄克拉何马州公司委员会"案仍以理性基础标准来测试农业产业政策是否符合平等保护条款。俄克拉何马州法律规定，面向公众的轧棉经营行为被宣布为公共事务，公民只有从公共委员会获得许可证后才能从事这项业务，问题争议点之一是发放许可证是否违反平等保护条款？法院认为：

　　宪法禁止的不平等是实际、明显的不合理和任意的分类行为。一个坏的分类是因为其任意偏袒个人或公司的一方，而不利于另一方；合理的分类必须基于某些合理差异和立法目的间具有的公平和实质联系，从而使得所有情况类似的人都受到同等对待。俄克拉何马州法的附加条款因其豁免部分人的许可条件而产生一种分类，这个分类导致部分人承担公共事业负担；而减轻另一部分人的负担，因为没有基于分类手段和目的间合理关系而作出实际或实质性区别对待，所以分类基本上是任意的。[2]

　　可见，农业产业政策是否符合平等保护条款的要求，其审查路径为首先判定分类是否确实存在，其次确认分类的目的是否合法——正当的政府利益，最后审查区分手段和目的之间是否存在合理关系——分类促进政府利益。这一理性基础测试标准在美国当今农业产业政策的平等保护条款适用中仍然得以运用。

　　2008 年"斯威舍国际公司诉谢弗"案（Swisher International，Inc. v. Schafer），雪茄制造商斯威舍指控《公平公正烟草改革法案》（Fair and Equitable Tobacco Reform Act）违反宪法第五修正案的征收和正当程序条款及对制造商宪法权利的平等保护，巡回法院对该案的三个核心问题进行了审理。关于平等保护问题，巡回法院处理方式为：

　　首先表明社会和经济领域内的立法分类既不是可疑分类，也不是侵犯基本宪法权利的案件类型，那么只能按照理性基础审查。斯威舍认为雪茄征收

---

　　[1]　Jones v. Union Guano Co.，Inc.，264 U. S. 171，181 (1924).
　　[2]　Froste v. Corporate Commission of Oklahoma，278 U. S. 515，522~525 (1929).

最高消费税、其他烟草制品征收实际消费税违背平等保护；雪茄制造商的内部份额只考虑雪茄销售数量因素，而未考虑雪茄成本或尺寸因素，分类不合理。巡回法院则认为选择雪茄统一税率而非实际消费税率有合理依据，因为大雪茄是唯一一类根据雪茄价格不同而存在可变消费税率的烟草制品；而选择根据销售雪茄数量分配每个雪茄制造商应承担的评估费用，则出于方便农业部长计算评估费用。[1]

总体来看，传统平等保护对农业产业政策的限制很有限，因为法院审查分类是否具备理性基础的着力点在于分类手段和目的间是否具有合理关系，即分类能否合理地促进正当的政府利益；因实质性正当法律程序退潮，法院不会深究立法本身的明智和正当与否，更多是尊重立法机关或行政机关的政策判断或目的宣告。

二、新的平等保护对农业产业政策的限制

新的平等保护主要适用于"可疑分类"（Suspect Class）或某项严重干扰宪法"基本权利"的政府行为。法院对上述两种情形实行严格审查标准，即政府必须证明分类是实现重要的政府利益所必须，且找不到其他限制较小的替代方案。当重组的最高法院最小化了正当程序条款对财产权利的实质保护时，"平等保护"进入巨大增长的时代，并在 1954 年最高法院的消除公共学校隔离（"布朗诉托皮卡教育局"案；Brown v. Topeka School Board）时达到顶点。[2]换言之，20 世纪 50 年代开始，平等保护条款发挥了约束政府行为的实质作用，最高法院形成双层审查制度。伯格法院在 1976 年"克雷格诉博伦"案（Craig v. Boren）中发展出因性别歧视而生的另一层审查，即中等审查（Intermediate Scrutiny），该类审查对象称为"准可疑分类"（Quasi-Suspect Class），主要涉及性别和非婚生子女的歧视案件，要求对此类对象的分类必须与重要的政府利益具有实质性联系。虽然以经济规制为本质的农业产业政策主要受到传统平等保护的约束，但如果农业产业政策中出现"可疑分类""准可疑分类"、侵犯基本权利的情形时，则可能受到新的平等保护的约束。"农

〔1〕 Swisher International, Inc. v. Schafer, 550 F. 3d 1046 (2008), 21 Fla. L. Weekly Fed. C 1287.
〔2〕 Alpheus Thomas, Beaney Mason, William M, *Equal Protection of Law*, *Supreme Court in a Free Society*, 1995, p. 254.

业部诉莫雷诺"案和"皮格福德诉格里克曼"案（Pigford v. Glickman）就反映了农业产业政策受到新的平等保护的约束，前者更是反映出社会福利是否属于基本权利进而受到新的平等保护的争议。

（一）"农业部诉莫雷诺"案

1973年"农业部诉莫雷诺"案涉及食品券项目，食品券项目是实施食品援助的政策之一，食品援助是一项援助低收入家庭、群体的食品及营养需要的社会福利领域政策。由于食品援助政策长期具有处理严重过剩农产品的功能、能够平衡农产品生产和需求，一般也作为农业产业政策的必要构成部分，如《2014年农业法》的"营养"一章就涉及补充营养援助项目和农产品分配项目。

1964年《食品券法》授权政府实施一项食品券项目，向收入低于规定水平的家庭提供食品券，以提高低收入家庭的营养水平，同时处理过剩农产品。1971年该法修订后，规定如果任何家庭中具有和其他家庭成员无关的人员时，那么该家庭将被剥夺参加食品券项目的资格。地区法院判决"非亲属人员"（Unrelated Person）的规定产生一个不合理的分类，违背了平等保护的规定。显然，这是与社会福利、农业产业政策皆有关联的案件；也就是说因该项农业产业政策涉及社会福利，而使得案件处理是否适用新的平等保护产生了争议。虽然布伦南大法官撰写的法庭意见仍然运用传统平等保护分析，但其实际审查过程却深入分析了《食品券法》的目的。

法院认为，如果分类要得到法院支持，那么分类必须能够合理促进某些正当的政府利益，而不是促进国会所宣称的政策。[1]法院并非仅仅尊重国会所宣布的立法政策，而是研究通过国会1971年《食品券法》修改的历史，探索立法真正意图。法院认为：

1971年《食品券法》修改目的是阻止"嬉皮士"和"嬉皮士公社"获得食品券项目的资格，但国会这一行为试图以分类损害政治上不受欢迎的群体，不能构成平等保护的正当政府利益。食品券项目的政府利益在于最大程度减小项目被欺骗的可能性，防止有人滥用这个项目。即使我们（法院）接受政府完全没有事实根据的对"亲属关系"和"非亲属关系"的家庭推断，我们

---

[1] Department of Agriculture v. Moreno, 413 U. S. 528, 534（1973）.

仍不同意政府因合格家庭具有不相关成员而拒绝给予基本的联邦食品援助的结论。[1]

分类的实践效果表明，食品券项目的资格规定排除的不是那些滥用该项目的人，而是真正需要以食品券改善生活的人。美国联邦最高法院处理"农业部诉莫雷诺"案，虽然仍运用传统平等保护的理性基础测试，但事实上已开始注重对分类目标的正当性审查；不再简单判定分类目的和手段的合理关联，更多考虑关联的精确性（Precision）和必要性（Necessity）。这一审查方法已经不同于传统平等保护的宽松审查，在 1986 年"朗格诉卡斯蒂略"案（Lyng v. Castillo）中，法院将"农业部诉莫雷诺"案的平等保护审查称为加强审查（Heightened Scrutiny）[2]。

"农业部诉莫雷诺"案中道格拉斯（Douglas）法官撰写的协同意见从基本权利——结社权角度论证严格审查的必要性。他认为：

食品券获得资格的分类侵害当事人的结社权，应该受到严格审查。具体来说，当事人联合起来对抗共同敌人——饥饿的权利属于第一修正案的权利，要承受严格审查。[3]

道格拉斯的协同意见将家庭成员结合获取社会福利的权利理解为基本权利，表明社会福利问题应该受到新的平等保护。1986 年"朗格诉卡斯蒂略"案同样涉及食品券获取资格中对近亲属（Close Relative）关系的分类，马歇尔（Marshall）法官撰写的反对意见从社会福利的获取资格分类侵害基本权利角度，阐明该分类应该受到新的平等保护约束，因为该分类不仅仅影响家庭生活安排的隐私利益，还会影响重要的生存利益。[4]当然，"农业部诉莫雷诺"案的道格拉斯协同意见和"朗格诉卡斯蒂略"案的马歇尔反对意见，并不能约束之后同类案件的司法判决，但二人的意见至少表明社会福利领域是否应该受到新的平等保护在最高法院存在争议。最高法院对"农业部诉莫雷诺"案和"朗格诉卡斯蒂略"案的不同判决结果也能佐证这一争议："农业

[1]　Department of Agriculture v. Moreno, 413 U. S. 528, 534~536（1973）.

[2]　Lyng v. Castillo, 477 U. S. 635, 639（1986）.

[3]　Department of Agriculture v. Moreno, 413 U. S. 528, 545（1973）.

[4]　Lyng v. Castillo, 477 U. S. 635, 645（1986）.

部诉莫雷诺"案中,法院通过加强审查判定分类不合法;"朗格诉卡斯蒂略"案中最高法院则声明地区法院对该案适用加强审查是错误的,近亲属也不是可疑分类或准可疑分类,根据理性基础判断,国会的这一分类具有合理区分基础,因为它合理推断近亲属倾向于一起购买和准备膳食,而远亲和非亲属个人可能没有这个倾向。[1]因此,对于与社会福利相关的农业产业政策是否受到新的平等保护,还需要取决于最高法院对社会福利是否可纳入基本权利的理解。

(二)"皮格福德诉格里克曼"案

"皮格福德诉格里克曼"案是美国农业部和黑人农民间发生的集体诉讼,该案在 1999 年经联邦哥伦比亚特区地区法院审理后达成协议和同意令(Consent Decree)。该案背景是黑人农民抱怨长期以来他们在申请当地县委员会的农业信贷或援助时未受到公平对待,他们的申请被拒绝或申请获得批准的时间比非少数族裔的更长。[2]换言之,黑人农民在农业信贷的申请和批准方面受到歧视,这涉及农业信贷因种族而区别对待,侵害黑人农民的平等保护权利的问题。美国农业部的农业信贷经常通过各县委员会负责实施,而各县委员会委员很少有非洲裔美国人;并且农业部 1994 年的委托研究报告表明,1990 年至 1995 年,少数族裔参加农场服务署项目的很少,少数族裔收到农业部的农作物支付、自然灾害支付和农业贷款也少于应公平对待的数量。[3]

皮格福德(Pigford)等人和美国农业部在弗里德曼(Friedman)法官的主持下达成和解协议并获得法庭核准,和解协议建立两类争端解决机制,第一类是以贷款免除和抵消纳税义务的形式提供 5 万美元的货币救济,索赔人必须提供如发现歧视的合理依据等实质性证据;第二类是索赔人可以寻求更大和更有针对性的赔偿,但其必须要有更大损害赔偿的证据。[4]其后,美国农业部自愿采取补救措施,按照和解协议赔偿,美国国会在 2007 年农业立

---

[1] Lyng v. Castillo, 477 U. S. 635, 638~643 (1986).

[2] Tadlock Cowan, Jody Feder, "The Pigford Case: USDA Settlement of Discrimination Suits by Black Farmers", *Congressional Research Service*, 2013, p. 1.

[3] Tadlock Cowan, Jody Feder, "The Pigford Case: USDA Settlement of Discrimination Suits by Black Farmers", *Congressional Research Service*, 2013, p. 2.

[4] Pigford v. Glickman, 185 F. R. D. 82 (D. D. C 1999).

法过程中也专门对此制定《皮格福德索赔救济法》（Pigford Claims Remedy Act）。

从案件处理影响看，美国农业法学家苏珊·施奈德（Susan Schneider）认为农业部的民权计划扩大后农业面貌发生了变化，非洲裔美国农场数量增加了 9%，非洲裔美国农业经营者增长 7%，非洲裔美国女性农民增加 53%。[1]但从案件对美国农业产业政策的歧视预防影响看还比较有限，美国农业部并不愿意在和解协议中加入"农业部尽最大努力确保遵守适用的法规和规章禁止歧视"的话语，弗里德曼法官对此感到惊讶和失望。[2]2002 年时任总统布什（Bush）签署《告知与联邦雇员反歧视与报复法》（Notification and Federal Employees Antidiscrimination and Retaliation Act of 2002），随后美国农业部发布非歧视声明（Non-Discrimination Statement）。该声明禁止美国农业部及其机构、办公室和雇员以及参与管理农业部计划的机构根据种族、肤色、国籍、宗教、性别、性别认同、性取向、残疾、年龄、婚姻状况、政治信仰等，在农业部进行或资助的任何计划或活动中歧视对待。[3]进言之，农业产业政策是否不再涉嫌歧视，需要立法政策的约束以及司法机构的个案审查。

第三节　统一促销农产品与言论自由条款

美国《联邦宪法》第一修正案以简单和直接的文字规定了言论自由保护。美国理论界和司法界围绕"何为言论"进行不断解释，各类言论被区分为两个层级：高价值言论（High Value Speech）和低价值言论（Low Value Speech），并以此确立审查这些言论是否违背宪法规定的不同基准。[4]对于具有政治、科学或文艺等价值的核心言论，政府从来不能针对其观点或内容加以限制；对于不具备这些价值的商业广告、淫秽、泄愤或者挑衅言辞，法院

---

〔1〕　Susan A. Schneider, *Food, Farming, and Sustainability*, Durham, North Carolina：Carolina Academic Press，2016，p. 312.

〔2〕　Pigford v. Glickman, 185 F. R. D. 82, 112 （1999）.

〔3〕　载美国农业部网，https://www.usda.gov/non-discrimination-statement，最后访问时间：2018 年 12 月 25 日。

〔4〕　李一达：《言论抑或利益——美国宪法对商业言论保护的过去、现在和未来》，载《法学论坛》2015 年第 5 期。

则采取更为宽松的审查标准。[1]换言之，商业言论受宪法第一修正案的保护力度并不强。那么，商业言论是如何受到言论自由宪法条款保护的？个人的商业言论又如何借由宪法保护对抗农业产业政策的政府干预？这两个问题是本节所要探讨的。

一、商业言论保护的兴起与发展

（一）商业言论不受言论自由条款保护的阶段

言论自由最初更多被视为政治权利，斯托里在《美国宪法评注》中指出，在这种合理的限制下——每个人应自由地以善意动机、并且是有理由的目的而发表真实的东西，它（言论自由）不仅仅是一种权利，而且是自由政府中不可估量的特权。[2]亚历山大·米克尔约翰（Alexander·Mikkel John）也认为第一修正案制订者们的兴趣在于政治自由、在于使民主得到贯彻执行。[3]也就是说，商业言论并不是宪法言论自由之范畴，其一般通过正当法律程序条款予以宪法保护。

作为言论自由范畴的商业言论第一次进入最高法院是在 1942 年的"瓦伦丁诉克里斯滕森"案（Valentine v. Chrestensen）中。该案事由是克里斯滕森拥有一艘美国前海军潜艇，停于纽约市东河州立码头，他打印潜艇游览宣传单并在纽约市街道分发时，警察局长瓦伦丁告知他纽约市卫生法令禁止在街头散发贸易和商业广告。随后，克里斯滕森将宣传单修改为双面传单，一面内容是抗议城市码头部门拒绝其潜艇展示，另一面内容是取消参观潜艇入场费声明。警察局长再次禁止了他散发双面传单。此案中，克里斯滕森通过双面传单方式囊括商业广告和抗议言论，试图将商业广告纳入宪法第一修正案的言论自由保护范围。罗伯茨（Roberts）大法官发布的判决意见指出宪法没有对政府管理纯粹商业广告的行为进行限制，事实表明，被告人在广告宣传中加入对官方行为抗议的目的是规避纽约州卫生法令的禁止规定。[4]

该案中法院区分了商业言论和非商业言论，如果言论被认为属于商业言

---

[1] 张千帆：《美国联邦宪法》，法律出版社 2011 年版，第 430 页。

[2] [美] 约瑟夫·斯托里：《美国宪法评注》，毛国权译，上海三联书店 2006 年版，第 569 页。

[3] [美] 杰罗姆·巴伦、托马斯·迪恩斯：《美国宪法概论》，刘瑞祥等译，中国社会科学出版社 1995 年版，第 187 页。

[4] Valentine v. Chrestensen, 316 U. S. 52, 54~55（1942）.

论，那么将被排除出宪法第一修正案对言论自由的保护范围，进入立法判断范畴。如何判断商业言论呢？罗伯茨大法官将言论主要目的作为判断标准：如果言论主要目的是获取商业利益，那么构成商业言论。虽然该案判决结果表明商业言论不具有宪法言论自由保护的地位，但当事人试图从言论自由条款寻求商业利益保护以限制政府经济干预权力的行为具有启示意义。

（二）商业言论有限度受言论自由条款保护的阶段

1975 年"比奇洛诉弗吉尼亚州"案（Bigelow v. Virginia）是商业言论受宪法第一修正案保护的重要起点。比奇洛是弗吉尼亚州一家周报的主编，该报刊刊登了纽约城市组织的为意外怀孕妇女提供低价可靠医院堕胎的广告，比奇洛因违反弗吉尼亚州不得通过出售或散发任何出版物鼓励或促使堕胎的法令而被判有罪。弗吉尼亚州最高法院认为堕胎广告是商业广告可以受到州治安权的禁止，比奇洛因其纯属商业性质活动而缺乏正当的第一修正案利益。但是，联邦最高法院判决：

> 弗吉尼亚州法院错误认为广告没有受到第一修正案保护的资格且比奇洛没有正当的第一修正案利益。但从整体看，广告向不同受众传达包含潜在利益和价值的信息，不仅包括需要提供服务的受众，还包括关心（堕胎）相关问题或其他州法律的受众，以及想了解弗吉尼亚州（堕胎法）改革的受众，因此，比洛奇的第一修正案利益和宪法性公共利益是相吻合的。[1]

该案的意义在于承认商业言论因具有公共利益性而受到第一修正案保护的正当性，广告内容具有公共利益性与堕胎广告受众的多元价值需要有关，应该说这一正当性判断更多基于对个案事实的分析。

1976 年"弗吉尼亚医药委员会诉弗吉尼亚消费者评议会公司"案（Virginia State Board of Pharmacy v. Virginia Citizens Consumer Council, Inc.）解决了纯粹经济性商业言论不受宪法第一修正案保护的问题。最高法院认为：

> 商业言论并非完全不受第一修正案和第十四修正案的保护，弗吉尼亚州法令无效；即便广告商的商业广告利益是纯粹经济性的，也不会导致他不受到第一修正案和第十四修正案的保护；个人消费者和社会大众对商业信息的

---

〔1〕 Bigelow v. Virginia, 421 U. S. 809, 810, 821~822（1975）.

自由传播具有浓厚利益。[1]

该案思路和前述案件类似，仍是从言论自由保护对象是表达者和受众，且消费者对广告信息自由传播具有利益这个角度来论证商业言论可以纳入宪法第一修正案之保护范围。

1980 年"中央哈德森煤气和电力公司诉纽约公用事业委员会"案（Central Hudson Gas & Elec. v. Public Svc. Comm'n，以下简称"'中央哈德森'案"）提供了商业言论限制的分析框架。第一，纳入第一修正案的商业言论，至少必须是合法且不具有误导性的；第二，需要考虑政府主张限制商业言论的利益是否具有实质性。如果这两方面判断结果都是正面的，那么进入后两步，即商业言论规制是否直接推动了所主张的政府利益？以及商业言论管制所达到的利益是否比其本身之利益更为广泛？[2]从商业言论限制的第四步看，属于对行政法比例原则的运用。当然该案判决意见仍然承认商业言论受第一修正案的保护比其他表达自由受宪法保障少，并在此基础上阐述第一修正案保护商业言论不受政府无理规制。

1996 年"酒类零售价格广告"案（Liquormart, Inc. v. Rhode Island）中，美国联邦最高法院的态度开始趋向严格审查政府规制商业言论的行为，托马斯（Thomas）大法官指出当政府试图限制真实言论以压制其传达观点时，严格审查是恰当的，无关该言论是否具有商业性特征。[3]

2001 年"罗瑞拉德烟草公司诉瑞丽"案（Lorillard Tobacco Co. v. Reilly）中，法院判决意见继续使用"中央哈德森"案的四步分析法，但对政府规制商业言论的审查更为严格，托马斯大法官在协同意见中继续表达并论证了严格审查政府规制商业言论的观点。最高法院认为：

总检察长没有仔细计算施加言论负担的相关成本和收益，马萨诸塞州法令限制任何规模的烟草广告，言论规制不能过分影响表达人发布商业交易的能力及成人受众获取产品信息的机会。[4]

---

〔1〕 Va. Pharmacy Bd. v. Va. Consumer Council, 425 U. S. 748, 761~773（1976）.

〔2〕 Central Hudson Gas & Elec. v. Public Svc. Comm'n, 447 U. S. 557, 561~566（1980）.

〔3〕 J, J, Liquormart, Inc. v. Rhode Island, 517 U. S. 484, 518（1996）.

〔4〕 Lorillard Tobacco Co. v. Reilly, 533 U. S. 525, 529（2001）.

通过以上分析，我们发现商业言论逐步成为宪法第一修正案的保护对象，并且商业言论受到的保护力度在不断增强。言论自由意味着言论的自由表达，包括要表达言论的自由和不要表达言论的自由。政府规制商业言论大多是限制广告商表达言论的内容、地点和方式等。从言论自由的不要表达言论的自由这方面来看，还存在政府强制经营者或生产者进行言论表达的情况，此类现象在商业言论纳入言论自由的宪法保护后同样值得关注。1985 年美国最高法院的一个案例则表明第一修正案同时保护言论表达和不表达的自由，[1]农业产业政策领域的商业言论保护往往与政府的强制表达（Compelled Speech）有关。强制商业言论概念确立于 1985 年 "扎德勒诉俄亥俄州最高法院纪律办公室" 案（Zauderer v. Office Disciplinary Counsel of Supreme Court of Ohco），该案建立扎德勒标准用以判断政府的哪些强制表达不违反商业言论者的第一修正案权利，即政府可以要求商业言论具有纯粹事实和无争议信息。[2]商业言论的强制表达是指政府通过制定法律，强制要求生产者和经营者表达传播某些信息，是与政府限制商业言论相对的规制方式。强制言论表达同样受到宪法第一修正案保护言论自由的统摄，许多案例中，法院审查政府的强制言论表达以保护个人免于被要求表达商业言论的自由。强制言论表达存在两种情形：其一，政府通过法律要求生产者、经营者等必须按照要求表达相关信息；其二，政府通过法律要求生产者、经营者为他人表达的商业言论付费。这两类情形在农业产业政策领域皆有体现，笔者通过相关案例分析农业产业政策领域的商业言论强制表达和为他人表达商业言论强制支付两类情形。

二、商业言论的强制表达

商业言论的强制表达是指生产者、经营者等不想表达产品或服务的相关信息时，政府以制定法强行设定表达的内容、方式或程度等要求。农业产业政策领域的商业言论强制表达的典型案例是 "国际乳制品协会诉阿姆斯托伊" 案（International Diary Foods Association v. Amestoy，以下简称 "Amestoy案"）。这个判例后来被其他联邦法院引证，并且研究商业言论的学者对该案

---

〔1〕　Harper & Row v. Nation Enterprises, 471 U. S. 539, 559（1985）.
〔2〕　Zauderer v. Office of Disciplinary Counsel of Supreme Court of Ohio, 471 U. S. 626（1985）.

也有诸多讨论。[1]

（一）Amestoy 案的事实及诉讼过程

1993 年，美国联邦食品药品管理局（FDA）批准农场主使用重组牛生长激素（rBST），这种合成生长激素可以增加奶牛的产奶量。美国联邦食品药品管理局并未强制要求源自 rBST 处理的乳制品标记 rBST，但考虑到消费者对 rBST 的知情利益，美国联邦食品药品管理局允许未经 rBST 处理乳制品自愿标记。1994 年，佛蒙特州颁布标签法令规定："如果 rBST 已用于生产本州的奶制品或零售牛奶，则零售牛奶或奶制品上必须标识 rBST"；国际乳制品协会等组织（其成员在佛蒙特州从事加工、制造和销售奶制品）在美国佛蒙特地区法院诉求法院宣布该项法令违反宪法，因为它违反了宪法第一修正案、联邦至上原则、宪法贸易条款和权利法案。[2]地区法院分析了不可挽回损害、贸易条款及第一修正案三个方面的问题，最后拒绝了原告重新提出的临时禁制令（Preliminary Injunction）的动议。其后，原告向第二巡回法院提起上诉，继续主张佛蒙特州的法令违反美国《联邦宪法》第一修正案和贸易条款。巡回法院认为地区法院滥用自由裁量权，未能在第一修正案的基础上给予乳制品制造商临时禁制令的救济，裁定撤销并且发回重审。[3]从 Amestoy 案的地区法院和巡回法院审理过程看，本案的争议问题是"佛蒙特州强制 rBST 标记是否违反宪法第一修正案"。要解决这一问题，需要依据"中央哈德森"案确立的限制商业言论四步分析法，其中 Amestoy 案对争议问题的解决集中于分析"佛蒙特州强制 rBST 标记是否是实质性政府利益"。

（二）Amestoy 案的商业言论审查

前文述及，解决 Amestoy 案争议问题的关键是"强制 rBST 标记是否是实质性政府利益"，也就是四步分析法的第二步。地区法院认为佛蒙特法令依据消费者对 rBST 的知情利益，要求牛奶制造商创造真实的商业信息，并不一定贬低 rBST 乳制品。[4]换言之，标记 rBST 涉及消费者的知情利益，政府有权保证真实商业信息畅通传播，以此证成政府利益的实质性。

---

[1] 汪再祥：《转基因食品强制标识之反思——一个言论自由的视角》，载《法学评论》2016 年第 6 期。

[2] International Dairy Foods Ass'n v. Amestoy, 898 F. Supp. 246, 247 (D. Vt. 1995).

[3] International Dairy Foods Ass'n v. Amestoy, 92 F. 3d 67, 76 (2d Cir. 1996).

[4] International Dairy Foods Ass'n v. Amestoy, 898 F. Supp. 246, 253~254 (D. Vt. 1995).

　　巡回法院法官的意见也有分歧，法院意见和莱瓦尔（Leval）法官的异议意见之间的争议焦点也是强制标记是否具有实质性政府利益。法院意见认为：

　　因为佛蒙特州法令无疑牵连牛奶制造商的言论权利，法院可以对此进行中等程度审查，即运用四步分析法；接着法院认为佛蒙特法令不能通过第二步——政府利益实质性的测试。强制标识 rBST 为什么不能构成实质性政府利益？法院从以下几方面阐述：（1）佛蒙特州法令并没有说明强制标记对健康和安全的促进作用，而是以消费者利益和公众知情权为论证基础；（2）FDA 的结论没有评估出使用 rBST 会影响奶牛产奶的成分，也没有发现与人类安全、健康的相应联系；（3）仅凭消费者利益不足以证成强制产品制造商标记对产品功能没有显著影响的生产方法具有合理性。法院还进一步指出，如果允许以消费者知情利益为由强制标志 rBST，那么以后政府可以以此为由要求所有制造商披露生产方法，消费者的愿望不足以让佛蒙特州强制牛奶制造商违背自己意愿进行商业言论表达。[1]

　　莱瓦尔法官的异议意见认为佛蒙特州法令强制商业言论表达具有实质性政府利益。他从四方面予以论证：

　　（1）消费者担心 rBST 技术可能影响健康，尤其是具有长期影响，并以烟草危害的发现为例来说明长期影响；（2）rBST 技术给奶牛带来的健康风险，如奶牛的生殖障碍、乳腺炎、消化性疾病；（3）rBST 技术增加牛奶产量导致牛奶价格下跌，损害小奶农的经济利益；（4）联邦最高法院之前在同类案例中认定的政府利益并不比本案的政府利益高。[2]

　　可见，该案说明农业产业政策领域的强制言论表达很可能进入宪法保护的言论自由领域，尤其当农业生产经营者不愿意表达某种商业言论时，法院会运用四步分析法审查政府强制商业言论表达的权力，在商业言论自由和公共利益维护间寻求平衡。

---

　　〔1〕　International Dairy Foods Ass'n v. Amestoy, 92 F. 3d 67, 75~78 (2d Cir. 1996).

　　〔2〕　International Dairy Foods Ass'n v. Amestoy, 92 F. 3d 67, 79~81 (2d Cir. 1996) (Leval, Dissenting).

三、为他人表达商业言论的强制支付

农业产业政策领域内为他人表达商业言论的强制支付常表现为为促进农业生产或销售，政府统一发布包含商业广告内容的指令，指令费用由农业生产者或经营者支付。为此，农业生产者或经营者可能以商业言论自由受损害为由而拒绝支付广告费用。如 1989 年"合众国诉弗雷姆"案（United States v. Frame）涉及《联邦牛肉促进和研究法案》隐含牛肉生产者不表达商业言论权利的问题，因为该法要求生产者为其不必要订阅的商业信息支付费用；[1] 再如 1993 年"加州杏仁公司诉美国农业部"案（Cal‑Almond, Inc. v. United States Dep't of Agriculture）与第一修正案相牵连，涉及杏仁加工者被强制要求收费，以资助杏仁（包括广告）营销计划。[2] 美国联邦最高法院处理过三个案例体现了为他人表达商业言论强制支付的规范思路。

（一）"格里克曼诉威尔曼"案（Glickman v. Wileman Bros. & Elliott, Inc.）

1. 案由及过程

本案与美国国会 1937 年《农业营销协定法》的销售指令措施有关，为避免农产品供给和价格不合理波动，农业部长可以发布销售指令，销售指令包括规定特定市场所有生产者的统一价格、限制销售农产品的质量和数量、决定农产品的等级和尺寸、有序处理过剩农产品等内容。[3] 为了追求集体行动而非竞争行为，销售指令还授权联合的研究和发展项目，检查加工商的质量统一和包装标准。销售指令由农业部长任命的生产者委员会实施，销售指令费用由生产者共同筹集资金予以支付。[4] 威尔曼兄弟和艾略特公司等加州树果种植者和加工商对生产者委员会实施的销售指令不满，因为这些指令强制他们支付指令实施费用，包括加州油桃、李子和桃子的通用广告费用（Cost of Generic Advertising）。威尔曼兄弟和艾略特公司等认为强制支付广告费用限制了他们的宪法第一修正案所保护的言论自由。

威尔曼兄弟和艾略特公司拒绝支付通用广告费用的行为未得到农业部长支持，于是他们提请对强制广告收费行为进行司法审查。联邦地区法院支持

---

〔1〕 United States v. Frame, 885 F. 2d 1119, 1132~1133 (3d Cir. 1989).

〔2〕 Cal‑Almond, Inc. v. United States Dep't of Agriculture, 14 F. 3d 429, 434 (9th Cir. 1993)

〔3〕 7 U. S. C. § 602 (4), 608c (6) (A) (2012).

〔4〕 7 U. S. C. § 608c (6) (I) (2012).

了销售指令，接着案件进入联邦第九巡回法院。联邦第九巡回法院认为该案涉及强制商业言论的问题，应该运用四步分析法审查政府强制商业言论，最终判定销售指令项目不能通过四步分析法而无效。原因在于政府无法证明这样（统一销售指令）的广告行为比个人广告行为在增加消费者对加州树果需求方面更为有效。[1]联邦最高法院再次推翻了第九巡回法院的判决，判定威尔曼兄弟和艾略特公司等被要求支付通用广告费用的行为并未违反第一修正案。

2. 案件争议点及裁判理由

最高法院的裁判思路为：

首先提出涵盖通用广告的销售指令到底是接受经济规制标准的审查还是接受第一修正案审查的问题，然后论证涵盖通用广告的销售指令并不属于第一修正案的审查范围，而是属于经济规制标准的审查范围；最后指出通用广告旨在刺激消费者对监管市场农产品的需求，广告目的和整个销售指令的规制目标相一致，生产者不希望推广其产品的通用广告的事实不足以让法官推翻大多数市场参与者、行政官员和立法者的判断。[2]

问题关键是涵盖通用广告的销售指令为什么不涉及言论自由？

一方面，最高法院从销售指令方案的特征着手分析判断其不属于言论自由保护范围，即销售指令没有强加限制于任何生产者传递任何信息给任何受众；没有强制任何人从事任何事实或象征性表达；没有强制任何生产者为政治或意识形态言论背书或资助经费。另一方面，销售指令是生产者和经营者应对农产品市场不稳定、采取强力合作经济决策的集体行为，上诉法院适用四步分析法进行判断的行为与集体行动计划的真正本质和目的是相矛盾的。法院针对上诉法院"政府无法证明通用广告比个人广告有效"的论点进行驳斥，认为这个观点非常古怪，因为总体广告收益以农业主体联合行动且免于反托拉斯法为前提，而个人广告收益是以完全竞争为前提的。[3]

---

[1] Glickman v. Wileman Bros. & Elliott, Inc., 521 U. S. 457, 457 (1997).

[2] Glickman v. Wileman Brothers & Elliott, Inc., 521 U. S. 457, 477 (1997).

[3] Glickman v. Wileman Brothers & Elliott, Inc., 521 U. S. 457, 469~475 (1997).

本案有这几方面启示：其一，商业言论较政治言论而言，受到宪法第一修正案保护力度仍然比较弱；其二，为他人言论强制支付可能属于经济规制标准的审查，而法院对经济规制标准的审查已经比较宽松；其三，只要销售指令不约束其商业言论的其他表达、不强制其表达商业言论或为政治言论表达支付，纳入销售指令的为他人言论强制支付就更难以受到宪法第一修正案保护；其四，四步分析法的利益比较步骤用于分析农业生产者或经营者联合的言论表达的受益和损失是难以开展的。

（二）"美国诉美国食品公司案"（United States v. United Foods, Inc.）

1. 案由及过程

1990 年美国国会颁布《食用菌促销、研究和消费者信息法案》（Mushroom Promotion, Research, and Consumer Information Act），法案授权农业部长建立食用菌理事会以实现法案目标。法案规定从食用菌生产者和进口者群体中提名人员给农业部长，随后农业部长指定其为委员会成员，为资助该项计划，法案允许食用菌理事会向新鲜食用菌加工商强制收费，费用用于"食用菌促进、研究、消费者信息和产业信息"。[1]美国食品公司是大型农业企业，从事农作物和农产品种植和批发业务，也包括新鲜食用菌的种植和批发。1996 年，美国食品公司拒绝该法案的强制支付，认为通用广告的强制补贴违反第一修正案，由于前文"格里克曼诉威尔曼"案（以下简称"格里克曼案"）法院尚未裁决，这件事就被搁置了。格里克曼案后，行政法官、地区法院依据格里克曼案判决结果支持政府的动议。案件进入第六巡回法院，该院认为本案不受格里克曼案控制，撤销地区法院判决；案件进入最高法院审理，最高法院同意巡回上诉法院的裁判意见。[2]

2. 案件争议点及裁决理由

本案争议焦点仍然是为他人言论的强制支付是否侵犯宪法第一修正的言论自由，争议点外化为本案处理是否应该受到格里克曼案的控制，最高法院最终的判决结果是本案所涉为他人言论的强制支付违反宪法第一修正案。换言之，本案处理并未遵从格里克曼案的判例，那么，最高法院是如何区别本案与格里克曼案的？这样的区别处理过程体现美国《联邦宪法》言论自由条

---

〔1〕 7 U. S. C. §6104 (b), (c), (g) (2012).

〔2〕 United States v. United Foods, Inc., 553 U. S. 405, 409 (2001).

款对为他人言论强制支付的限制原理有哪些？

肯尼迪大法官代表最高法院发布法庭意见，他从两方面着手论证工作。其一，第一修正案可以阻止政府强制个人为他们反对的言论的支付费用。[1]本案中，美国食品公司希望传达它的食用菌品牌优于其他生产者种植的食用菌品牌，而其被强制支付言论所传达信息与其目的相反。[2]换言之，美国食品公司被强制支付的言论与其真实商业广告的目的是相违背的，因其想传达食用菌更好的信息，而强制言论并没有明显区分不同品牌食用菌的好坏。其二，格里克曼案的方案及事实与本案不同，也就是说两案是可以区分的。格里克曼案中通用广告是销售指令一部分，通用广告强制收费是否违反宪法第一修正案必须全盘考虑整个规制计划；且该案的销售指令具有详细的销售计划，参加者合作消除内部竞争、增强整体竞争力来销售农产品，并且豁免于反托拉斯法；用于通用广告的资金也只是全部资金的一部分。而本案中食用菌理事会并未制定详细的管理食用菌生产和销售的指令、没有阻止个体生产者作出自己的销售决定、没有豁免于反托拉斯法，有争议的大部分费用是用于通用广告的。[3]

从肯尼迪大法官发表的法庭意见看，农业产业政策领域内受到宪法言论自由限制的为他人言论的强制支付有两种情形。第一，强制支付的商业言论与自己所要表达商业言论相违背；第二，强制支付的商业言论能够从农业产业政策的计划中予以分离。也就是说，如果强制言论是农业产业政策全盘计划的不可分割部分，与更广泛监管计划密不可分，则往往受到政府监管适当性的约束，而非言论自由的保护；如果强制言论属于单一政策措施或者是可分割的主要政策措施，表现为案件中规制计划的目的主要是为通用广告提供资金，那么其可以受到言论自由的审查保护。

（三）"约翰斯诉畜牧品营销协会"案（Johanns v. Livestock Marketing Assn.）

1. 案由及过程

1985 年《牛肉促进和研究法》（The Beef Promotion and Research Act of 1985）制定了促进和销售牛肉和牛肉产品的联邦政策。农业部长通过牛肉促进和研究指令实施该法案，指令设立牛肉促进研究委员会和执行委员会，指

---

[1] Abood v. Detroit Bd. of Educ. , 431 U. S. 209, 234~235（1977）.
[2] United States v. United Foods, Inc. , 533 U. S. 405, 409~411（2001）.
[3] United States v. United Foods, Inc. , 533 U. S. 405, 411~417（2001）.

令对所有牛的销售和进口予以评估或检查。[1]畜牧品协会依据2001年"美国诉美国食品公司"案对该项计划提出质疑，地区法院认为该法案及指令中强制协会成员补贴他人言论（与己相反）的规定违反第一修正案；第八巡回法院也认为即便强制言论属于政府言论，强制言论资助也可能违反第一修正案。最终，案件进入最高法院。

2. 案件争议点及裁判理由

本案争议点在于为他人强制补贴的言论属于商业言论还是政府言论？如果是政府言论的话，强制牛肉协会补贴政府言论是否违反第一修正案？斯卡利亚（Scalia）大法官发表法庭意见，他指出这是8年来最高法院审查关于资助通用广告以促进一项农产品联邦计划是否违反第一修正案问题的第三个案件，和前面两个案件不同，本案的核心问题是发布的通用广告是不是政府自己的言论，以及是否可以因此豁免于第一修正案的审查（Scrutiny）。[2]政府言论原则是指政府本身是言论者时，可以发布其自身言论而不要求观点中立。政府言论隐含于"伍利诉梅纳德"案（Wooley v. Maynard，1977），最高法院承认政府有权要求在车牌上显示政府训言（State Motto），以便于识别乘用车以及促进公民对历史、个人主义和国家的自豪感，但这不能强制侵犯个人受第一修正案保护的言论自由。具体来说：第一，政府利益（识别乘用车）可以通过不那么激烈的手段来实现；第二，政府利益（促进公民对历史、个人主义和国家的自豪感）不能超过个人第一修正案的权利，以避免个人成为国家意识形态信息的传递者。[3]

"约翰斯诉畜牧品营销协会"案中，最高法院认为：

本案的促销信息是政府言论。因为牛肉促销活动信息始终是联邦有效控制的信息，是国会和农业部长规定促销活动应包括的内容，农业部长甚至对每个宣传活动使用的每个词都要行使最终批准权，政府对这种检查核准的信息控制程度远高于"凯乐诉加州诉师协会"案（Keller v. State Bar of Cal.，1990）。不管资金来自于有针对性收费还是一般税收，促销资金来源都会影响强制补贴的分析；很多案例也都证明强制支付的政府言论受到民主问责制的

---

[1] Johanns v. Livestock Marketing Assn.，544 U. S. 550（2005）.

[2] Johanns v. Livestock Marketing Assn.，544 U. S. 550（2005）（Opinion Scalia）.

[3] Wooley v. Maynard，430 U. S. 705，715~717（1977）.

约束。[1]

本案启示是：为他人促销广告强制付费是否受到第一修正案的保护，还取决于促销广告的性质到底是商业言论还是政府言论。如果仅仅具有商业言论之外观，却由政府强力控制，那么该言论会被法院认定为政府言论。进言之，政府对商业信息发布的控制达到一定程度——从言论产生、言论内容和言论审核等事实予以判定，商业信息就将成为政府言论。那么，名为商业言论实为政府言论的广告行为，其是否侵害宪法第一修正案保护的言论自由，需要按照"伍利诉梅纳德"案的标准予以判定。

第四节　剥夺和过度限制农场主财产权与征收补偿条款

前文述及的"葡萄干"案，其缘由是政府规制农业经济立法超越限度，受到征收补偿条款约束的情形。换言之，政府农业产业政策除受到正当法律程序限制之外，还因政府权力超限、损害私权主体财产使用价值，受到征收补偿条款调整。征收补偿条款规定于宪法第五修正案，即未获得公正补偿，私有财产不得为公共使用而被征收；该条款经过宪法第十四修正案吸收，州政府和联邦政府一样都受到征收补偿条款的统摄。本节研究的问题是征收补偿条款如何限制政府的农业产业政策。私有财产、公共使用、征收和公正补偿是征收补偿条款的构成要素，其中征收和公共使用是手段和目的关系，二者在判定征收是否成立中不可分离。基于此，本节主要从征收对象——私人财产、征收行为认定和公共补偿认定三方面研究征收补偿条款对农业产业政策的约束。

一、征收对象

一般而言，财产依据其性质或法律规定，分为动产和不动产，前者包括有形动产和无形动产，如牲畜、农产品、货物、专利权和版权等；后者主要是与土地所有权有关的财产及权利。从美国司法实践看，动产和不动产都可以作为征收对象。"葡萄干"案最高法院判决意见认为，第五修正案适用于动

---

[1] Johanns v. Livestock Marketing Assn. , 544 U. S. 550（2005）（Opinion Scalia）.

产和不动产，政府征收汽车（动产）和征收住所（不动产）时，都有无条件公正补偿的责任。[1]罗伯茨大法官撰写的法庭意见首先提出的问题就是政府因完全占有财产利益而支付公正补偿，是否只适用于不动产而不适用于动产？罗伯茨认为，征收补偿条款保护私人财产并不区分财产类型，英国《大宪章》特别保护农产品免于无补偿的征收，殖民地时代和革命战争年代的征收同样保护动产，历史表明完全占有的动产并不比不动产更少受到保护。[2]罗伯茨观点一方面至少表明动产或不动产皆为征收对象，但另一方面也意味着征收形式不同，动产和不动产的征收补偿条款适用可能会存在区分。

当然，动产或不动产作为征收对象，本质是财产权利被征收，因此无形动产之担保权、专利权也是征收对象。1935 年"路易斯维尔联合股份土地银行诉雷德福"案（Louisville Joint Stock Land Bank v. Radford）涉及破产农场抵押品赎回权延迟 5 年的规定，担保债权人认为该法案剥夺了有担保债权人的财产权，最终最高法院判定该法案违宪。法院认为：

> 土地银行有如下财产权利：留置财产直至其所担保债务得以支付的权利；通过司法公开出售实现担保的权利；决定何时出售的权利（但须由法院酌定）；出售时投标以保护财产利益或取得财产本身的权利；债务违约期间控制财产并收受租金和利润以偿还债务的权利。[3]

可见，涉及农场或农产品的担保权利也属于征收对象。当然，该案的财产认定还表明着征收对象不仅限于财产的所有权利，还包括财产的使用权利。换言之，所谓征收对象之私人财产包括财产所有权和财产使用权，二者都受到征收补偿条款的保护。

总而言之，从财产性质或法律规定看，征收对象包括动产和不动产；从财产权利形态看，征收对象包括财产所有权和财产使用权。因为征收类型不同，征收补偿条款对动产或不动产可能存在区别对待。那么，接下来需要明确的是征收类型有哪些？

---

[1] Horne v. Dep't of Agriculture, 576 U.S.（2015）：Held（a）.
[2] Horne v. Dep't of Agriculture, 576 U.S.（2015）（Opinion Roberts）.
[3] Louisville Joint Stock Land Bank v. Radford, 295 U.S. 555, 590, 594（1935）.

二、征收的认定

征收必须是为了公共使用（Public Use），公共使用目的构成对征收的限制。由于制宪者无意对征收权的行使规定实质性限制，"公共使用"条款在美国建国后近两个世纪内都没有发挥实质性作用。[1]这期间，公共使用先被解释为所有公共利益，包括公共利益的创造和公共伤害的预防；后在19世纪后期被解释公共目的。1954年"伯曼诉帕克"案（Berman v. Parker）确立了法院对立法机构公共目的判断的遵从，即当立法机构声明公共利益是立法目的的确凿结论时，立法机构而非司法机构是公众需要的主要监护者。[2]1984年"夏威夷住房管理局诉米德基夫"案（Hawaii Housing Authority v. Midkiff）中，奥康纳大法官（O'connor）撰写的法庭意见引用"伯曼诉帕克"案的观点，并认为只要公共使用目标在立法机构权力范围内、且征收实现这一目标的方法明确，立法机关就可以单独决定执行该方法。[3]换言之，只要征收权行使目标与公共使用相关，且征收方法适当，法院就不会推翻征收决定。2005年"凯洛诉新伦敦市"案（Kelo v. City of New London）中，斯蒂文森大法官（Stevenson）撰写的法庭意见认为没有原则性方法能将经济发展从其他我们认为的公共目的中区分出来，因此新伦敦市城市发展计划能满足公共使用的条件。[4]可见，"公共使用"条款对征收的限制作用很有限。反而因"征收"本身含义的不断发展和丰富，延伸出一系列政府运用征收规制经济的限制规则。

（一）传统征收（Eminent Domain）与治安权（Police Power）的区分

所谓传统征收是政府运用征收权取得私人财产的行为，其构成要件为经过正当法律程序和公平补偿、以公共使用为目的。治安权是马歇尔大法官为确定联邦权力和州权力界限而使用的法律概念，但治安权的实际范围在检验州政府权力是否有效的案件中不断演变，几乎被视为规制权力（Regulatory

---

〔1〕 张千帆：《美国联邦宪法》，法律出版社2011年版，第195页。

〔2〕 Berman v. Parker, 348 U. S. 26, 32（1954）.

〔3〕 Hawaii Housing Authority v. Midkiff, 467 U. S. 229, 240（1984）.

〔4〕 Kelo v. City of New London, 545 U. S. 469, 484~489（2005）.

Power)。[1]传统征收和治安权的区分通过案例检验州治安权实际范围完成。1851 年"马萨诸塞州诉阿尔杰案"（Commonwealth v. Alger）[2]，阿尔杰（海滨地产持有人）认为马萨诸塞州法律限制了其在波士顿港某些地区建造码头的权利，马萨诸塞州最高法院法官缪尔·肖（Lemuel Shaw）在其撰写的法庭意见中区分了治安权和征收权。缪尔·肖将案件的争议问题归纳为：什么样的正当权力可以限制、控制或者规制财产所有者对其权利的使用和享有[3]。缪尔·肖从财产权所有者隐含责任（即权利行使不能损害其他人、共同体的权利）的角度来分析财产权所有者受到的治安权规制。虽然，禁止财产权所有者行使权利会减损其财产价值和导致经济损失，但是缪尔·肖认为政府此类行为并不需要补偿受损者，因为政府执行这类限制，其意图不是获得财产的使用权（这属于征收），而是通过治安权禁止财产所有者对财产的有害使用（Noxious Use）。[4]基于财产所有者的有害使用，缪尔·肖明确了限制财产有害使用属于治安权范围，而政府获得财产以使用属于征收权范围，征收权和治安权开始具有较为明确的区分标准。

1887"穆勒诉堪萨斯州"案（Mugler v. Kansas），美国联邦最高法院哈伦（Harlan）大法官在其撰写的法庭意见中提出对治安权和征收权的形式观察：治安权不是妨碍所有者控制或使用财产的权利，也不是限制其处置财产的权利，只是限制该财产的某些用途。[5]因此，巴罗斯（Barros）认为在"宾夕法尼亚煤炭公司诉马洪"案（Pennsylvania Loal Co. v. Mahon，以下简称"马洪案"）之前，法院和学者一般通过对征收权和治安权的形式化区分来回答管制性征收（Regulatory Taking）问题。[6]换言之，征收权是政府获得财产所有权或使用权的行为，而政府限制或禁止私人财产的有害使用不是征收，属于治安权范围；前者征收行为需要政府予以公平补偿，后者治安权规制行为

---

〔1〕 D. Benjamin Barros, "The Police Power and the Takings Clause", 58 *U. Miami L. Rev.* 471, 478（2004）.

〔2〕 Commonwealth 是肯塔基、马萨诸塞、宾夕法尼亚和弗吉尼亚四州的称呼，该案中 Common-wealth 是指马萨诸塞州。

〔3〕 Commonwealth v. Alger, 61 Mass. 53, 65（1851）.

〔4〕 Commonwealth v. Alger, 61 Mass. 53, 86（1851）.

〔5〕 Mugler v. Kansas, 123 U. S. 623, 669（1887）.

〔6〕 D. Benjamin Barros, "The Police Power and the Takings Clause", 58 *U. Miami L. Rev.* 471, 500~501（2004）.

不需要政府的公平补偿。征收权和治安权的区别在 1922 年马洪案中发生变化。

（二）管制性征收（Regulatory Taking）的产生及发展

1922 年马洪案中，美国最高法院确立管制性征收标准：如果一项规制减损私人财产价值的总量达到征收程度，那么就应该公平补偿，并且应逐案评估是否构成征收。霍姆斯（Holmes）大法官撰写的法庭意见认为：

> 长期以来，人们已经认识到，某些财产价值会受到隐含限制，并且必须服从于治安权，但隐含限制财产价值内容的治安权也必须受到限制；在审查决定治安权限制私人财产是否超限度时，应该要从具体案件的事实去判断规制对财产价值的减损问题。如果规制"走的太远"，规制可被视为一项征收，就应该要支付公正补偿。[1]

据此，马洪案确立"价值减损标准"以判断政府管制是否构成征收。其实，从霍姆斯的表述看，其确立管制性征收标准的目的还是在于限制政府的治安权，注重政府管制利益和受管制人私人利益的平衡，并且霍姆斯本人在洛克纳时代也经常反对最高法院以正当法律程序来限制治安权。也许可以说，霍姆斯创立的管制性征收标准意在从正当法律程序审查治安权的路径之外，创造管制性征收限制治安权的新路径。但是，在洛克纳时代该标准并未受到最高法院的重视，在随后 60 年左右时间，管制性征收没有太大发展。

当然，该案显然是意义重大的，因为在传统征收之外确立管制性征收，使得"走的太远"的经济管制具有了受到征收补偿条款约束的可能性。同时，对传统征收和管制性征收的审查有所不同，传统征收案件只要求政府保证征收是必要的或甚至只是和目标相关的，而管制性征收则采取较为严格的标准。[2]虽然马洪案确立了管制性征收的判断标准，但是霍姆斯主张通过个案事实判断何为"走的太远"的管制，这一方法还需要继续发展。

1978 年"宾夕法尼亚州中央交通公司诉纽约市"案（Penn Central Transportation Co. v. New York City）确立了管制性征收认定的三个重要标准，即管

〔1〕 Pennsylvania Coal Co. v. Mahon, 260 U. S. 393, 413~415 (1922).
〔2〕 张千帆：《美国联邦宪法》，法律出版社 2011 年版，第 196 页。

制的经济影响、对合理投资回报预期的干预和政府行为的性质。[1]1980 年
"阿金斯诉蒂伯龙市"案（Agins v. City of Tiburon）中，美国联邦最高法院沿
用 1978 年"宾夕法尼亚中央交通公司诉纽约市"案的三标准，在经济影响和
政府行为性质判定方面予以发展，即探究规制行为是不是实质性促进政府的
正当目标，规制行为的公共利益和被征收人财产市场价值减少之间是否存在
关联性，规制行为是否妨碍被征收人土地最佳使用或排除其所有权基本属
性。[2]换言之，政府规制是否实质性促进正当公共利益以及政府对私人财产
经济效益的影响成为认定管制性征收的标准。

1982 年"洛雷托诉曼哈顿有线电视公司"案（Loretto v. Teleprompter Man-
hattan CATV Crop，以下简称"洛雷托案"）中，最高法院区分了物理性占有
和管制性征收的区别，进而区别两者的认定标准。最高法院认为：

当政府行为的性质，是对不动产的永久性、物理性占有，那么征收的占
有程度就不需要考虑规制行为是否实现公共利益，对业主的经济影响微乎其
微也可认定为征收。[3]

当然，物理性和永久性占有的含义主要是指规制行为对财产侵害的程度
非常严重，其比照对象是对财产使用的规制。换言之，如果政府行为性质属
于"占有"（Possessory），那么管制性征收即成立；而如果政府行为性质属
于"管制"（Regulatory），则法院应当进一步分析该行为是否实质性促进公共利
益，并且考虑其对所有者的经济影响。这一观点在 2002 年"太浩塞拉保护委
员会公司诉太浩地区规划局"案（Tahoe-Sierra Preservation Council, Inc. v.
Tahoe Regional Planning Agency）中再次得到最高法院的认可。[4]

（三）2015 年最高法院"葡萄干"案的征收认定

1982 年洛雷托案和 1946 年"美国诉考斯比"案（United States v. Causby）[5]
提及的物理性占有的适用对象均为不动产而非动产，这就为动产是否适用物

---

[1] Penn Central Transportation Co. v. New York City, 438 U. S. 104, 130~137 (1978).
[2] Agins v. City of Tiburon, 447 U. S. 255, 261~263 (1980).
[3] Loretto v. Teleprompter Manhattan CATV Crop. , 458 U. S. 419, 426~435 (1982).
[4] Tahoe-Sierra Preservation Council, Inc. v. Tahoe Regional Planning Agency, 535 U. S. 302, 323 (2002).
[5] United States v. Causby, 328 U. S. 256 (1946).

理性占有留下了争议。2014 年第九巡回法院审理"葡萄干"案，就认为洛雷托案的物理性占有适用范围非常狭窄，即仅包括不动产的物理性占有，将动产排除在外。[1]因此，第九巡回法院认为农业部长根据销售指令要求生产者交出部分葡萄干纳入储备池不是物理性占有，那么认定征收的话只能是管制性质的征收。第九巡回法院援引最高法院 1992 年"卢卡斯诉南卡罗来纳州沿海委员会"案（Lucas v. South Carolina Coastal Council），该案中斯卡利亚在撰写法庭意见时认为因为动产受到州对商业贸易的高度控制，动产所有人应该认识到新的规制可能使其财产在经济上毫无价值。第九巡回法院因此认为管制性征收（不包括物理性占有）中，动产受到的保护要少于不动产。

2015 年最高法院审理"葡萄干"案时认为：

> 葡萄干委员会规定的储备要求明显是物理性征收（Physical Appropriation），事实上将葡萄干所有权从种植者转移到政府。"卢卡斯诉南卡罗来纳州沿海委员会"案中管制性征收对动产和不动产的区别对待不能转化为认为直接征收（Direct Appropriation）中也要区别对待动产和不动产。[2]

从罗伯茨大法官对 1982 年洛雷托案的引用解释看，他并未区分物理性征收（Physical Appropriation）和物理性占有（Physical Possessory \ Occupation）；或者说物理性征收包括财产权剥夺和占有，二者都被认定为本身征收（Per Se Taking），故认定时不再考虑其他因素——公共利益和对所有人的经济影响，不考虑征收是否导致所有者全部经济价值的剥夺。[3]最高法院关于"葡萄干"案的判决意见表明物理性征收和物理性占有都被认定为本身征收，征收对象是动产或不动产不会影响法院的保护力度。至于管制性质的政府行为构成的管制性征收是否会因征收对象是动产或不动产而形成不同的审查力度？最高法院回避了这个问题。

"葡萄干"案中农业部还声称储备规定不是征收，因为种植者自愿选择参加葡萄干销售计划；换言之，葡萄干种植者自愿交出财产换取政府利益——政府许可销售剩余葡萄干，就不能被认定为征收。最高法院认为葡萄干销售

〔1〕Horne v. U. S. Dep't of Agric, 750 F. 3d 1128, 1146（9th Cir. 2014）.
〔2〕Horne v. Dep't of Agriculture, 576 U. S.（2015）（Opinion Roberts）Ⅱ A1.
〔3〕Horne v. Dep't of Agriculture, 576 U. S.（2015）（Opinion Roberts）Ⅱ A1.

虽然受到政府合理规制，但政府对葡萄干销售不持有特殊的政府利益，因为葡萄干和具有危害性的农药不同，[1]后者事关公共健康和公共安全，政府管制具有特殊利益。可见，如果政府因事关公共健康、安全和环境保护而给予财产所有人特别许可，那么会产生政府特殊利益；此时财产所有人自愿交出财产以换取政府特殊利益的，就不会被认定为征收。

三、公正补偿的认定

确定政府的征收行为性质之后，政府就需要对被征收者支付公正补偿。那么，何为公正补偿？2015 年"葡萄干"案，美国农业部认为正当补偿评估必须考虑在没有价格支持和管制计划时的储备葡萄干价值，如质量标准和促进行为刺激带来的消费者对葡萄干的更高需求。[2]换言之，美国农业部认为认定征收葡萄干价值补偿时，要考虑政府行为本身能够对被征收者带来的利益，并试图将这部分利益从公正补偿中予以扣减。罗伯茨大法官撰写的法庭意见则强调法院一直认为公正补偿应常规地由征收时财产公平市场价值（Market Value）予以计算。

美国法对公平市场价值的经典定义是：在财产征收之日，没有受到任何强制的自愿买家和自愿卖家进行交易时的市场价格。[3]从美国联邦最高法院的司法实践看，公平市场价值与财产的实际价值并不同，甚至可以说公平市场价值是个虚拟概念。确定公正补偿要考虑财产蕴含的所有价值要素，征收者支付给所有者的金额并不取决于财产现有用途价值，而是在考虑所有使用用途后得出的、是最高和最有利财产用途的价值。[4]换言之，确定财产公平市场价值必须考虑财产最高和最有利使用时的价值。而财产最高、最有利使用需要结合案件事实来判定，因此需要法院根据个案情况和当事人举证情况来确定公平市场价值。

公平市场价值是法院认定公正补偿的通常规则，但并不能在所有情况和案件中都适用该规则。1950 年"美国诉商品贸易公司"案（United States

---

[1] Horne v. Dep't of Agriculture, 576 U. S. (2015)（Opinion Roberts）Ⅱ C.

[2] Horne v. Dep't of Agriculture, 576 U. S. (2015)（Opinion Roberts）Ⅲ.

[3] 宋志红：《美国征收补偿的公平市场价值标准及对我国的启示》，载《法学家》2014 年第 6 期。

[4] Olson v. United States, 292 U. S. 246, 255（1934）.

v. Commodities Trading Corp.）中，法院认为公平市场价值通常被认为是公正的标准；但是，当公平市场价值难以找到或者适用会导致对所有者或公众的明显不公正时，法院应制定和适用其他标准。[1]因此，法院应在公平市场价值标准之外采用其他替代方案，分别为：将征收者从征收所得到的利益作为补偿标准、将被征收者所遭受的损失作为补偿标准。[2]

最后，征收导致的被征收人获益是否应该从公正补偿中予以扣减呢？2015 年"葡萄干"案中，布雷耶大法官（Breyer）认为政府的公正补偿需要扣减特殊利益部分。罗伯茨大法官撰写的法庭意见回应了布雷耶的意见，认为是否扣减特殊利益并未形成一般性规则，本案中农业部宣称的补偿利益是基于监管产生的利益，不同于征收不动产而产生的特别许可利益，不能作为公正补偿的扣减项目。[3]

可见，以公平市场价值为公正补偿的主要认定标准，一方面可以保证被征收人获取公平合理的财产价值，另一方面可以增加政府征收成本以限制政府的征收行为。就农业产业政策领域而言，政府以无偿储备生产者农产品的方式限制农产品产量——卡特尔（Cartel）式控制产量提高农产品价格的行为，可能面临征收补偿条款的司法审查。该案起到以征收条款限制政府卡特尔式农产品控制行为的效果，具有抑制农业产业政策和放宽农产品市场竞争政策的作用。

总而言之，美国《联邦宪法》的权利和自由条款构成美国农业产业政策的权力边界。控制农业生产经营自由类的农业产业政策在"洛克纳诉纽约州"案后受到实质性正当程序的约束，即法院审查经济立法目的是否正当；1938年"美国诉卡罗琳产品公司"案后，农业产业政策仅受到正当法律程序的程序性限制和宽松的理性基础审查。区分农业市场主体并施加不同措施的农业产业政策受到平等保护条款的理性基础审查，即要求分类目的正当、分类手段和目的间具有合理关系、分类能合理促进政府的正当利益。统一促销农产品类的农业产业政策受到言论自由条款的限制，美国联邦最高法院保护商业言论的分析框架包括商业言论合法且不具有误导性、政府限制商业言论具有实质性利益、限制商业言论能直接推动政府所主张利益、限制言论所得利益

---

[1]　United States v. Commodities Trading Corp. , 339 U. S. 121, 123（1950）.
[2]　张千帆：《"公正补偿"与征收权的宪法限制》，载《法学研究》2005 年第 2 期。
[3]　Horne v. Dep't of Agriculture, 576 U. S.（2015）：Opinion（Roberts）Ⅲ.

比商业言论自身利益更大四方面。涉及农业财产权利过度管制或剥夺的农业产业政策受到征收补偿条款的审查，对过度管制财产权利的管制性征收的认定需要考虑政府行为是否属于"管制性"，该行为是否实质性促进公共利益，并考虑其对所有者的经济影响。美国《联邦宪法》授权条款和权利自由条款为美国农业产业政策设定了实质意义上的法治约束，那么形式意义上的法治约束又如何形成？换言之，农业产业政策如何实现法律化？这是本书第四章需要研究的问题。

第四章

美国农业产业政策的法治化载体

在梳理美国农业产业政策生成和变迁过程时，笔者发现美国联邦政府及州政府的农业产业政策一般以法律文本为载体，国内外学者研究美国农业产业政策也都以农业法律规范为分析素材。从农业产业政策以公权力配置公共资源的属性看，公共资源的重新配置会引发各相关主体利益格局的调整，因此产业政策制定过程应当给予各利益主体畅通表达的机会、充分展示利益诉求的平台以及冲突利益的讨论与协商渠道，[1]以使得立法过程的规范程序和目标指引可以最大限度发挥农业产业政策的平衡功能。因此，美国农业产业政策如何以法律法规为载体，立法程序中又是如何贯彻法治原则值得研究。美国农业法的立法主体是国会、联邦行政部门和州政府，上述主体为农业产业政策的实施设置基本制度框架。但是，联邦和州等行政部门不仅可以制定行政法规——立法性规则，事实上还颁布大量解释性规则、政策声明等非立法性规则。非立法性规则往往不需要国会授权且程序要求不高，能切实提高行政规制的能动性和质量；[2]但由此也可能发生游离于法律制度之外的情形，理应受到法治框架的约束。在农业立法和行政规则之外，美国各级法院系统处理涉农案件过程中形成的判例法也是美国农业产业政策的法治化载体。但是，在美国进入制定法时代的背景下，美国法院系统判例大多起阐释制定法的作用；制定法一般要通过法院的解释才能实现，在这一过程中，判例法往往在不同程度上改变了制定法。[3]换言之，美国涉农判例法主要是对制定法的解释。基于此，笔者本章不单独对涉农判例法设置一节，而是在研究农业

---

〔1〕 李友根：《论农业产业政策的法律化——美国 Horne v. Dep't of Agriculture 案的启示》，载《人大法律评论》2016 年第 3 期。

〔2〕 高秦伟：《美国行政法上的非立法性规则及其启示》，载《法商研究》2011 年第 2 期。

〔3〕 郑重：《论美国判例法制度的运行——以历史进程为视角的考察》，载《法律文化研究》2009 年第 0 期。

制定法过程中研究涉农判例，分析农业产业政策立法和司法的相互制约。

第一节　美国国会农业产业政策立法

　　美国国会农业产业政策立法是研究美国农业产业政策法治化载体时首要和主要的研究对象。笔者认为有两大原因决定了美国国会农业产业政策立法的重要性。其一，美国国会农业立法往往是联邦行政部门或州政府农业立法的权力来源，联邦行政部门农业法规不得和国会农业立法的政策意图相冲突；州及地方政府除非在其专有领域立法，否则国会农业立法处于优占地位。换言之，美国国会农业立法所处法律位阶很高。其二，美国国会农业立法程序规范、过程透明且利益博弈最为激烈，研究农业产业政策的国会立法程序是观察农业产业政策载体法律化合理性的最佳途径。因此，基于美国国会农业立法的地位和立法程序的优点两方面原因，本节以美国国会农业立法程序为研究内容，探索美国农业立法过程中法治原则的适用，研究素材源于美国国会网站（www. congress.gov）农业立法资料，包括国会立法辩论记录、立法提案、参众两院农业委员会报告、协商委员会报告、总统签署或否决意见等。

一、美国国会农业立法的过程梳理

（一）法律提案的提出

　　农业法草案向国会提交后就成为农业法律提案（Bill），农业法草案来源非常广泛，任何人都可以通过各种途径提出农业产业政策的立法建议。具体来说，国会议员可以就调研中选民普遍关心问题或竞选承诺提供草案，农业利益集团或农场主、牧场主可以提交草案，总统、内阁成员或农业部长也可以以书面形式提交草案。其中，美国农业部是农业法律草案的主要提供者。农业部长首先和他的顾问一起会同总统及其顾问商量决定该项政策的目标，然后依据政策目标，召集农业部专家和计划主管部门负责人拟定计划，通过讨论、评估、协商等过程，形成计划草案，再由农业部律师从法律角度对草案进行推敲，形成法律草案内部稿。[1]此后，农业部长会试探各方对农业计划的态度，并根据总统、内阁成员、国会议员、各州及农业利益集团等的反

---

　　〔1〕　徐更生：《美国农业政策》，经济管理出版社 2007 年版，第 46~47 页。

馈信息，修改农业法律草案，以尽量满足各方的利益诉求。修改后的农业法律草案还需经历白宫预算局和经济顾问委员会的审查，主要涉及农业政策与联邦预算和国家经济政策的协调问题。最终，农业部提供的农业法律草案由总统转交国会。同样，非行政部门提交的农业法律草案也需要经历分析、论证、评估和修改等过程，最终提交国会。

农业法草案提交国会，必须由被称为发起者（Sponsor）的参议员或众议员以自己名义向国会提交提案。参众两院的议员平等享有提交农业法律提案的权利，因此，国会一般存在参议院和众议院两个版本的农业法律提案。以2014年农业法律提案为例，参议院提交《2013年农业改革、食品和就业法案》（Agriculture Reform，Food，and Jobs Act of 2013），编号 S. 954；众议院提交《2013年联邦农业改革和风险管理法案》（Federal Agriculture Reform and Risk Management Act of 2013），编号 H. R. 2642。每届国会的法律提案非常多，但最终成为法律的很少。以第113届（2013年—2014年）国会为例，15 926件法律提案中，最终成为法律的仅有296件，绝大多数提案在提交国会后就被否决而作废。

（二）国会参众两院农业委员会的立法行动

美国国会众议院和参议院各自收到不同版本的农业法律提案后，众议院和参议院的议长将根据法案所涉领域和法规专家意见，将农业法律提案交至参众两院的农业委员会及相关委员会，比如众议院将2002年农业法律提案送至农业委员会和国际关系委员会（House International Relations Committee）。[1]众议院和参议院农业委员会依据其下设小组委员会的职能，将农业法案拆分交由各小组委员会审议或由其直接审议。

1. 众议院农业委员会的立法行动

众议院的农业委员会是常设委员会，每届国会众议院农业委员会成员人数及其小组委员会有所变化。农业委员会成员分为多数派成员和少数派成员，多数派和少数派是依据国会议员选举结果而定的党派，第115届国会（2017—2018年）众议院农业委员会主席由多数派成员科纳韦（Conaway）担任，首席成员由少数派成员彼得森（Peterson）担任。农业委员会的小组委员会召开业务交流会议时一般都向公众开放，委员会成员也可以授权国会工作

---

[1]　第110届国会之后，国际关系委员会改为外事委员会（House Foreign Affairs Committee）。

人员和部门代表出席不公开会议。如果法案具有足够的重要性，小组委员会通常会召开听证会。小组委员会必须至少在听证开始前一周公布听证的日期、地点和主题，公开听证会上，有一名官方书记员在场记录证词，完整的听证记录由委员会印制并发布。听证会后，小组委员会通常对双方意见详细研究和审议该提案，并在审议结束后进行表决。表决通过的，小组委员会向农业委员会提交最后提案。当然小组委员会也可以否决提案或无限期搁置行动，使得整个立法进程中止。

小组委员会向农业委员会提交提案报告后，农业委员会开始讨论、研究和审查提案报告，通过审查和研究确定国会制定的农业法是否能够按照国会意图实施，在此期间仍会出现对提案的修正案，如果农业委员会批准了大量的修正案，那么农业委员会可以决定以一项替代性修正案代替原案向众议院报告。当然，农业委员会有可能通过不采取行动的方式或投票否决的方式拒绝向众议院报告。如果农业委员会投票决定向众议院报告该提案，农业委员会工作人员会写一份委员会报告（如 CRPT-113hrpt333），此类报告在立法史上具有重要价值，是法院、行政部门和公众部门解释法律目的和含义的信息来源。农业委员会报告会记载新法案的预算、立法目的、法条分析、宪法授权、表决票数、修正案等内容。农业委员会将农业法律提案和委员会报告提交众议院后，众议院对农业法律提案进行立法日程编号，如众议院的 2013 年农业法案在 2013 年 6 月 10 日进入联邦日程，编号 73。[1]至此，农业法案便进入众议院全院审议和辩论阶段。

2. 参议院农业委员会的立法行动

参议院农业委员会有权进行听证、调查、起草提案和决议、向参议院报告可能的立法。参议院农业委员会因其工作需要创建小组委员会，参议院对小组委员会创建数量没有直接限制，但对每名参议员参加的小组委员会数量有限制。[2]参议院农业委员会制定有农业委员会规则（Rules of the Committee on Agriculture, Nutrition, and Forestry），以规范会议、听证、提名、法定人数、投票、小组委员会、调查讯听和规则修改等内容。参众两院农业委员会的小

---

〔1〕 载美国国会网，https://www. congress. gov/bill/113th - congress/house - bill/1947/all - actions? pageSort = asc，最后访问时间：2018 年 3 月 24 日。

〔2〕 载美国参议院网站，https://www. senate. gov/legislative/common/briefing/Senate_ legislative_ process. htm#2，最后访问时间：2018 年 3 月 24 日。

组委员会的审议流程大体相同，参议院农业委员会小组委员会通常会就立法主要问题或争议问题举行听证会，行政当局、预算管理部门、农业利益集团等会主动或被要求参加听证会，并提供评估报告、数据等证词，接受委员们的询问。小组委员会审议完毕后向农业委员会提交报告，农业委员会即开展对报告和提案辩论、审议（Committee Markup）的程序，在此过程中可能会对提案继续修改；最终经农业委员会表决通过的委员会报告（如 CRPT-113srpt88）和最终版本的提案将被提交参议院，参议院将农业法律提案置于立法日程。

（三）国会参众两院的立法行动

1. 众议院的立法行动

由于众议院规模大，为加快议案审议，众议院的规则会规定一个议程机制（Parliamentary Mechanism），议程机制规定全体委员会（Committee of the Whole House）的最低法定人数为 100 人。由规则委员会（Rules Committee）向议会报告全体委员会的议事规则，议会通过议事规则后，议长宣布众议院成立全体委员会并任命全体委员会主席，议事规则中会规定辩论时间和对修正案的控制。农业法议案在众议院全体委员会要经历一读、二读和三读。一读阶段进行一般性辩论，辩论时间由主席确定。二读是逐条阅读，在阅读过程中可以针对条文提出修正案，提出该修正案的众议员需要在 5 分钟内解释提议的修正案（H. Amdt.），其他众议员有 5 分钟阐述反对或肯定修正案的理由。每项实质性修正案均需提交全体委员会表决，因此众议院规则禁止提出与审议议案主题不同的修正案，防止二读期间某些众议员故意拖延议案审议。三读只看议案标题并进行投票，不再修改最后版本的修正案，议案在众议院表决以简单多数通过或否决。众议院通过农业法案后将该法案转交参议院审议讨论。

2. 参议院的立法行动

参议院立法行动和众议院立法行动同时开展，参议院审议其农业委员会提交提案和报告的规则相对简单。如果说众议院强调议事规则和程序以期尽快达成立法共识的话，那么参议院则更多强调立法协商民主，以使少数派议员的立法作用能得到比较好的发挥。置入参议院立法议程的农业法议案何时进入参议院全院审议由一致同意协议（Unanimous Consent Agreement）来确定。比如 2013 年 5 月 15 日，参议院以一致同意方式确定参议院 2013 年农业法议案（S. 954）的全院审议时间是 2013 年 5 月 20 日。[1]一致同意协议是参议院为加速事务处理而经常运用的方法。一致同意协议是一项建议，如果同意的话，那么就会在参议院议员席建立审议措施或事项的程序指引。[2]参议院全院审议农业法议案的第一步也称为一读，该阶段参议员开展一般性辩论。一般性辩论结束，参议员提出具体修正案或动议，全院审议修正案或动议并表决。参议院不像众议院那样限制辩论时间和主题，参议员可能以冗长辩论演说、大量提交修正案或动议等阻扰议事（Filibuster）的方式对其他参议员施加压力，参议院可以通过 3/5 的议员（60 名参议员）投票通过终止辩论程序（Cloture）。二读修正、辩论程序结束后进入三读阶段，三读只阅读标题，然后表决，只要有多数票同意即通过。

3. 协商委员会的立法行动

参众两院具有各自的农业法议案且分开审议，二者肯定有比较大的差别；而国会最终能通过的农业法律只有一个，因此，众议院农业法议案审议通过后转交给参议院审议，就需要参众两院成立协商委员会解决两院分歧。

参议院和众议院是否同意成立协商委员会，仍需各自进行辩论和表决。参众两院均同意成立协商委员会后，由参众两院各自任命协商委员确定名单。协商委员来于参众两院各类委员会，以保证协商委员会能够妥善协商农业法案的各类议题；参众两院也会确定各自协商委员的谈判底线。从协商会议举行到协商委员会报告提交的过程比较长，比如《2014 年农业法案》制定时，举行协商会议时间为 2013 年 10 月 30 日，协商委员会报告提交时间为 2014 年 1 月 28 日。[3]协商委员会报告需要将两份农业法案糅合成一份议案，并说明农业法议案条文取舍吸纳的理由。协商委员会报告完成后，经委员会多数成员签字通过，送交参众两院审议表决。此时，参众两院不能再修改报告，只能表决接受或否决报告；否决报告一般意味着否决农业法议案，除非两院都同意协商委员会对报告再次修改。2014 年农业立法时的协商委员会报

---

〔1〕 CREC-2013-05-15-pt1-PgS3519-2：5.

〔2〕 载美国国会网，https：//www. congress. gov/help/legislative-glossary#p，最后访问时间：2018 年 3 月 25 日。

〔3〕 载美国国会网，https：//www. congress. gov/bill/113th-congress/house-bill/2642/all-actions? r＝7&pageSort＝asc，最后访问时间：2018 年 3 月 25 日。

告在众议院以 251 票对 166 票通过，在参议院以 68 票对 32 票通过。[1]参众两院通过报告批准的法律条文最后递交总统待其签署。

（四）递交总统签署成为法律

总统收到国会通过的农业法议案后，交由总统执行办公室处理，由他们送交相关部门征求意见，并在归纳整理意见后向总统提交一份"备忘录"；总统还将咨询他的高级顾问和负责评估立法政治含义的官员。[2]总统需要在收到农业法议案 10 日（星期日除外）内处理，处理方式有签署同意、不予签字和否决议案三种。总统决定签署法案的，通知以邮件方式发送给众议院，由众议院通知参议院，总统签署后议案即成为法律。总统否决议案的，应当将议案退回国会，并附否决讯息（Veto Message）。参众两院可以对总统的否决进行再否决，条件是参众两院都要以 2/3 以上的多数票通过再否决。以 2008年的农业法议案（H. R. 6124）为例，该议案 2008 年 6 月 18 日被总统否决，当日众议院以 317 票对 109 票通过对总统否决的再否决、参议院以 80 票对 14票通过对总统否决的再否决，因此这一农业法议案在当天成为公共法律，编号 110-246。[3]梳理国会农业立法过程，笔者发现农业产业政策立法过程中纵向制衡和横向制衡机制极为普遍。

二、国会农业立法的纵向制衡

（一）众议院和参议院的制衡

1. 参众两院农业立法的比较分析

参众两院农业委员会报告是比较分析两院农业立法的主要文本，因为农业委员会报告既包括农业法议案的具体条文，也包括对立法相关问题的解释和声明。

（1）参众两院农业委员会报告的异同。众议院农业委员会报告包括立法框架、具体法律条文、简要说明、立法目的和需要、条文逐条分析、委员会（包括小组委员会）审议、唱名投票、预算问题、宪法授权声明、咨询委员会

〔1〕 载美国国会网，https：//www. congress. gov/bill/113th-congress/house-bill/2642/all-actions?r=7&pageSort=asc，最后访问时间：2018 年 3 月 25 日。
〔2〕 徐更生：《美国农业政策》，经济管理出版社 2007 年版，第 53 页。
〔3〕 载美国国会网，https：//www. congress. gov/bill/110th-congress/house-bill/6124/all-actions?r=2，最后访问时间：2018 年 3 月 25 日。

声明、对现行法律变更等内容。参议院农业委员会报告包括议案目的、议案背景和需要、条文概要、立法史、预算评估、监管影响（Regulatory Impact）、逐条分析、唱名投票、对现行法律变更等。众议院农业委员会报告的简要说明、立法目的和需要、条文逐条分析和参议院农业委员会的议案目的、议案背景和需要、条文概要虽然表述内容不同，但目的都是说明农业立法目标和内容的增、删、改。两院报告结构差异主要是参议院报告含有监管影响，比较强调农业计划性质是自愿、援助而非监管；众议院报告则含有联邦委任声明、咨询委员会声明、宪法授权声明和立法机构合格声明等。这说明众议院农业委员会立法更多关注权力制衡问题，参议院更多考虑农业个体、团体和企业的权利对农业立法的制约。

（2）参众两院农业议案的比较。首先，两院农业法议案的名称普遍不同，如2014年众议院《联邦农业改革和风险管理法案》和参议院《农业改革、食物和就业法案》，最终统一版本名称为《2014年农业法案》。其次，两院农业法议案主要议题类似。两院农业法议案的各章标题一般都包括"商品计划""环境资源保护""贸易""信贷""农村发展""农业研究、教育和推广""林业""能源""农作物保险"。以上标题构成美国农业产业政策的基本框架，两院会根据各自立法关注点增加相应标题，如2008年众议院农业法议案增加"园艺和有机农业"一章，参议院农业法议案增加"畜牧业"一章。最后，两院农业法议案内容存在相同、类似、互补和冲突的情形。两院农业法议案内容存在相同部分情形，如2014年参众两院农业法议案都删除了直接支付、反周期支付和平均农作物收入选择的农产品计划。两院农业法议案内容存在部分类似的情形，如2014年众议院农业法议案规定的乳制品生产者（Producer）利润保险项目和参议院农业法议案规定的乳制品生产（Production）利润保护项目，其原理都是基于全部牛奶价格和平均饲料成本间的差异进行的支付；前者要求项目于2013年10月1日生效，后者要求项目于该法案生效后120天内生效。[1]两院农业法议案内容存在互补的情形，如2002年众议院农业法议案从适格生产者角度规定获得固定脱钩支付和反周期支付的条件，参议院议案从适格农产品角度规定获得无追索营销贷款和贷款不足支付的条件。[2]两院农

---

〔1〕 CRPT-113hrpt333：384-385.

〔2〕 Bills-107hr2646ih, July 26, 2001：14；Bills-107s1731pcs, November 27, 2001：35.

业法议案内容存在冲突的情形，如 2002 年众议院农业法议案的农产品计划实施时间为 2002 年至 2011 年，而参议院农业法议案的农产品计划实施时间为 2002 年至 2006 年；再如历年两院农业法议案的财政预算数量和支出结构上皆有不同。

应该说，两院农业法议案存在内容一致、类似、互补和冲突的情形，为两院形成既对抗又妥协、既竞争又合作的农业立法制衡模式提供了文本基础。

2. 参众两院农业立法的分歧解决

（1）组建协商委员会。协商委员会是解决两院立法分歧的临时性联合委员会，农业法议案分歧解决后协商会委员会就解散。自第 110 届国会起，协商委员会组建数量减少比较明显，第 110 届协商委员会共出具报告 15 份，[1] 比较特别的是，1990 年至 2018 年的农业立法过程中都通过组建协商委员会解决两院立法分歧，这充分反映出两院制定农业法过程中的争议普遍，各方参与农业立法的利益博弈激烈。[2]1996 年至 2014 年农业立法都是先众议院后参议院的过程，参议院坚持己方修正版农业法议案，随后请求召开协商委员会，由参议院议长任命协商委员（Conferee），并将信息发送给众议院。众议院收到参议院信息后，一般不同意参议院版本的农业法议案，但同意组建协商委员会，众议院议长根据农业法议案内容构成从农业委员会、教育和劳工委员会、能源和商业委员会、外事委员会、司法委员会等的委员中任命协商委员，来自不同委员会的协商委员将承担不同主题的协商任务，这有利于满足协商专业性和技术性需要。两院会对协商成员做出协商指示并设立底线，如 2008 年农业立法过程中，众议院要求其协商负责人不得同意任何导致税收增加的规定。[3]

（2）举行协商会议。协商委员会成立后，参众两院应确定协商时间，协商会议公开举行，地点和议题需提前通知双方协商委员。从两院代表团之间协商角度看，协商会议发挥协商民主的作用，不管两院代表团组成人数多少，

---

〔1〕 载美国国会网，https：//www. congress. gov/search? q=%7B%22source%22%3A%5B%22comreports%22%5D%2C%22congress%22%3A%5B%22110%22%2C%22113%22%2C%22108%22%5D%2C%22conference-report%22%3A%22Y%22%7D，最后访问时间：2018 年 3 月 31 日。

〔2〕 载美国国会网，https：//www. congress. gov/bill/115th-congress/house-bill/2? r=29，最后访问时间：2018 年 7 月 31 日。

〔3〕 载美国国会网，https：//www. congress. gov/bill/110th-congress/house-bill/2419/all-actions，最后访问时间：2018 年 3 月 31 日。

代表团整体都只有一票表决权。从两院代表团内部协商角度看，仍然发挥竞争民主的作用，代表团内部是否同意农业法议案修正则采取少数服从多数的规则。协商会议上，两院代表团成员以文字或口头方式向对方陈述本院对议案的主张及理由，协商委员会可以协商两院文本中的所有分歧，但是不能修改两院文本中一致赞同的内容。[1]协商委员会工作期间，参众两院议员可以发起动议，指示本院协商代表团的协商活动；此类动议需要经过参议院或众议院的辩论和表决，如果表决通过将对本院协商代表团产生指示作用。

（3）形成协商会议报告，交回各院表决。两院协商代表团都赞成议案修正案后，双方共同撰写协商会议报告并在上面签名；协商会议报告完成后进入两院审议表决程序，首先提议召开协商会议的议院要在另一院表决后才能进行表决。参众两院对协商会议报告的表决同样需要经历审议阶段，审议之前，参议院或众议院会通过审议规则。参众两院就协商会议报告表决时，不得再修改农业法议案。以 2008 年农业立法为例，2008 年 5 月 14 日众议院以318 票对 106 票通过农业法议案后发送信息给参议院，随后参议院审议协商会议报告，于 2008 年 5 月 15 日以 81 票对 15 票通过农业法议案并发送信息给众议院。[2]参众两院都通过了协商委员会达成的农业法议案修正案后，由最早提起农业法律提案的议院整理农业法议案材料，呈交给总统签署。

（4）协商委员会处理两院立法分歧的方式。协商会议报告主要由详细立法条文和协商委员会联合解释声明（Joint Explanatory Statement of the Committee of Conference）两部分组成。联合解释声明中的说明部分包括两院议案的区别及协商委员会的选择结果和选择理由，最能反映两院立法分歧的处理方式。

如果两院内容存在冲突，协商委员会需要考虑议案内容的可实施性、对市场的影响、联邦政府承受能力和既有法治框架等因素，决定保留或协商出更为合理、正当的内容。如 2014 年农业立法时预算资金最多的是营养项目，2014 年至 2023 年预算资金为 7560 亿美元，只有农作物保险项目的预算资金增加。以此为例，众议院削减营养项目支出 390 亿美元，参议院削减营养项目支出 40 亿美元，两院协商报告统一为削减营养项目支出 80 亿美元；众议

----

〔1〕 陈文、李江：《美国协商委员会的运作机制及启示》，载《中国党政干部论坛》2015 年第 5 期。

〔2〕 载美国国会网，https://www.congress.gov/bill/110th-congress/house-bill/2419/all-actions，最后访问时间：2018 年 3 月 31 日。

院增加农作物保险总支出 90 亿美元，参议院增加农作物保险总支出 50 亿美元，两院协商报告统一为增加 57 亿美元。[1]

如果两院内容的分歧可以调和，协商委员会可能会同时保留分歧内容，实施时由农场主和牧场主自愿选择。如 2014 年众议院农业法议案规定的价格损失保障（Price Loss Coverage，PLC）和参议院农业法议案规定的农业风险保障（Agriculture Risk Coverage，ARC），协商委员会通过修正案创建新的法律条文，为生产者在 PLC 和 ARC 项目间行使选择权建立规则：2014 至 2018 作物年，农场所有生产者具有一次不可撤销的选择权，选择接受价格损失覆盖或农业风险覆盖项目。[2]

如果某项内容一院提及而另一院未提及，则协商委员会可能会采纳或删除，并说明理由。如 2014 年众议院议案规定建立国家干旱评议会和国家干旱政策行动计划（National Drought Council and National Drought Policy Action Plan），参议院议案并未涉及该项规定。协商委员会最终删除了众议院该项规定，理由是 2012 年干旱虽然严重，但并非史无前例；且 2012 年美国全国干旱已经使得农业部门花费 300 亿美元，2013 年也已经成立了国家干旱抗灾合作组织，农业部长将来需要协调联邦政策与州、地方政府政策，建立政府与农村社区的稳健联系。[3]换言之，现有干旱状况已经由国家干旱抗灾合作组织应对，而且将来政策方向是多主体相互协作，众议院议案规定与此并不相符，故予以删除。

可见，协商委员会对参众两院农业法议案的处理方式一方面兼顾参众院两方的合理诉求并寻求最大公约数，另一方面也尊重农牧场主的自愿选择并减少干预措施对市场机制的不良影响；技术层面上保证议案可操作性及其与既有政策可调和性，制度层面上保证农业法的有序更替衔接。

（二）参众两院和总统的制衡

参众两院的协商会议报告提交总统签署后，总统对待参众两院联合的农业法议案有三种处理方式，即签署同意、不予签字和否决议案。其一，签署同意后，农业法议案生效成为法律。其二，不予签字视情况而定，如果在国会闭会前 10 天以上向总统提交农业法议案，总统不予签字，则议案在 10 天

---

〔1〕　hr2642lucasltr00：3.

〔2〕　CRPT-113hrpt333：378.

〔3〕　CRPT-113hrpt333：393.

后自动生效成为法律；如果在国会第二次会议闭会前 10 天以内向总统提交农业法议案，总统不予签字，则议案就不能再生效成为法律。其三，否决议案，总统签署否决声明，说明否决理由，随同农业法议案一并退回国会；国会参众两院有权以 2/3 多数票强行通过农业法议案，使议案生效成为法律。参众两院一般不会在国会第二次会议闭会前 10 天以内向总统提交农业法议案，因为这意味着总统将掌握农业法议案是否通过的主动权，参众两院将处于非常被动的处境。

基于以上分析，总统对参众两院农业立法纵向制衡的手段主要是行使否决权。一旦行使否决权，参众两院就需要都以 2/3 多数票来通过农业法议案；如果农业法议案在参众两院的争议较大，则很可能导致农业法议案无法出台。2008 年农业立法时，时任总统布什行使否决权。布什的否决理由主要是：（1）农业法议案缺乏项目改革和财政纪律内容，大量补贴与国际贸易谈判目标不一致，将妨碍美国扩大农产品出口；（2）农业法议案未能遵循市场导向，将进一步扭曲市场机制；（3）美国农场主收入和农产品价格都已经很高，农业法议案增加纳税人负担，迫使许多企业需要预付税款以支付额外支出；（4）农业法议案充斥着很多考虑不周的条款，包括限制对外粮食援助资金紧急使用的能力等[1]。布什的否决理由体现出其对国内农业产业政策和国际农业规则、农业生产者与消费者、国家干预与市场调节、总统权力与国会权力的平衡。

农业法议案否决后，众议院和参议院依顺序审议是否对总统否决进行再否决。参议院和众议院议员就总统的否决理由进行了辩论，如参议院农业委员会时任主席哈金（Harkin）强调农产品价格上涨但农业生产成本也在上涨，2002 年到 2009 年，玉米生产成本上涨 22%，大豆和小麦生产成本上涨 28%；首席成员钱布利斯（Chambliss）认为我们补贴计划的花费已大大减少，支付限制条款也有重大转变，并且已经向白宫方面做出了妥协。[2]最终，众议院和参议院先后再否决布什的否决议案，2008 年《食品、环保、源法》生效。

---

〔1〕 CREC-2008-05-21-pt1-PgH4402-2：1.
〔2〕 CREC-2008-05-22-pt1-PgS4743-3：2-3.

三、国会农业立法的横向制衡

（一）众议院农业立法的内部制衡

1. 农业委员会的内部制衡

农业委员会的内部制衡从农业法提案进入农业委员会前就已经开始，在原始农业法提案形成前，农业委员会成员就已经开始进行听证调查活动。农业委员会通常会在全美各州和各涉农行业组织举行多次听证调查活动，参加听证调查活动的既有议员和行政部门官员，也有生产者集团、农场组织、律师、加工商、牧场主、债权人、学者和农村代表等。通过听证调查，农业委员会成员获得大量信息资料，为撰写或审议农业法提案提供依据。农业法提案进入农业委员会后，最先面临的内部制衡是农业委员会主席可以在全委员会直接审议和下发小组委员会审议之间选择审议方式；农业委员会主席一般会与首席成员商议选择审议方式，因为这关系到少数派成员在之后的审议态度。1996 年、2002 年和 2014 年的农业立法，农业委员会直接审议了农业法提案；2008 年农业立法时，农业委员会根据小组委员会管辖权将农业法提案按章交给小组委员会审议。

如果农业委员会将提案按标题交由小组委员会审议，则每项标题下的内容都需要在对应小组委员会审议通过；全部标题审议通过后，提案将再交由农业委员会审议。各小组委员会议员相互交叉任职，小组委员会按照时间先后顺序审议农业法提案。小组委员会议员间的制衡与交叉任职有关，某些议员在一个标题内容上让步妥协，往往能获得其他议员在另一标题内容上的让步妥协，这种彼此妥协可以防止农业委员会审议环节中频繁出现异议或反对的动议。可见，农业委员会议员相互妥协有信任基础和制约保证。农业委员会直接审议农业法提案或小组委员会审议后交由农业委员会审议时，农业委员会主席可能要与首席成员共同提出对农业法提案总括式的修正案，供其他成员讨论和表决；然后农业委员会成员开始提出修正案、讨论和表决。

无论小组委员会审议还是农业委员会审议，都有议员提出修正案和讨论；但并非所有修正案经过讨论都会付诸表决，议员可能根据讨论情况和面临的压力选择撤回修正案。如 2013 年 5 月 15 日农业委员会审议农业法提案时，议员古德雷特（Goodlatte）提出废除饲料灵活性计划、取消进口配额、降低糖价格支持、取消国内市场配额下限，允许各国交易进口配额的修正案，但在讨论后其撤回修正案[1]。议员修正案讨论后的表决方式分为口头表决（Voice Vote）和唱名表决（Roll Call Vote），前者较为简便，主持人要求赞成者说"是"，反对者说"不"，然后其根据声音大小判断修正案是否通过；如果有议员不愿意口头表决，则主持人可能进行唱名表决，并记录修正案赞成者、反对者、未投票人的名单。

2. 农业委员会与其他委员会的制衡

农业委员会与其他委员会的制衡首先体现在农业委员会议员和其他委员会成员存在交叉任职情形。议员在众议院各委员会交叉任职与农业委员会内小组委员会的交叉任职所产生的制衡作用类似，效果上更能保证农业产业政策与国会其他政策的协调平衡。以第113届国会农业委员会议员古德雷特为例，他同时当选为众议院司法委员会主席，也曾担任司法委员会知识产权、竞争和互联网小组委员会主席。[2]

农业委员会与其他委员会的制衡主要体现在农业法提案审议权的分配上。农业法提案不仅仅由农业委员会审议，其他委员会根据管辖权也会审议农业法提案的部分内容。2014年众议院农业立法过程中，农业法提案于2014年5月13日进入农业委员会，5月29日进入外事委员会和司法委员会，7月18日提交交通运输与基础设施委员会立法利益审议，8月1日提交国土安全委员会进行立法利益审议，农业委员会（H. Rept. 113-92, Part1）和司法委员会（H. Rept113-92, Part2）分别出具委员会报告。[3]司法委员会的报告涉及农业法提案第1461节和第1601节的内容修改，第1461节和第1601节隶属于乳制品分章（Subtitle）。第1461节规定乳制品生产者的利润保护和乳制品市场稳定计划的开始和存续期间；司法委员会在此基础上增加"特别规则制定要求"，包括乳制品稳定计划的临时规则要求、乳制品利润保护临时授权要求和最终规则[4]。第1601节规定的是一般管理，司法委员会在本节增加了农业部长在2013年联邦农业改革和风险管理法案颁布之日起21个月内确定需要

---

[1] CRPT-113hrpt92-pt1：294.
[2] 载美国国会网，https://goodlatte. house. gov/biography/，最后访问时间：2018年4月1日。
[3] 载美国国会网，https://www. congress. gov/bill/113th-congress/house-bill/1947/committees，最后访问时间：2018年4月1日。
[4] CRPT-113hrpt92-pt2：2.

的临时规则和最终规则，并给予告知和评议的机会。[1]农业委员会和其他委员会对农业法提案提出的修正案最终一起进入众议院全院大会审议。

3. 众议院全院审议的内部制衡

众议院全院审议的内部制衡包括审议程序规范和议案内容修改两方面。审议程序规范由规则委员会负责制定，经众议院审议后全体表决简单多数通过。以 2014 年农业立法时的众议院全院审议为例，众议院规则委员会分别设置了 2013 年 6 月 17 日的 H. Res. 266、2013 年 6 月 19 日的 H. Res. 271 和 2013 年 7 月 10 日的 H. Res. 295 三份决议。H. Res. 266 决议规定一般辩论内容限于议案，时间不超过 1 小时；一般辩论后，全体委员会不再提起动议，在众议院未有后续指令前，不得进一步审议该议案。[2]H. Res. 271 决议规定不再进行一般辩论，修正案以原始议案为依据，阐明解释需符合 5 分钟规则；修正案按照决议报告顺序审议，提案者由决议报告指定，任何议员均有权要求众议院单独表决每项修正案。[3]H. Res. 295 决议规定对农业法议案进行 1 小时的一般辩论，在此期间不得提交议案修正案和允许动议重提（Motion to Recommit）。[4]所谓动议重提是少数党成员在众议院审议结束时提出的动议，如果以简单形式表决通过，则议案或决议发回相应委员会；如果动议表决结果是"指示立即报告"，则为少数党成员提供对议案或决议修正的最后机会。[5]

虽然对众议院审议规则的决议约束着众议院议员的审议行为，但持不同意见议员仍然可以运用三份议案实施反制措施。其一，利用一般辩论说服其他议员，联合表决否定农业法议案；其二，利用增补条款机会填入符合己方利益的条款，进而可能导致农业法议案整体表决不通过；其三，利用动议重提指出其他委员违反规则委员会所定规则或先例的问题，或借机寻求议案或决议的修正。换言之，审议规则需要简单多数通过而使其成为妥协产物；且

---

〔1〕 CRPT-113hrpt92-pt2：3.

〔2〕 载美国国会网，https://www.congress.gov/113/bills/hres266/BILLS-113hres266eh.pdf，最后访问时间：2018 年 4 月 2 日。

〔3〕 载美国国会网，https://www.congress.gov/113/bills/hres271/BILLS-113hres271eh.pdf，最后访问时间：2018 年 4 月 2 日。

〔4〕 载美国国会网，https://www.congress.gov/113/crpt/hrpt149/CRPT-113hrpt149.pdf，最后访问时间：2018 年 4 月 2 日。

〔5〕 载美国国会网，动议重提的国会解释详见 https://www.congress.gov/help/legislative-glossary，最后访问时间：2018 年 4 月 2 日。

虽然这一规则对议员的议事行为产生了约束，但仍有例外规定使其成为不同意见议员的博弈工具。

（二）参议院农业立法的内部制衡

前文述及参议院农业立法行动经历听证、农业委员会审议和参议院审议三大阶段。听证阶段，农业委员会通常会设置多项农业法主题，邀请联邦和州行政部门官员、行业组织领导、农业公司代表、农场主、专家等人员参加。农业委员会审议阶段会针对农业法提案各标题逐个审议，在此过程中，农业委员会议员提出并解释修正案，农业委员会全体以口头或记录的表决方式决定是否采纳修正案。参议院审议是农业立法行动中内部制衡最为明显的阶段，其内部制衡力度高于众议院审议的内部制衡。参议院审议规则对审改修正案时的提出内容、数量、辩论时间都没有规定，换言之，参议院可以进行无限制辩论和无限制提出修正案。少数党成员往往利用这些制度，采取大量措施阻扰参议院议事（Filibuster），导致参议院审议议案迟迟不能表决。围绕参议员阻扰议事的实施和对阻扰议事的反制是美国参议院立法内部制衡的主要表现，笔者以参议院 2014 年农业立法的过程来展现参议院立法的内部制衡。

参议院 2014 年的农业立法提案于 2013 年 5 月 14 日在农业委员会开放会议审议，同日置入参议院立法日程（编号 73）。5 月 15 日，参议院动议决定 5 月 20 日审议农业法议案。从 5 月 20 日参议院开始审议农业法议案至 6 月 10 日修正版农业法议案通过表决，参议员共提出修正案 259 件[1]，其中绝大多数修正案只是呈交（Submitted）书记员，并未提交审议（Proposed）。[2]参议员呈交修正案后，有权决定是否提交参议院审议；呈交修正案和提交审议时间可能同步，也可能先呈交修正案，过几天后根据形势再决定是否提交审议，如参议员戴安娜（Dianne）于 2013 年 5 月 20 日呈交修正案（S. Amdt. 923），5 月 23 日将修正案提交审议。[3]参议员也可能同时呈交两份修正案，选择其中一份修正案提交审议，如参议员玛丽亚（Maria）于 2013 年 5 月 20 日呈交

---

〔1〕 载美国国会网，https://www.congress.gov/bill/113th-congress/senate-bill/954/amendments，最后访问时间：2018 年 4 月 5 日。

〔2〕 根据国会立法术语解释，参议院审议过程中 submitted 和 proposed 的含义不同，submitted 是指参议员呈交修正案给书记员，正式提交前还不具有待决效力；proposed 是指修正案正式提交，在审议中具有待决效力。

〔3〕 载美国国会网，https://www.congress.gov/bill/113th-congress/senate-bill/954/amendments?pageSort=asc，最后访问时间：2018 年 4 月 5 日。

两份修正案（S. Amdt. 919，S. Amdt. 920），选择 S. Amdt. 919 提交审议。[1]可见，参议员可以利用个人权力在提交修正案时阻扰议事，形成对其他参议员的制衡。修正案提交中有三种阻扰议事策略。其一，参议员呈交大量修正案，这会对其他参议员尤其是多数党参议员形成强大议事压力，大量的呈交修正案一旦转化为提交审议，将耗费参议员们大量的审议时间和精力，如 2008 年参议院农业法议案审议时，参议员呈交修正案 334 份，提交审议的有 45 份。[2]其二，参议员呈交多份修正案选择一份审议，呈现妥协姿态，有利于增加提交审议的那份修正案通过可能性。其三，参议员呈交一份修正案，并通过对其他参议员游说、投票交易等非正式交流手段，待时机成熟再提交审议，也能提高修正案通过可能性。此外，参议院还可运用发表冗长演讲、故意缺席会议致使会议无法达到法定人数、提出议事程序问题等动议的方法阻扰议事。

美国参议院对阻扰议事的反制措施，主要是一致同意和终止辩论。主要运用比较简便，主要用于解决现时程序问题，如是否一致同意辩论终结，也可以用于解决将来程序问题，如对某些修正案表决通过应达到一定票数。一般来说，一致同意适合用于争议不大的议题领域，对阻扰议事的反制作用很有限，因为单个反对意见就可以阻碍一致同意请求；但是，指向将来表决的一致同意，就可以起到约束修正案表决的作用，这主要和时间差有关系。如 2013 年 5 月 22 日参议院审议桑德斯（Sanders）提交的 S. Amdt965 修正案时，施塔贝诺（Stabenow）提出一致同意动议，内容是对 5 月 23 日斯里尼瓦桑（Srinivasan）提名的辩论终结投票和 S. Amdt965 表决的 60 票赞成门槛。[3]一致同意还可用于解除法定人数命令、决定修正案表决方式、免除朗读修正案等。终止辩论是 1917 年参议院设立用以终结阻扰议事的程序和规则，规定参议院取得 2/3 以上多数票即可通过终止辩论的动议；1975 年，通过终止辩论动议的票数降为 3/5 以上多数票。终止辩论动议通过后，任何一位参议员针对审议中议案的发言时间均不得超过 1 小时，主持人应控制每位参议员的发言时间；对措施、动议或相关事项的审议总时长不得超过 30 个小时，时间到

〔1〕　载美国国会网，https：//www. congress. gov/bill/113th-congress/senate-bill/954/amendments？pageSort＝asc，最后访问时间：2018 年 4 月 5 日。

〔2〕　载美国国会网，https：//www. congress. gov/bill/110th-congress/house-bill/2419/amendments，最后访问时间：2018 年 4 月 5 日。

〔3〕　CREC-2015-05-22-pt1-PgS3751.

后，参议院不再进行辩论，而是进入最终投票环节。如参议院在2013年6月6日提起对2014农业法议案审议的终止辩论动议，投票结果为75票赞成、22票反对、2票未投，主持人宣布终止辩论动议通过；其后30小时内，农业法修正案付诸表决。[1]

（三）参众两院农业立法的预算约束

美国农业产业政策立法的主要内容是政府支持、保护农业和促进农村发展的各类项目和计划，这些项目和计划的实施以政府财政投入为基本手段，所以，财政预算对参众两院农业立法有很强大的约束力。每次农业立法都需要对农业计划、项目的费用进行预算评估，涉及总体资金及各项资金分配的预估。因此，参众两院农业委员会报告都包括费用评估（Cost Estimate）内容。费用评估分别为预算总体评估、预算细节评估、预算支出需要拨款和国会预算办公室（CBO）依据量入为出原则所做的评估。

美国参众两院农业立法的预算约束主要由国会预算办公室来实施。费用估算能够表明拟议立法可能对联邦预算产生的影响，因此美国法律要求国会预算办公室为几乎所有参众两院批准的法案制定正式的费用估算，唯一的例外是拨款法案。[2]国会预算办公室具有专业性和非党派性的特征，能作出比较科学和中立的费用评估。其费用评估的对象是参众两院各自版本的农业法以及参众两院协商统一的农业法，如果参众两院农业法有新条款或新项目计划加入，也需要进行费用评估。2008年农业立法时，国会预算办公室先后进行了7次费用评估。[3]美国农业立法预算会具体到本部农业法有效期，甚至是10年内每年、每个农业计划的支出、收入评估和联邦预算平衡目标，以增强农业法预算的执行力和约束力。

（四）行政部门对参众两院农业立法的横向制衡

1. 总统对参众两院的横向制衡

从立法流程看，总统可以利用否决权对参众两院农业立法予以纵向制衡；

---

〔1〕 载美国国会网，https://www.congress.gov/bill/113th-congress/senate-bill/954/all-actions，最后访问时间：2018年4月6日。

〔2〕 载美国国会预算办公室网站，https://www.cbo.gov/faqs#costestimates，最后访问时间：2018年4月7日。

〔3〕 载美国国会网，https://www.congress.gov/bill/110th-congress/house-bill/2419/all-info，最后访问时间：2018年4月7日。

在美国农业法案在提交总统签署之前，总统也会利用各种方式影响美国农业立法，笔者将其置入农业立法的横向制衡范畴。(1) 总统利用国情咨文（State of the Union）影响农业立法。美国《联邦宪法》要求总统向国会报告联邦情况，并建议国会考虑他（总统）所认为必要和适当措施。向国会报告的权力为总统提供了一个重要平台，使总统可以向国会和公众提出自己的立法议程。[1] 以 2007 年 1 月 23 日布什的国情咨文为例，[2] 该份国情咨文首先强调在不增加税收情况下平衡联邦政府预算，在未来 5 年内消除联邦赤字；因此要求国会和行政部门一起限制联邦政府的支出需要，平衡联邦政府预算。据此，2008 年参众两院联合版本的农业法专设贸易和税收条款，说明对环保、林业、能源等项目投入与税收关系的处理。布什否决农业法案的理由还包括预算过多和增加纳税人负担。(2) 总统在农业立法启动前，将农业法建议或文本发给参众两院议员，由议员发起提案；农业立法启动后，总统利用行政交流方式向参众两院提供立法建议并表明立法态度。国会议员也可能为增加自身影响力，主动在总统及总统办事机构和参众两院间游说。(3) 总统威胁使用否决权。比如 2008 年农业立法时，布什多次向参众两院表示法案没有援助到真正需要援助的小型农场，纳税人的钱大量进入大型农场主口袋，并威胁使用否决权。美国历史上，由国会投票表决推翻的总统否决在总统的所有否决中所占比例不到 10%。[3] 所以，总统仅仅威胁使用否决权就能够对农业立法施加影响力。

2. 农业部对参众两院的横向制衡

农业部对参众两院农业立法的制衡，更多是通过分工合作和施加影响力实现，而非制约。(1) 农业部组织人员制定农业法草案影响国会立法。农业部长组织农业经济学家、主管部门负责人联合协商制定农业法草案，保证农业法草案能够反映经济现实，具有很强的针对性和可操作性。农业部方案草拟后，由农业部律师研究方案的合法性，避免农业法草案与现行法律规范冲突。(2) 农业部长、各级官员和专家，利用参加参众两院农业立法听证的机会影响农业立法。笔者以 2011 年 2 月 17 日农业部长参加众议院农业委员会听证为

---

[1]　[美] 戴维·B·马格莱比、保罗·C·莱特：《民治政府：美国政府与政治》，吴爱明、夏宏图编译，中国人民大学出版社 2014 年版，第 234 页。

[2]　CREC-2007-01-23-pt1-PgH881.

[3]　[美] 戴维·B·马格莱比、保罗·C·莱特：《民治政府：美国政府与政治》，吴爱明、夏宏图编译，中国人民大学出版社 2014 年版，第 233 页。

例考察听证过程。[1]听证会于上午 11：30 开始，主持人是农业委员会主席卢卡斯（Lucas），听证主题是审查美国农业经济状况。农业部长维尔萨克（Vilsack）发言指出美国农产品出口 2011 年创纪录达到 1265 亿美元；美国农场收入持续强劲，2011 年生产者现金收入预计达到创纪录的 3440 亿美元，零售食品价格保持温和波动；主要农产品全球供应紧张；农业信贷状况良好，农业用地价值升高。结论是美国农业经济在农产品出口、农场现金收入、农场收入和资产价值方面出现前所未有的增长。维尔萨克发言后，农业委员会主席、首席成员及其他议员依次向维尔萨克提问，涉及农产品价格稳定性、预算减少、直接支付是否扭曲生产决定、对总统预算建议的看法、农业部与环保总署的交流等问题。从农业部长发言看，他表明农场经济发展强势，农场状况良好，为 2014 年农业法案的农业预算减少提供了证据支撑；从农业委员会主席、首席成员等的提问看，农业委员会比较关心预算减少对农业经济可能的影响，这也表明了总统建议在国会内部产生的影响。可见，农业部可以利用其信息掌握和业务能力的优势影响参众两院农业立法，参众两院也需要农业部意见为其产业政策措施进行合理性背书。

当然，国会农业立法是否符合宪法将受到法院的司法审查。法院对国会农业立法进行司法审查的基本依据是其享有的宪法解释权。正如前文所论述，国会农业立法的程序严格，故法院一般不对立法程序进行审查，法院主要从国会农业立法是否有宪法授权依据和是否侵害宪法所保护的个人权利自由两方面进行审查。这两个问题已在本书农业产业政策内在正当性和权力边界部分予以分析。

第二节 联邦农业部的农业行政规则和裁决

美国农业部是农业产业政策最为主要的实施主体。与其他联邦行政部门类似，农业部拥有发布解释性规则、政策声明、程序性规则以及实施其所负责执行法律的固有权力，但只能在国会已经赋予的权力限度内发布立法性规则。[2]

---

〔1〕 https://archives - agriculture. house. gov/sites/republicans. agriculture. house. gov/files/transcripts/112/112-4. pdf，最后访问时间：2018 年 4 月 8 日。

〔2〕 ［美］理查德·J·皮尔斯：《行政法》（第一卷），苏苗罕译，中国人民大学出版社 2016 年版，第 320~321 页。

可见，农业部制定的行政规则包括程序规则和实体规则，实体规则又包括立法性规则和非立法性规则。考虑到农业产业政策的实体内容，本节所谓农业行政规则仅指农业部制定的实体行政规则，包括立法性规则和非立法性规则。从解释功能看，立法性规则和非立法性规则都具有解释法律的功能，但立法性规则是依据国会授权对法律进行解释，具有法律拘束力；非立法性规则无需国会授权，无法对公众产生拘束力，往往仅通过解释法律对司法机关产生说服力。区别立法性规则和非立法性规则的法律意义在于二者的制定程序要求和司法机关审查标准不同。作为农业产业政策载体的行政规则以行政裁决的方式得以实施，即由行政机关作出影响当事人权利和义务的决定。从裁决效果看，一项裁决或者一系列裁决也可以确立一项与法律规则的效力非常相似的原则。[1]因此，农业部的某项命令或许可等行政裁决也是行政规则以外农业产业政策的载体。

一、农业行政规则和裁决的表现形式

（一）农业部立法性行政规则

农业部立法性行政规则行政法规，公布于联邦公报（Federal Register）；这些文件向公众开放，公众有权查找、审查和提交对联邦文件的意见，然后编入《美国联邦法规汇编》。农业行政法规是对农业部各部门的职责及其管制范围进行的立法，分为两大部门，即农业部长办公室（Office of the Secretary of Agriculture）和农业部门法规（Regulations of the Department of Agriculture）。具体来说，农业部长办公室涉及农业部制定规则和实施裁决的程序和实体要求、债务管理、平价确定、国家上诉部门、农业部开展项目或活动的非歧视原则、农村协调发展和出口销售报告等规定。农业部门法规包括农业营销局（Agricultural Marketing Service）、食品和营养局（Food and Nutrition Service）、动植物健康检疫局（Animal and Plant Health Inspection Service）、联邦农作物保险公司（Federal Crop Insurance Corporation）、农业研究局（Agricultural Research Service）、自然资源保护局（Natural Resources Conservation Service）、农场服务署（Farm Service Agency）、谷物检验、包装和仓储管理局（Grain In-

---

〔1〕［美］理查德·J·皮尔斯：《行政法》（第一卷），苏苗罕译，中国人民大学出版社2016年版，第315页。

spection，Packers and Stockyard Administration）、农产品信贷公司（Commodity Credit Corporation）、海外农业服务局（Foreign Agricultural Service）、农村公用事业局（Rural Utilities Service）等相关部门的法规。以农业营销局的法规为例，既包括营销的产品标准、检查和营销实践的总体规则，还包括水果、蔬菜、坚果、牛奶和其他农产品（棉花、芒果、土豆、花生、柠檬等）的销售协议和销售指令。

美国农业行政法规和国会农业立法的体例有所不同，农业行政法规从农业部各机构所管领域进行立法，国会农业立法则主要从农产品计划、农业信贷、农作物保险、农业贸易、食品和营养、农村发展等项目角度进行立法。进言之，农业行政法规在美国农业部内部也属于"部门立法"，应该说这有利于将国会农业立法在农业部各机构明确的权责划分下进行细化具体的实施。

（二）农业部非立法性行政规则

相对于农业行政法规而言，政策声明和解释性规则属于非立法性规则，往往用于解决立法性规则的细节问题，某种意义上具有延伸和扩展立法性规则的作用。行政机关给这类非立法性规则贴上各种标签，如"指南""合规政策""手册"（Handbook）、"操作手册"（Manual）、"项目说明"以及"行动传达书"（Action Transmittal）。[1]根据美国农业部网站对行政法规和指令的分类，[2]指令系统包括部门法规、通知、手册和农业部长备忘录（Secretary Memoranda）。广义指令涵盖农业部门行政法规，狭义指令则仅指通知、手册、备忘录等非立法性行政规则。农业部狭义指令规定的内容非常复杂，包括农业部组织、结构和职能，管理提升政策和程序，计划规划和评估，农业部对外关系协调，媒体发布公共事务的政策，应急准备和应急计划，预算和财政，联邦援助，支付和补贴，农业部信息资源管理，农业部财产和资源管理，农业部项目领域；其中，预算和财政、联邦援助、支付和补贴、农业部项目等领域与农业产业政策的实施关系密切。

（三）农业部行政裁决

行政规则在抽象意义上影响当事人的权利和义务，并且必须进一步通过

---

〔1〕 ［美］理查德·J·皮尔斯：《行政法》（第一卷），苏苗罕译，中国人民大学出版社 2016 年版，第 320 页。

〔2〕 载美国农业部网站，https://www.usda.gov/our-agency/about-usda/laws-and-regulations/regulations-and-directives，最后访问时间：2018 年 4 月 18 日。

程序才可影响当事人的权利和义务。行政裁决则可以具体作用于当事人的权利和义务，类似于我国行政法中的具体行政行为。美国农业部行政裁决包括行政处罚、拒绝和吊销农业经营许可、拒绝发放农业补贴和灾害援助、拒绝收购过剩农产品、限制农业工人工资和农产品价格、决定农业福利的发放等。行政裁决就其采取程序的正规化程度不同，可分为非正式程序裁决（Informal Adjudication）和正式程序裁决（Formal Adjudication）。[1]美国《行政程序法》规定只有在法律要求裁决适用正式程序时，裁决才需要采用正式的审判性程序。并且美国政府每年处理的行政裁决数量庞大，以正式程序解决行政裁决几乎不可能。因此，美国大多行政裁决属于非正式程序裁决。

二、农业行政规则和裁决的程序规范

根据美国联邦政府《行政程序法》的规定，行政部门制定行政法规有两种程序，即非正式程序和正式程序。非正式程序是制定行政法规适用的一般程序规则，正式程序则在法律对制定行政法规的程序有特别规定时适用。换言之，如果国会农业立法授权农业部制定行政法规有特殊要求的，则按特别规定制定法规，否则按照非正式程序进行。《行政程序法》规定立法性规则适用的非正式程序主要为公告和评议，《美国联邦法规汇编》农业卷细化了立法性规则适用的非正式程序。上述法规要求公告内容包括：拟议规则、最终规则和任何社会利益相关公众提交的书面意见（不管是否被考虑）。其中每份拟议规则公告应说明公告遵循的程序，程序由制定法或公布规则规定的除外。每份公告应载有一份声明，向公众通报有关书面陈述的可用政策。根据公告提交的所有书面意见书，必须在便利时间、地点、以便利方式供公众查阅。[2]立法性规则最终发布于联邦公报，最终发布规则必须回应公众对拟议规则的评论，并对修改内容和生效日期作出说明。《美国联邦法规汇编》规定立法性规则的正式程序需要经历听证、以书面文件提交直接证词（Direct Testimony）、口头和书面辩论、证言笔录（Transcript）的认定和复制、将管理者推荐的决

---

〔1〕　王名扬：《美国行政法》（上），中国法制出版社2005年版，第415页。

〔2〕　载美国政府出版局网站，https://www.govinfo.gov/content/pkg/CFR-2018-title7-vol1/xml/CFR-2018-title7-vol1-sec1-27.xml，最后访问时间：2019年5月3日。

定提交给农业部长、农业部长考虑各项记录作出最终决定这一系列步骤。[1]
农业部制定的非立法性规则不需要按照上述非正式程序或正式程序进行。
2007 年，美国管理和预算办公室（Office of Management and Budget）发布了一
份《机关良好指引实践》（Agency Good Guidance Practices）的最终公报。公
报强调重点提高机构指引实践及其制作重要文件的质量和透明度，指引文件
是除行政法规以外的具有一般适用性和未来影响性的机构声明，包括制定法、
法规或技术性问题的政策或解释。[2]换言之，美国管理和预算办公室制定了
非立法性规则的程序和实体规范，美国农业部即据此向公众提供重要指引文
件的清单，邀请公众对这些文件发表评论，农业部各行政部门在其网站发布
指引文件。

行政裁决包括正式程序裁决和非正式程序裁决。农业部的正式程序裁决
规定于《美国联邦法规汇编》农业卷第 1130 节至 1151 节。[3]具体来说，利
益相关者先向农业部门提交明显违法的资料和用于审查的诉状或请愿，然后
听证书记员分配一个案卷号开始正式听证，具体内容包括听证请求、听证时
间地点和方式、出席或未出席听证的情况，直接证言和证据审查的书面陈述、
证言笔录和记录、行政法官（Administrative Law Judge）的裁决、上诉至农业
部后司法官员（Judicial Officer）作出的最终决定。非正式程序裁决一般受到
正当程序法律条款的限定，因裁决所涉及利益的性质和重要程度而呈现较为
灵活的程序要求：如果裁决关联利益重大，则可能趋于正式程序；如果关联
利益一般，则可能适用简单程序。

三、农业行政规则和裁决的实体要求

（一）规制影响分析

相对于农业行政规则和裁决的程序要求而言，实体要求更为重要，后者
涉及政府规制的实体问题分析，也就是规制影响分析。规制影响分析是指对

---

[1] 载美国政府出版局网站，https://www.govinfo.gov/content/pkg/CFR-2018-title7-vol1/xml/CFR-2018-title7-vol1-part1-subpartP.xml，最后访问时间：2019 年 5 月 3 日。
[2] 载美国农业部网站，https://www.usda.gov/our-agency/about-usda/laws-and-regulations/usda-significant-guidance-documents，最后访问时间：2018 年 4 月 18 日。
[3] 载美国政府出版局，https://www.govinfo.gov/content/pkg/CFR-2018-title7-vol1/xml/CFR-2018-title7-vol1-part1-subpartH.xml，最后访问时间：2019 年 5 月 3 日。

现存或者拟议中的规制政策已经产生或可能产生的积极影响与消极影响进行系统分析、评估的机制与过程。[1]1993 年第 12866 号《规制计划和审查》（Regulatory Planning and Review）的行政命令，规定了行政机关规制政策应遵循的原则。具体包括：（1）行政机关应确定其欲解决的问题及评估问题的重要性；（2）行政机关应审查现有法规是否能解决现有问题及修改法规能否更有效达到预期目标；（3）行政机关应确定和评估直接规制的可替代方案；（4）行政机关制定监管优先权时要考虑该活动的风险程度和性质；（5）行政机关应以最具成本效益的方式设计规制；（6）行政机关应认识到某些规制的成本和收益难以量化；（7）行政机关的决定应以最合理、可获得的科学、技术、经济等信息为基础；（8）行政机关应确定和评估其他形式的规制；（9）行政机关应评估联邦法规对州、地方政府等的影响，并最大限度减少对其的负担；（10）行政机关应避免其制定的法规和其他联邦法规不一致、不相容和重复的现象；（11）行政机关制定规则时应考虑各类社会实体；（12）行政机关的规则应简单易懂，以降低规则的不确定性。[2]2011 年第 13563 号《改进规制和规制审查》（Improving Regulation and Regulation Review）的行政命令重申了上述原则，并且增加证明成本合理、制定对社会施加最小负担的规则、选择最大化净收益的规制方法、在可行范围指明绩效目标，每个行政机关可以考虑并定性讨论难以或无法量化的公平、人格尊严、公平和分配影响的价值。[3]特朗普（Trump）发布的第 13777 号行政命令《执行规制改革议程》，意图建立联邦政策以减轻美国人民不必要的监管负担，并指令联邦机构建立改革工作组。

美国农业部在其网站发布部门指令清单，[4]清单要求部门指令的制定者需考虑的因素包括总体因素、法律因素、预算因素。总体因素包括指令是否符合美国农业部目标和战略方向、是否符合总统倡议或联邦指导、是否与现有部门指令或联邦活动重复、是否明确阐明指令的必要性和所要解决的问题、

---

〔1〕 高秦伟：《美国规制影响分析与行政法的发展》，载《环球法律评论》2012 年第 6 期。

〔2〕 载美国国家档案馆网站，https://www.archives.gov/files/federal-register/executive-orders/pdf/12866.pdf，最后访问时间：2018 年 12 月 28 日。

〔3〕 载美国白宫网，https://www.whitehouse.gov/sites/whitehouse.gov/files/omb/inforeg/inforeg/eo12866/eo13563_01182011.pdf，最后访问时间：2018 年 12 月 28 日。

〔4〕 载美国农业部官网，https://www.ocio.usda.gov/policy-directives-records-forms/directives-categories，USDA Departmental Directives Checklist，最后访问时间：2018 年 4 月 19 日。

是否明确实施指令主体的责任，指令中专业术语是否一致和含义明确。法律因素包括引用法律来源是否正确，指令与法律、行政法规是否冲突。预算因素包括拟议活动的资金来源确定与否、拟议指令的财政负担有哪些、是否对拟议指令进行成本收益分析。

（二）利益代表分析

斯图尔特（Stewart）认为发展利益代表模式包括正当程序听证权利适用利益领域的扩展、起诉资格的扩展、行政程序参与权利的扩展和对所有参与者利益的适当考虑。[1]就农业行政规则和裁决的行政行为自身而言，利益代表分析主要包括扩大正式参与者范围和适当考虑利害相关者的利益。前文提及美国农业部根据管理和预算办公室发布的《机关良好指引实践》的公告，向公众提供重要的指引文件清单邀请公众对这些文件发表评论，就属于对利益相关者参与权的保障。行政机关应该考虑利益受影响者的意见，然后做出行政决定。以农业部长销售指令为例，销售指令包括是否进行销售调控、调控数量、限定产品等级和通用广告等，农业部长需要根据广泛的调查数据决定有利于增加市场需求的措施，其中限定产品等级或尺寸需要根据大量种植者、加工者提供的建议信息，选择通用广告的方式和时段则需要考虑广告对促销产生的积极影响。

四、农业行政规则和裁决的外部约束

农业行政规则和裁决受到国会和法院的约束，是立法机构和司法机构制约行政行为的表现。国会和法院对农业行政部门规则和裁决的约束方式不同，国会主要约束农业行政规则的制定，而法院对农业行政规则和行政裁决的法律问题、事实问题和程序问题都可进行审查，进而选择是否尊重行政规则和裁决。

（一）国会对行政部门制定农业行政规则的约束

一般来说，国会对行政部门制定农业行政规则有两种约束措施。其一，国会以新立法替代行政部门制定的行政法规；其二，国会尽量精确化其农业立法表述。因为国会立法过程冗长，行政法规时效性强，以新立法替代行政

---

〔1〕 ［美］理查德·B. 斯图尔特：《美国行政法的重构》，沈岿译，商务印书馆2011年，第74～133页。

法规的效果并不好。所以，尽量精确化农业立法表述以约束行政部门是国会较为现实的选择，这一措施被称为"传送带"模式。国会农业立法过程中会特别注重逐个条款的分析，详尽表述立法目的、背景和实施手段。该模式将行政机关置于完全的执行者地位，以"传送带"方式约束行政权力的行使范围。纵观美国农业产业政策法律，细致和准确的立法内容非常普遍，具有很强的可操作性。以《2014年农业法案》规定的无追索营销贷款利率为例，该法第1202条规定了不同农产品的不同营销贷款利率，其中农产品的种类包括小麦、玉米、谷类高粱、大麦、燕麦、陆地棉、长绒棉、长粒米、中粒米、油籽等20种，油籽又分为向日葵籽、油菜籽、红花籽、亚麻籽、加拿大油菜籽（Canola）、芥末籽、海甘蓝籽、芝麻籽和其他农业部长指定的油籽，农业部长指定的其他油籽必须每个县设立单独的贷款利率[1]。但是，现实应对不足或立法妥协等原因导致国会农业立法的精确度打折扣，使得行政部门仍然可能基于概括授权获得较多的农业行政法规制定权。

美国联邦最高法院在2001年"惠特曼诉美国货车运输业协会"案（Whitman v. American Trucking Associations）中，对行政机关立法重新使用了"禁止授权原则"；但与以往不同，法院并没有直接阻止国会授予立法权力，而是阐释其核心内容即"明确原则"，用以拘束行政权的宽泛裁量，明确后果将由行政机关自己承担。[2]行政机关制定行政规则时应着重阐述其政策必要性，尽量具体化政策表述。如美国农业部各类农产品研究和促进委员会向农业销售管理局提交预算时，必须包括每个计划领域的目标、战略声明及与上一预算期间相比变化的原因，预期收入、预计退款及与前一年的比较数据，主要项目领域的拟议支出摘要及和前一年的比较数据，工作人员和行政费用细目及和前一年的比较数据。[3]农业行政部门实施规制行为必须考虑各项合理因素，在各类可选方案中审慎选择，根据现实作出对应的行政决定。如加州葡萄干销售指令要求葡萄干加工者无偿交付一定比例的葡萄干给葡萄干委员会时，即根据国内葡萄干种植情况、产量和国际竞争状况确定每年无偿扣留葡萄干的比例，2003~2004年比例为30%，2006~2007年为17%，2007~2008年为10%，

〔1〕　Agricultural Act of 2014, Pub. L. 113-79, Title Ⅰ, §1202（FEB. 7, 2014）.
〔2〕　高秦伟：《美国禁止授权原则的发展及其启示》，载《环球法律评论》2010年第5期。
〔3〕　载美国农业部网站，https://www.ams.usda.gov/sites/default/files/media/RPGUIDELINES092015.pdf，最后访问时间：2018年12月26日。

2005~2006 年、2009~2013 年的葡萄干委员会扣留比例为 0。[1]

（二）法院对农业行政规则和裁决的审查

1. 识别立法性规则（Legislative Rule）和非立法性规则

前文述及，农业行政规则包括立法性规则和非立法性规则。一般而言，立法性规则具有法律拘束力，非立法性规则不具备法律拘束力，所以法院对两者的司法审查态度不同。立法性规则得到国会授权，一般会受到法院较高程度的尊重。非立法性规则包括解释性规则（Interpretive Rule）和政策声明（Pronouncement），其中，解释性规则又包括行政机关对国会法律和立法性规则的解释。因此，行政机关制定的非立法性规则并不设定新的权利义务，制定无需国会授权、制定程序较为简单。虽然非立法性规则不具有约束公众和法院的法律效力，但却能发挥规制公众行为的实际作用，并且行政机关制定非立法性规则可以绕开制定立法性规则的程序要求。因此，行政机关会制定大量的非立法性规则以达到行政规制的目的，这无疑对法院系统的司法审查形成了挑战。基于此，法院系统试图创建立法性规则和非立法性规则的识别标准，将名义上的非立法性规则认定为立法性规则，并最终纳入立法性规则司法审查的轨道。

解释性规则和立法性规则最重要的区别在于是否有授权。换言之，立法性规则的制定具有国会农业立法授权，解释性规则的制定则没有授权；立法性规则影响个人权利义务并制定法规，解释性规则是行政官员说明法律和行政法规的含义而用。这一判断标准在"戴维森诉格里克曼"案（Davidson v. Glickman）中得以应用。亚当斯县农场服务局（County Farm Services Agency）制定手册，以禁止为申请灾害援助而提交修改的农场面积报告，并拒绝因此而产生的农作物保险索赔。争议焦点是，戴维森认为手册属于立法性规则，而农场服务局认为手册属于解释性规则，不同认定所对应的程序要求不同。法院认为：

解释性规则是行政官员阐释制定法（Statute）或法规（Regulation）的方式，而立法性规则影响个人权利和义务并创造法律。手册规定设定的修改面积报告的条件超出了行政法规的要求，因此，被认定为影响个人权利和创立

---

［1］ Dean Lueck, The Curious Case of Horne v. Department of Agriculture: Good Law, Bad Economcis, 10 N. Y. U. J. L. &Liberty 608（2016）.

新法的立法性规则，农场服务局的手册对戴维森产生负面影响，却未能符合《行政程序法》规定的通知和评论的要求。[1]

政策声明和立法性规则的区分标准为"实质性影响"和"拘束效果"。[2]前者指政策声明是否实质性影响规制对象的权利义务，后者指政策声明是否产生法律约束力，如果答案均为肯定，那么政策声明就被认定为立法性规则。

2. 识别行政规则和行政裁决

行政裁决是作出命令（Order）的行政过程。依据《行政程序法》，命令是除制定行政规则以外，行政机关对行政事务最后处分的全部或部分内容。换言之，行政规则具有普适性并指向未来，行政裁决则适用具体个案。2002年的"弗罗里达甘蔗种植者合作社诉维尼曼"案（Sugar Cane Growers Cooperative of Florida v. Veneman）就涉及行政裁决和行政规则的区别。该案由哥伦比亚特区巡回法院审理，该院可直接审查美国首都各联邦机构的政策法规和决定，故该案具有典型意义。该案涉及 2001 年糖类作物计划的实物支付项目（Payment-in-Kind Program）执行问题，即实物支付项目的执行是行政规则还是行政裁决的问题。农业部认为其发布的实物支付项目不是真正的规则，甘蔗合作社则认为此举是行政规则。对此，哥伦比亚特区巡回法院认为：

《行政程序法》非常广泛地将规则定义为机构声明的有一般或者特定的适用范围且具有未来影响效果的全部或部分规范文本，其内容包括执行、解释或者描述法律、政策或描述机构的组织、程序或实施条件，以及批准或描述未来利率、工资、公司或财务的结构或重组、价格、设施、补贴等。尽管《行政程序法》对规则的定义很宽泛，但仍缺乏稳固性描述标准，尤其是某些政策声明不是规则。政府辩称实务支付项目是一项"孤立的机构行为"，并未影响后续的政府行为，并且对任何当事人没有未来影响力，所以实务支付项目不是规则，是行政法条款中的非正式裁决。巡回法院认为行政部门实施该计划前应当发布通知，规定所有申请人必须遵守的申请程序、项目付款的限制以及对参与者的制裁，计划实施也将影响未来几年的种植者的种植行为，

---

[1]　Davidson v. Glickman, 169 F. 3d 996, 1000（1999）.
[2]　胡敏洁：《美国行政法中的"政策声明"》，载《行政法学研究》2013 年第 2 期。

将其视为行政规则外的行政裁决是荒谬的。[1]

换言之，经过一定程序制定、具有多项限制要素并且能够影响行政相对人未来行为的许可，即便名义上表述为行政裁决，但仍然会被法院视为行政规则。

3. 程序问题、事实问题和法律问题的审查标准

识别立法性规则和非立法性规则、行政规则和行政裁决，是法院实施司法审查的首要步骤；识别之后，法院会对程序问题、事实问题和法律问题予以审查。

（1）程序问题的审查。立法性规则、非立法性规则和行政裁决的程序要求不同。立法性规则的程序要求主要分为正式程序和非正式程序，正式程序源自国会立法的特别规定，一般采取听证程序，对听证过程的行政记录极为重要，行政机关必须根据听证记录制定立法性规则。非正式程序源自美国联邦政府《行政程序法》的通告和评论的规定。在正式程序和非正式程序之外，对于国会通过立法增加程序要求的内容，法院可以依据宪法正当程序原则或其对国会立法的理解来增加行政机关需要遵循的程序要求。非立法性规则除受公开原则约束外，一般没有法定程序要求，行政机关可以较为自由地设定非立法性规则的制定程序。行政裁决的制作程序同样包括正式程序和非正式程序，正式程序裁决主要包含两类：其一，国会立法的明确规定；其二，行政机关的裁决涉及剥夺公民生命、自由和财产的内容时，必须进行听证。非正式程序裁决不需要进行听证，但法院同样可以依据宪法的正当程序条款对行政裁决程序予以限制。需要注意的是，一旦行政机关的规则制定或行政裁决没有具体的程序要求，就可以被认定为自由裁量行为；因此，法院可能依据任意专断滥用裁量权标准审查行政机关的行为。

（2）事实问题的审查。法院对事实问题司法审查的范围主要有实质性证据标准、明显错误标准和任意专断滥用裁量权标准。当事实问题和法律问题混合时，事实因素居于主要地位，法院按审查事实裁定的标准审查这个混合问题。[2]实质性证据标准的适用范围是经正式程序的裁决和行政规则，注重

〔1〕 Sugar Cane Growers Co-op. of Florida v. Veneman, 289 F. 3d 89, 97 (2002).
〔2〕 王名扬：《美国行政法》（下），中国法制出版社2005年版，第709页。

审查行政机关的全部记录和程序，审查行政机关提供的证据是否足以支撑行政决定的结论。明显错误标准适用于上诉法院对下级法院裁判的审查，法院也将其适用于对行政机关行为的审查，审查行政决定是否存在明显错误或推理违背常理的地方。任意专断滥用裁量权标准的适用范围是经非正式程序的裁决和行政规则，用于审查行政决定的记录、理由以及推理过程，也可以适用于广泛的行政裁量行为。1983 年"美国机动车制造商协会诉州农业互助汽车保险公司"案（Motor Vehide Mfrs Assin of U. S. ，Inc. v. State Farm Mut. Auto. Ins. Co. ）中，法院对任意专断滥用裁量权设定从严审查标准（Hard Look），审查行政机关是否依赖国会并未要求其考虑的因素、是否没有考虑到全部重要问题、行政法规的制定目的和法律依据是什么等。[1]因此，任意专断滥用裁量权标准不仅仅适用于事实问题审查，对法律问题也可以适用。整体来说，法院对事实问题的审查强度比较低，只要行政机关认定的事实具有合理性基础，法院就不会以自己的判断替代行政机关的判断。

（3）法律问题的审查。相对于事实问题审查的有限性来说，对法律问题的审查属于法院的专长领域，因而审查强度明显要高。因为审查对象包括立法性规则、非立法性规则、正式裁决和非正式裁决的法律解释和法律适用，所以法律问题的审查标准极为复杂，主要有斯基德摩（Skidmore）标准、谢弗朗（Chevron）标准和奥尔（Auer）标准。斯基德摩标准创立于 1944 年"斯基德摩诉斯威夫特"案（Skidmore v. Swift & Co.），该案涉及国会制定的1938 年《公平劳动基准法》，该法并未授权工资工时管理局局长制定立法性规则的权力，只是授权其执行《公平劳动基准法》；但管理局局长以解释性公告形式对国会立法的"工作时间"进行解释，换言之，管理局局长以非立法性规则对国会立法条款进行解释，即制定解释性规则。最高法院的判决意见认为：

　　根据法案（《公平劳动基准法》），管理局长的裁决（Rulings[2]）、解释（Interpretations）和意见（Opinions），虽然在权力上不构成对法院的限制，但

---

　　〔1〕　Motor Vehicle Mfrs. Ass'n of the United States, Inc. v. State Farm Mutual Automobile Insurance Co. , 463U. S. 29（1983）.

　　〔2〕　根据本案中国会并未对管理局授权制定立法性规则的理解，此处 Rulings 解释为裁决较为合理。

确实构成了可供法院和当事人用以指引的经验和知情判断体系。在特定情况下，这种判断的权衡，将取决于考虑的彻底性、推理的有效性、早期和晚期宣告的一致性，以及所有那些没有控制力却具有说服力的因素。[1]

可见，从案件适用场景看，"斯基德摩诉斯威夫特"案是对行政机关解释性规则中法律问题的审查；从审查标准看，斯基德摩（Skidmore）标准强调行政机关行政解释的说服力，说服力越强，法院遵从度越高。

1945年"鲍尔斯诉塞米诺尔"案（Bowles v. Seminole Rock & Sand Co.）涉及行政机关对自己颁布的立法性规则的解释是否可以得到法院遵从的问题。应该说，该案中的行政解释仍属于解释性规则，但是，美国联邦最高法院在审理本案时对解释性规则中法律问题的审查和1944年所确立的斯基德摩标准有所不同。法院认为：

确定第188号最高价格法规中最高价格的含义是本案的重要问题。由于这涉及对行政法规的解释，法院必须考虑对其所用词语含义疑问的行政建构（Administrative Construction）。在某些情况下，国会意图或宪法原则可能首先涉及各种架构间的选择问题，但最终标准是行政解释（Administrative Interpretation），除非（行政解释）明显错误或者与行政法规不一致，否则（行政解释）具备控制力。[2]

换言之，只要行政解释（解释性规则）不存在明显错误或与行政法规不一致情形，法院就应该遵从该解释性规则。该案和"斯基德摩诉斯威夫特"案共同之处都是解释性规则的遵从问题，但是该案的解释性规则是基于立法性规则（行政法规）的解释性规则，"斯基德摩诉斯威夫特"案的解释性规则是基于国会立法的解释性规则。

"鲍尔斯诉塞米诺尔"案确立的塞米诺尔标准在1997年"奥尔诉罗宾斯"案（Auer v. Robbins）中发展为奥尔标准。该案重申塞米诺尔标准：薪酬基础测试是由劳动部长自己的法规所创设，根据我们的判例法，他的解释具有控制力，除非明显错误或与行政法规不一致；本案中这种遵从标准很容易得到

---

[1] Skidmore v. Swift & Co., 323 U. S. 134, 140（1944）.
[2] Bowles v. Seminole Rock & Sand Co., 325 U. S. 410, 413~414（1945）.

满足。[1]需要注意的是，美国联邦最高法院在本案中适用了谢弗朗标准的推理逻辑，这无疑使得立法性和非立法性规则的遵从标准发生混淆。

谢弗朗标准是指法院对行政机关的法规进行解释遵从的两步走流程，第一步是判断国会对于该争议问题是否做出明确规定，如果国会有明确规定，法院必须遵守国会明确表达的意图；如果国会对争议问题没有规定或规定不明，法院进入第二步，即判断行政法规是否是对国会立法的合理解释，如果解释合理，法院则会遵从行政机关的解释。[2]问题在于谢弗朗标准是基于司法机关确认立法性规则的背景宣告的。[3]换言之，谢弗朗标准是否仅仅适用于对立法性规则法律问题的审查尚且存疑。其后，美国联邦最高法院在诸多案例中将谢弗朗标准适用于裁决中所宣示的法律解释，但是直到 2000 年，不同巡回法院之间对此适用范围仍普遍存在矛盾，最高法院意见也存在不确定性。[4]2000 年"克里斯滕森诉哈里斯县"案（Christensen v. Harris County）中，美国联邦最高法院明确表明谢弗朗标准不适用于解释性规则或政策声明等非立法性规则。法院判决写道：

劳工部的意见书无权根据谢弗朗标准，诸如对政策声明、机构手册和执法指南等缺乏法律效力（文件）的解释，不能受到谢弗朗标准的遵从。他们"有权受到尊重"，但仅仅限于他们具有说服力的范围内。[5]

据此，谢弗朗标准的适用范围主要为立法性规则和正式裁决中的法律问题，而非立法性规则和非正式裁决则可能适用奥尔标准和斯基德摩标准。即便如此，最高法院仍在某些案件[6]中将谢弗朗标准适用于非正式裁决。

4. 法院审查农业行政规则和裁决的示例

分析完行政规则和裁决的司法审查后，笔者通过三个巡回法院的案例来

---

[1] Auer v. Robbins, 519 U. S. 452, 461 (1997).

[2] Chevron U. S. A., Inc. v. Natural Resources Defense Council, Inc., 467 U. S. 837, 842 ~ 843 (1984).

[3] [美] 理查德·J·皮尔斯：《行政法》（第一卷），苏苗罕译，中国人民大学出版社 2016 年版，第 340 页。

[4] [美] 理查德·J·皮尔斯：《行政法》（第一卷），苏苗罕译，中国人民大学出版社 2016 年版，第 171 页。

[5] Christensen v. Harris County, 529 U. S. 576, 577 (2000).

[6] United States v. Mead Crop., 533 U. S. 218 (2001).

展示法院对农业行政规则和裁决的审查，分别为"威尔曼兄弟和艾略特公司诉农业部长迈克尔斯皮"案（Wileman Brothers & Elliott, Inc. v. Michael Espy, 1995，以下简称"威尔曼兄弟案"），"唐纳诉合众国"案（Downer v. U. S, 1996，以下简称"唐纳案"）和"西维尔森诉美国农业部"案（Syverson v. U. S. Dept. of Agriculture，2010，以下简称"西维尔森案"）。

威尔曼兄弟案涉及农业部长的加州油桃和桃子销售指令，该项指令设定了水果成熟度、最小尺寸和通用广告评估费用，上诉人认为其关于通用广告评估费用、成熟度、最小尺寸的标准是任意和专断的。巡回法院将销售指令定性为正式的行政规则，然后分析该行政规则的制定过程是否符合程序要求。法院认为：

> 销售指令得到2/3人数的相关生产者或2/3产量的生产者的同意，并且油桃和桃子管理委员会在做预算时给处理商（Handler）自由提供书面意见机会，任何处理商也都有权向农业部长请愿修改销售指令。油桃和桃子管理委员会还调研了市场消费者对成熟度的意见，并且基于果树栽培学发现低成熟度水果更易受伤和变色，农业部长也回应了关于成熟度标准的负面评论。[1]

可见，该案中销售指令的制定程序正当合法，成熟度和尺寸标准是事实问题，巡回法院运用实质性证据标准全面考虑了行政记录，衡量证据对行政决定的支持力和减损力。至于建立成熟度标准以及最小尺寸标准是否构成任意和专断这一问题，法院则从市场信息、农业部长回应负面评论及修改措施三方面来论证。

唐纳案涉及《食品安全法》中湿地保护条款的适用，1989年，农业部拒绝支付唐纳的农作物补贴，原因是唐纳挖土坯用来种植农产品，土坯位于湿地。根据湿地保护条款规定，任何人在专用湿地上种植农产品，将会丧失获得政府价格支持补贴的资格。[2]巡回法院将司法审查焦点归纳为行政决定是否建立在考虑相关因素的基础上和是否存在明显错误判断，这属于任意专断自由裁量的从严标准。为实施这项审查标准，巡回法院审查行政机关考虑的

---

〔1〕 Glickman v. Wileman Bros. & Elliott, Inc. v. Espy, 58 F. 3d 1367, 1375~1382（1995）.
〔2〕 Downer v. U. S. By and Through U. S. Dept. of Agriculture and Soil Conservation Service, 97 F. 3d 999, 1007（1996）.

这些因素是否是国会意图其考虑的、行政机关是否考虑了国会不欲其考虑的因素、行政机关是否没有整体考虑问题的重要方面、行政机关的决定是否与证据相悖、事实发现和决定作出之间是否缺乏合理联系以致争议决定的作出不能归因于观点差异或认定为机关专业知识的产物。[1]法院的审查方法直接适用1983年"美国机动车制造商协会诉州农业互助汽车保险公司"案的判例。巡回法院经过上述分析认为土壤保护局的决定具有证据支撑，对农场土地的分类并不任意和专断。值得注意的是，比姆（Beam）法官撰写的异议意见中对"湿地"的解释提出了不同意见，换言之，该问题涉及审查行政机关对制定法的解释。比姆法官承认应该遵从合理的行政机关的制定法解释，但不能遵从愚蠢的解释或不解释；[2]进而比姆法官探讨《食品安全法》的真实目的，认为原告的资格丧失可因人造湿地而豁免，因此行政机关所作决定所依赖的法律解释是错误的。

西维尔森案涉及西尔维森从事不公平和欺诈性交易行为。西维尔森是畜牧品经纪人，并双重注册为销售代理商（Market Agency）和零售商（Dealer），其在与夸姆（Quam）交易的过程中涉嫌欺诈。因为《包装商和牲畜围场法》规定代理商和零售商涉嫌欺诈的处罚力度不同，故西维尔森主张其是零售商。案件先后经过行政法官和司法官员处理，前者认为西维尔森是零售商，因此处以5000美元罚金，处罚较轻；后者认为西维尔森是代理商，处以中止5年注册，处罚较重。因此，本案中西维尔森是代理商还是零售商的事实认定尤为重要，并且西维尔森认为中止5年注册的裁定属于自由裁量权的任意和专断。巡回法院认为：

实质性证据审查并不是要求法院同意司法官的事实认定，仅仅是判断事实认定是否合理；需要整体考虑实质性证据，而不是单独考虑某个证据是否充分。西维尔森事实上收取了夸姆的佣金，因此二者之间是委托代理的商业关系。[3]

---

〔1〕 Downer v. U. S. By and Through U. S. Dept. of Agriculture and Soil Conservation Service, 97 F. 3d 999, 1002 (1996).

〔2〕 Downer v. U. S. By and Through U. S. Dept. of Agriculture and Soil Conservation Service, 97 F. 3d 999, 1008 (1996).

〔3〕 Syverson v. U. S. Dept. of Agriculture, 601 F. 3d 793, 801, 802 (2010).

对于中止 5 年注册的裁定是否属于自由裁量权的任意和专断，巡回法院综合考量裁定惩罚的三项因素，即检查违法性质和《包装商和牲畜围场法》矫正目标之间的关系、考虑处罚的所有相关环境因素、适当权衡《包装商和牲畜围场法》执行官员的建议。[1]巡回法院认为司法官员做出惩罚裁定时仅仅考虑了第三项因素，而忽略了前两项因素，故制裁部分被撤销，案件发回司法官员重审。

第三节 州及地方政府的农业立法

在美国国会和联邦行政部门的农业法律规范之外，各州及其地方政府也有大量的农业立法。一方面，某些农业生产经营活动仍具有较强的地方性活动特征；另一方面，联邦政府的农业法律规范也需要州及地方政府的推动才得以实施。州及地方政府的农业立法层级分为州议会的农业立法、州行政部门的农业立法、州以下地方政府的农业立法，包括县、市、镇等都享有农业立法的权力。地方政府和州政府的权力存在重大区别，州政府因《联邦宪法》的权力保留规定而享有固有权力；地方政府则没有固有权力，其立法权源于州宪法和法律的授予。很多州宪法规定地方政府享有自治权力，可以制定自治的法律和行政法规；但地方政府所制定自治法律，不能和州的法律冲突。[2]因为州的法律效力高于地方政府立法，所以本节主要探讨州的农业立法。

相较于国会和联邦行政部门的立法活动，州议会立法活动的记录不够全面，州议会的议员投入立法的时间比较有限，各委员会和个别的法律制定者容易得到立法起草方面的技术协助。[3]换言之，州的立法过程没有联邦立法过程重要，州议员的立法专业性也不如国会议员。美国绝大多数州议会也采取两院制，相当于美国国会的参议院和众议院，州立法同样需要两院的讨论通过；议案通过提交给州长签署，州长享有类似于联邦总统的立法否决权；州两院可以多数表决推翻州长的否决权，强行通过立法。可见，州议会的立

---

〔1〕 Syverson v. U. S. Dept. of Agriculture, 601 F. 3d 793, 804 (2010).

〔2〕 王名扬：《美国行政法》（上），中国法制出版社 2005 年版，第 260 页。

〔3〕 ［美］E·阿伦·法恩兹沃思：《美国法律制度概论》，马清文译，群众出版社 1986 年版，第 90 页。

法程序与美国国会的立法程序非常类似，也体现着行政机关和立法机关之间的制衡。因为各州农业立法过程的差别不是很大、立法内容的大体方向没有实质性区别，探讨美国所有州的农业立法显得没有必要。因此，笔者选择美国典型州的农业立法予以分析。

一、选择分析加州农业立法的理由

笔者选择加州农业立法作为研究对象，有两方面理由：

其一，加州的农业发展水平在美国国内处于领先水平。根据《2017 年至2018 年加利福尼亚州农业数据评论》（California Agricultural Statistics Review：2017-2018）[1]显示，2017 年加州继续保持了美国农业生产和农产品出口的领导者地位。具体表现为：（1）水果和坚果。2017 年加州水果和坚果产量占全美产量的 46%，产值超过全美产值的 67%，柑橘作物占全美产量 51% 和产值的66%，全州所有水果和坚果的总价值达到 208 亿美元，加州葡萄产量占全美85%、产值占全美近 90%，加州种植全部国内生产的杏仁，杏仁产量占全世界80%。[2]（2）畜牧品和乳酪业。2017 年加州畜牧品产量超过全美总量的 6%，现金收益排在德克萨斯州、艾奥瓦州和内布拉斯加州之后，全美第四。乳制品生产居于美国领导地位，占全美乳制品收入的 17.3%。[3]（3）蔬菜和瓜类。2017 年加州蔬菜产量居于美国国内领先地位，收成面积占全美 39%，产量占全美 57%；新鲜和加工蔬菜和瓜类产品的总价值达到 79 亿美元[4]。（4）农产品出口。2017 年加州农产品出口占全美农产品出口的 14.9%。[5]从2012 年全美农业调查数据看，加州农产品出售的市场价值位居全美第一，而且加州大田作物农产品的销售价值处于全美中等偏上水平，尤其棉花和水稻的生产水平很高。[6]

其二，加州农业立法数量众多，立法过程规范透明。与其他各州类似，

〔1〕　载加州粮食农业局官网，https：//www.cdfa.ca.gov/Statistics/PDFs/2017-18AgReport.pdf，最后访问时间：2019 年 5 月 6 日。

〔2〕　California Agricultural Statistics Review 2017-2018：53.

〔3〕　California Agricultural Statistics Review 2017-2018：82.

〔4〕　California Agricultural Statistics Review 2017-2018：96.

〔5〕　California Agricultural Statistics Review 2017-2018：105.

〔6〕　载美国农业部网站（国家农业统计局），https：//www.nass.usda.gov/Quick_ Stats/Ag_ Over-view/stateOverview.php？state＝CALIFORNIA，最后访问时间：2019 年 5 月 6 日。

加州议会采用两院制，分别为州议会参议院（State Senate）和州议会众议院（State Assembly），其中参议院议员 40 人，众议院议员 80 人。可见，加州议会的规模比较大，为立法过程中相互制衡提供了必要条件。同时，加州立法机构的立法信息透明度高。加州 1975 年《立法机关公开记录法案》规定在立法机构正常办公时间内，立法记录随时可供查阅，任何人有权查看任何立法记录；立法机关应为任何人的查阅提供便利；[1]参议院和众议院都制定了自己的议事规则，包括两院各自的委员会都有自己的议事规则，如参议院农业委员会适用《2017 至 2018 年立法年度的农业委员会规则》（Rules of the Senate Committee on Agriculture）。[2]加州议会农业立法和食品和农业部（California Department of Food and Agriculture）制定的行政法规数量庞大，光是加州议会的《食品和农业法典》（Food and Agricultural Code）就有 25 部。

二、加州农业立法的过程

加州农业立法主要包括州议会的农业立法和州食品和农业部的农业行政法规，前者法律效力高于后者，前者的立法过程较后者更复杂。

（一）加州议会农业立法的过程

加州议会农业立法与美国国会农业立法的过程非常类似，只是在具体条件方面有所不同。首先，任何个人或团体都有权说服立法机关的议员起草一项农业提案。议员将其提案发给立法顾问局（Legislative Counsel's Office）后，立法顾问局会对提案的清晰性、准确性予以改善，避免各项提案之间产生冲突和矛盾，保证议案在立法者意图范围内起草。因立法顾问局的意见能够反映法案起草过程中的立法意图，故越来越受到司法部门的尊重。[3]立法顾问局完善提案后，发回给议员，议员根据其参议院或众议院的议员身份，向其所在议院提交提案。议案提交后，会被分配到一个编号，并进行一读。其次，

---

〔1〕 载美国加州立法信息网站，http://leginfo. legislature. ca. gov/faces/codes_ displayText. xhtml? lawCode=GOV&division=2. &title=2. &part=1. &chapter=1. 5. &article=3. 5，最后访问时间：2019 年 5 月 7 日。

〔2〕 载加州参议院农业委员会网，https://sagri. senate. ca. gov/rules，最后访问时间：2019 年 5 月 7 日，该网站有农业委员会规则的 pdf 版本供下载。

〔3〕 Jeffrey J. Coonjohn, "A Brief History of the California Legislative Counsel Bureau and the Growing Precedential Value of Its Digest and Opinions", 25 *Pac. L. J.* 211（1994）.

提案进入参众两院后，由规则委员会（Rules Committee）根据议案内容和性质分配给政策委员会（Policy Committee）。据此，农业法议案进入参众两院的农业委员会[1]审议。农业法议案会在农业委员会听证前4天，公布在每日文件中，利益相关者据此可以参加听证活动。再次，如果农业法议案涉及财政拨款问题，还会在拨款委员会进行听证，通过后，将在参众两院进行二读。二读结束后，农业法议案进入三读表决程序。大多法案只要简单多数表决即通过（参议院21票、众议院41票），紧急措施和拨款法案需要2/3多数票通过（参议院27票、众议院54票）。[2]再次，农业法议案在其中一院表决通过后，会进入另一院立法程序。如果两院对农业法议案的修改意见不一致，两院会成立协商委员会，协商成员由两院规则委员会任命，成员共6人，参议院和众议院各3人。[3]需要注意的是，加州协商委员会成员的任命主体和人数与国会协商委员会并不相同。最后，参众两院通过协商来消除农业法议案的分歧，达成一致后，议案由参众两院各自表决。表决后的农业法议案交由州长签署；如果州长否决该议案，则参众两院可以2/3多数票表决推翻州长的否决意见。

（二）加州行政部门制定农业行政法规的过程

《加利福尼亚州政府法典》（California Government Code）规定了加州行政部门制定行政法规的要求。该法典第2标题加州州政府之第3部分行政机关之第3.5章的行政法规和规则制定中具体规定了行政部门制定行政法规的要求和审查制度，[4]加州食品与农业部制定行政法规理应符合前述规范要求。具体来说：（1）食品与农业部需要将拟议规则提交给行政法办公室（Office of Administrative Law）。行政法办公室主任和副主任具有与听证官相同的资格，由州长任命，经过参议院确认。行政法办公室设立的目的主要是审查行政部门的行政法规、减少行政法规数量、提高行政法规质量、梳理准行政立法的

---

[1]　载加州参议院农业委员会网站，https://sagri. senate. ca. gov/；载加州众议院农业委员会网站，https://agri. assembly. ca. gov/，最后访问时间：2019年5月8日。

[2]　载美国加利福尼亚参议院网站，https://www. senate. ca. gov/legislativeprocess，最后访问时间：2019年5月8日。

[3]　载美国加利福尼亚参议院网站 https://www. senate. ca. gov/legislativeprocess，最后访问时间：2019年5月8日。

[4]　载美国加州立法信息网站，https://leginfo. legislature. ca. gov/faces/codes. xhtml，最后访问时间：2019年5月8日。

效能标准。（2）公众有权获得拟议规则的内容，即全面的公告和评论要求。《加利福尼亚州政府法典》要求拟议规则的语言应当简单明了，尽量避免使用技术术语，并明确列出本规则的授权条款来源。拟议规则要对通过、修改或废除法规的理由进行初步陈述，包括拟议规则的目的、打算解决的问题、采用措施和解决问题间的必要合理性关联、采取行动的预期收益等。拟议规则还必须评估潜在的负面经济影响，避免不必要、不合理的政策措施，且不得与州或联邦的法律相冲突。（3）行政法办公室有权对拟议法规和现行法规进行审查。对拟议法规的审查标准主要包括必要性、授权性、清晰度、一致性、参考性[1]、非重复性。审查现行法规是基于立法机关的常设、临时或联合委员会的要求开展，审查标准与拟议法规的审查标准相同，如果审查不合格，行政法办公室有权废除该行政法规并公布废除令。

三、加州农业立法的内容

加州农业立法的内容主要包括加州议会制定的《食品和农业法典》及加州食品和农业部制定的农业行政法规。《食品和农业法典》的立法目的是促进和保护州农业产业的发展，保护公共健康、安全和福利。[2]加州食品和农业部制定的农业行政法规应当符合《加利福尼亚州行政程序法》（California's Administrative Procedure Act）规定的程序和标准，包括普遍适用的任何规则（Rule）、法规（regulation）、命令（Order）或标准（Standard），或任何州政府机构为实施、解释或具体执行法律或进行管理而修正、补充的前述规则、法令、命令或标准。可见，加州食品和农业部制定的农业行政法规是为实施或解释加州议会农业立法而制定，具有普遍适用性。加州农业法和农业行政法规的关系非常类似于美国国会农业法和农业行政法规的关系。

加州《食品和农业法典》共有25部，[3]内容包括州和地方政府、动植物病虫害防治问题、畜牧产业保护、牛奶和牛奶制品法、罐头加工认证、果蔬和坚果的标准、田间作物的等级和标准、农产品营销、食物标签、工业大

---

〔1〕 参考性是指是否参考相关制定法、法院决定或其他法律条款。

〔2〕 载美国加州立法信息网站，http://leginfo.legislature.ca.gov/faces/codes_ displaySection.xhtml? lawCode=FAC&sectionNum=3，最后访问时间：2019年5月9日。

〔3〕 载美国加州立法信息网站，https://leginfo.legislature.ca.gov/faces/codesTOCSelected.xhtml? tocCode=FAC&tocTitle=+Food+and+Agricultural+Code+-+FAC，最后访问时间：2019年5月12日。

麻、加州沙漠本土植物等。上述内容的实施除通过刑事责任、行政责任等刚性规范外，还可以通过州资助计划、农产品统一促销、销售协议、销售指令、食品标签信息披露等方式。加州《食品和农业行政法规汇编》（California Code of Regulation，Title 3. Food and Agriculture）共有 8 部，[1]内容分别为行政管理、动物产业、经济、种植产业、畜牧药品、农药和病虫害控制、农产品展览会、大麻种植。加州食品和农业部以补贴项目、统一促销、销售协议、销售指令等方式实施农业产业政策，实施主体为加州食品和农业部的各分部，包括动物健康和食物安全服务司、加州大麻种植许可司、州县关系办公室、生态农场与创新办公室、检验局、农业营销局、测量标准司、植物病虫害预防局、州食品和农业委员会等。

加州农业补贴项目涉及环境保护类项目、农业科教类项目、营养类项目和农产品营销促进类项目。具体来说，[2]环境保护类项目包括选择性粪便管理项目（Alternative Manure Management Program）、乳制品蒸煮器研究和发展项目（Dairy Digester Research and Development）、健康土壤项目（Healthy Soils Program）、州水资源效率和提升项目（State Water Efficiency and Enhancement Program）；农业科教类项目包括加州农业职业教育项目和葡萄园皮尔斯病控制项目；营养类项目是年老农场主营销营养计划（Senior Farmers' Market Nutrition Program），为低收入年老者提供用于购买认证农场主销售的新鲜水果、蔬菜、坚果和蜂蜜的票证；营销促进类项目包括加州贸易扩展项目（California State Tade Expansion Program）、特殊农作物整体拨款项目（Specialty Crop Block Grant Program）和特色农作物跨州项目（Specialty Crop Multi-State Program）。加州农产品统一促销、销售协议和销售指令大多集中于畜牧品、牛奶、水果、坚果等加州优势农产品领域。以加州鲜食葡萄为例，加州《食品和农业法典》内的《凯彻姆法案》创设鲜食葡萄委员会（Table Grape Commcittee），该委员会通过集中广告、营销、研究和协调与政府关系来支持鲜食葡萄产业的发展；该法案所创设的鲜食葡萄委员会被联邦第九巡回法院认定为政府机构，其统

---

〔1〕　载美国州政府网站，https://govt. westlaw. com/calregs/Browse/Home/California/CaliforniaCodeofRegulations？ guid = I790FB790D45711DEB97CF67CD0B99467&originationContext = documenttoc&transitionType = Default&contextData =（sc. Default），最后访问时间：2019 年 5 月 12 日。

〔2〕　载加州粮食农业局官网，https://www. cdfa. ca. gov/grants/index. html，最后访问时间：2019 年 5 月 12 日。

一促销中的广告行为也被其认定为政府言论。[1]可见,该法案与鲜食葡萄的统一促销和销售指令有关,并且专门成立了委员会来实施鲜食葡萄产业促进政策。

总而言之,美国农业产业政策的载体为法律文本,具体包括国会的农业立法、联邦行政部门的农业行政规则和裁决、州和地方政府的农业立法。国会农业立法过程中,参议院、众议院和总统因立法前后顺序而形成纵向制衡,参众两院内部各委员会委员的交叉任职、立法部门和行政部门的行政交流构成横向截面制衡。联邦行政部门的农业行政规则和裁决分别具有程序和实体的要求,并且受到国会上位法和法院司法审查的约束;而州和地方政府的农业立法除受到《联邦宪法》和法律约束外,还受到本州宪法的限制。各州政府还创设特有机构来保障立法的合理性、科学性、合法性、协调性等。农业产业政策载体的法律化具有使得产业政策形式法治化的意义,农业产业政策措施据此转化为具体的法律制度或机制。农业产业政策所规定的法律制度或机制的运行环境是市场经济,市场经济是法治经济,政府干预和市场竞争的冲突及其协调必须纳入法治框架内。换言之,农业产业政策与竞争政策如何在法治框架内协调是本书第五章需要研究的问题。

---

〔1〕 Delano Farms Co. v. California Table Grape Com'n, 586 F. 3d 1219 (2009).

　　产业政策和竞争政策的出发点都是干预市场失灵状况，前者是政府对于资源配置的直接干预，后者要求市场直接配置资源。[1]产业政策和竞争政策的适用不是非此即彼的关系，具体到某类产业领域和特定经济发展背景下，产业政策和竞争政策的适用程度有所区别，如自然垄断、政策性领域和经济不景气阶段，产业政策往往具有优先适用地位；但即便特殊领域或特定阶段存在产业政策优先，也不意味着产业政策的全覆盖，特殊领域和特定阶段的产业政策仍需要和竞争政策相互协调。因此，即便美国农业领域普遍推行了产业政策，也仍会注重市场机制作用的发挥、仍然存在产业政策与竞争政策的协调问题。美国如何协调农业产业政策与竞争政策是本章要研究的问题。产业政策和竞争政策的协调方式有两方面，其一，竞争政策对产业政策的限制；其二，竞争政策对产业政策的豁免。笔者从这两方面分析美国农业产业政策与竞争政策的协调问题。

第一节　竞争政策对美国农业产业政策的限制

　　竞争政策就是通过反垄断法的制定和实施所体现出来的维护自由公平竞争、排除市场竞争障碍的经济政策，反垄断法是竞争政策的核心体现。[2]在美国，反托拉斯法这一术语包括着一系列法律行为，这些法律行为的目的在于恢复与维护贸易与竞争的自由。[3]应该说，反托拉斯法是美国竞争政策的

---

〔1〕　李剑：《反垄断法实施与产业政策的协调——产业政策与反垄断法的冲突与选择》，载《东方法学》2011年第1期。

〔2〕　刘桂清：《反垄断法中的产业政策与竞争政策》，北京大学出版社2010年版，第18页。

〔3〕　赵伟：《美国竞争政策：一种纵向的透视》，载《浙江大学学报（人文社会科学版）》2001年第6期。

重要来源。问题在于，美国反托拉斯法主要适用于限制竞争的私人行为，而农业产业政策由国会、联邦行政机关或州政府等以公权力方式制定和实施，反托拉斯法对其限制作用比较有限，如罗斯福新政的《国家工业复兴法》直接宣布暂停实施反托拉斯法，1933年《农业调整法》也直接规定某些限价限产措施豁免于反托拉斯法。所以，反托拉斯法仅能够作为农业领域竞争政策的来源之一。美国学者认为除反托拉斯法之外，竞争政策还有两个重要来源，即潜伏贸易条款和正当法律程序条款。[1]潜伏贸易条款主要约束州政府歧视性、不公平的贸易管制措施，正当法律程序条款则约束联邦政府和州政府损害自由贸易和竞争权利的行为。此外，美国行政机关的自我控制，以事前审查方式预防产业政策对自由和公平竞争的过度限制，也是竞争政策对产业政策限制的方式。

一、正当法律程序限制损害自由竞争的农业产业政策

正当法律程序是美国《联邦宪法》中极为重要的保护个人权利和自由的条款，竞争自由、契约自由和经济自由作为个人权利和自由的重要内容，显然被统摄于正当法律程序的保护范围。以1905年"洛克纳诉纽约州"案为标志，实质性正当程序在经济领域兴起，无论联邦政府还是州政府的限制竞争行为，都可能面临法院系统的正当法律程序审查。所谓实质性正当程序审查是指法院系统能动地探索政府经济活动的立法目的，建构立法目的和立法手段的合理联系，分析经济立法是不是不合理、不必要和恣意地干预了个人经济权利和自由。

本书第三章的"佩恩诉堪萨斯州"案（1918）、"琼斯诉联合海鸟粪肥料公司"案（1924）和"弗罗斯特诉俄克拉何马州公司委员会"案（1929）都是法院运用实质性正当法律程序审查政府农业产业政策的案例。这三个案件表明，如果社会事实能够证明农业经济规制的合理性和必要性，法院就会支持农业产业政策立法；如果农业经济规制损害市场自由竞争，法院则可能判定农业产业政策立法违宪。1934年涉及牛奶最低价格限制的"内比亚诉纽约州"案，预示着实质性正当程序的衰落，法院开始仅审查政策手段是否与立

〔1〕 Alan J. Meese, "Competition Policy and the Great Depression: Lessons Learned and A New Way Forward", 23 *Cornell J. L. & Pub. Pol'y* 255, 256~258 (2013).

法目标明显无关，审查经济规制立法力度明显较之前宽松。1938年"美国诉卡罗琳产品公司"案，美国联邦最高法院宣称即使没有辅助司法审查的事实，也应该推定存在支持立法判断的事实以致规制立法不违背宪法，除非立法判断是建立在排除立法者知识和经验的基础之上的。[1]其后，实质性正当法律程序撤离农业产业政策领域，如果受损害方认为制定法违反正当法律程序，其必须证明制定法是任意和非理性的，实质性正当法律程序转入农业福利领域；当然，农业产业政策仍然受到程序性正当法律程序的审查。所以，因实质性正当程序衰落，自由竞争的政策意图要通过正当法律程序条款对农业产业政策形成限制很难起到作用。

　　竞争政策除自由竞争含义外，更有非歧视和公平竞争含义，如果说自由竞争政策宪法保护的依据主要是正当法律程序规定，那么非歧视和公平竞争的宪法保护的依据则有潜伏贸易条款、平等保护条款和特权豁免条款。

二、平等保护条款和特权豁免条款限制歧视性农业产业政策

（一）平等保护条款对农业产业政策的限制

　　平等保护条款具有消除歧视的作用，其初始目的是保护黑人不受白人控制的州或地方政府的歧视。[2]一般而言，政府常用"分类"来实施政策行为，但只要有分类就必然涉及区别对待，这就会引起平等保护的司法审查。司法机关首先分析政府有没有创造分类，然后根据不同群体分类的性质，实施不同等级的审查标准，审查等级分为严格审查、中级审查和宽松审查。凡是涉及种族、侨民、出生国等可疑分类或涉及基本权利的歧视，要受到严格审查，政府必须说服法院该分类确实是实现必要国家利益的必需。基于性别的区分受到中级审查，其要求分类是重要的而非必要的，分类与目标需具有实质性相关。因此，经济领域的平等保护只受到宽松审查，即分类只要与正当的政府目标合理相关即可。农业产业政策主要存在于经济领域，因此农业产业政策中如果采用区分对待的政策，大多只能受到宽松审查。

　　1963年"加州鳄梨"案，上诉人提出加州农业法规中禁止在加州运输或

---

〔1〕　United States v. Carolene Products Co., 304 U.S. 144, 152（1938）.
〔2〕　Palmer v. Thompson, 403 U.S. 217, 220（1971）.

销售含油量少于8%的鳄梨的内容因违反平等保护条款构成歧视。依据加州农业法规规定，鳄梨以含油量达到8%作为成熟标准。最高法院认定地区法院的州成熟度标准并不构成个人或个人群体之间的不合理歧视，因为鳄梨含油量测试是不是鳄梨市场销售最可靠的指标法院无法决定，但是在行政机关记录中，含油量足以作为判断鳄梨成熟度可接受的标准。[1]

可见，平等保护条款对涉嫌歧视的农业产业政策的审查较为宽松。此外，平等保护条款属于间接保护个人经济权利，力度有限。美国学者莫里森（Morrison）认为按照对传统平等保护条款的理解，该条款保护的是群体权利而非个人权利，个人权利仅受到间接保护，个人需要证明其因是特定群体成员而受到政府不法分类的区别对待。[2]因此，通过平等保护条款保护农业产业政策的非歧视性原则的效果比较有限。

（二）特权豁免条款对农业产业政策的限制

美国《联邦宪法》的特权豁免条款包括两个条款。第4条第2款规定的"每州公民均得享有其他各州公民之一切特权与豁免"，第14条第1款规定"无论何州均不得制定或实施任何剥夺合众国公民之特权或豁免之法律"。[3]可见，特权豁免既是公民享有的权利，也是各州对美国公民应该承担的义务。那么特权豁免的权利内容是什么？美国联邦最高法院并未将特权与豁免限定为描述特定权利的法律术语，而是界定为那些基本权利。[4]也就是说，最高法院从定性角度将特权与豁免界定为基本权利，这也为最高法院将来的解释提供了空间。有学者认为"基本"的定义仅仅意味着重要或不是无关紧要的，一项权利可能成为特权与豁免目的范围的基本权利，即便其本身并非是基本权利。[5]此外，对特权豁免主体的不同理解也会导致权利内容的差异。显然一州的公民不可能享有另一州公民在其本州内所享有的全部权利，否则将危及美国《联邦宪法》规定的联邦制度。换言之，一州公民之所以在另一州享

---

[1] Fla. Lime & Avocado Growers, Inc. v. Paul , 373 U. S. 152 (1963).

[2] Matthew M. Morrison, "Class Dismissed: Equal Protection, the "Class-of-One" and Employment Discrimination after Engquist v. Oregon Department of Agriculture", 80 *U. Colo. L. Rev.* 839, 847 (2009).

[3] 朱曾汶译：《美国宪法及其修正案》，商务印书馆2014年版，第11~18页。

[4] Baldwin v. Fish & Game Comm'n. , 436 U. S. 371, 387, 388 (1978).

[5] David Schmudde, "Constitutional Limitations on State Taxation of Nonresident Citizens", *L. Rev. Mich. St. U. Det. C. L.* 95, 115 (1999).

有特权与豁免，是因为该公民具有美国公民的身份，另一州公民的特权与豁免属于美国联邦政府应保护的美国公民的权利。1872 年屠宰场案中，米勒撰写的美国联邦最高法院意见明确说明公民具有本州和美国的双重公民身份，当事人要援引特权豁免条款必须涉及由国家保护的权利。特权与豁免是国家公民身份所附带的权利，这些权利由于联邦制、国家性质、宪法或其法律而存在。[1]此后，最高法院拒绝将特权或豁免合并归入《权利法案》，也拒绝其作为未列举权利的来源使用。[2]因此，从国家公民及基本权利两方面看，通过特权豁免条款的权利内容来限制各州实施的农业产业政策的效果比较有限。

虽然，特权豁免条款可以防止一州公民因不具有另一州的公民身份而受到歧视，进而平等地受到农业产业政策的对待。但是，特权豁免条款的权利主体是公民，企业等经济组织因不是公民而无法援引特权豁免条款，这就意味着企业形态的农业组织无法获得特权豁免条款的保护。

至此，笔者认为由于平等保护条款和特权豁免条款适用条件的既有解释和美国联邦最高法院目前不予扩大解释的态度，导致前述两条款对政府实施农业产业政策的约束比较有限。但其在正当程序条款和潜伏贸易条款不能及于的领域，也可能起到约束政府农业产业政策的作用。

三、潜伏贸易条款对农业产业政策贸易歧视的限制

经济领域适用平等保护条款因"合理相关"的审查标准导致该条款对农业产业政策的限制较弱，特权豁免条款则无法保证农业经济组织面临的非歧视性对待。因此，潜伏贸易条款成为限制州和地方政府歧视性农业产业政策的重要宪法依据。潜伏贸易条款源于联邦最高法院对州际贸易条款的双重理解。美国《联邦宪法》通过州际贸易条款授权国会规制州际贸易的权力，这是美国《联邦宪法》的正面授权。但法院一直认为该条款有另一层含义，即州际贸易条款具有否定方面的意义，内容为各州不得歧视州际贸易。潜伏贸易条款

---

[1]　Slaughterhouse Cases, 83 U. S. 36, 79（1872）.

[2]　Jeffrey D. Jackson, "Be Careful What You Wish For: Why Mcdonald v. City of Chicago's Rejection of the Pricileges or Immunities Clause May Not Be Such a Bad Thing for Rights", 115 *Penn St. L. REV.* 561, 568（2011）.

因此具有阻止各州设立歧视或强加过度负担于州际贸易规章的含义。[1]

（一）潜伏贸易条款的适用理由

一般来说，如果联邦政府和州政府规制同一领域的法律发生冲突，联邦法律基于优占原则将优先于州法律。但是，如果国会立法并没有明确排除各州运用治安权调控国会有权调控的领域，州治安权的介入是否会与国会权力发生冲突就是个需要解决的问题。潜伏贸易条款的意义就在于，即便国会未明确联邦政府具有排他的调控权，州治安权进入该领域仍可能违反州际贸易条款。换言之，潜伏贸易条款扩大了联邦政府对各州权力的限制。

拉森（Larson）将美国联邦最高法院适用潜伏贸易条款的理由归纳为促进国家统一、保护经济自由和防止州外利益者政治上无能为力。[2]国家统一理论禁止州和地方政府的经济保护主义和孤立主义，换言之，通过加重州外竞争者负担使得州内竞争者获益的行为会被禁止；各州为产品或劳动力的自由流动设立经济壁垒的行为也会被禁止。保护经济自由理论可以在正当法律程序、平等保护条款下得以实施，但因为经济领域实质性正当程序的退出和平等保护的宽松审查，法院运用潜伏贸易条款保护经济自由成为最重要的手段。州外利益者政治上无能为力的含义是当州外利益者面临该州不正当的经济负担时，因为无法在该州行使选举权，故无法产生政治影响力以促使该州立法者改变规则，[3]此时就需要法院通过潜伏贸易条款来保护这些政治上的无能为力者。国家统一理论、经济自由理论和州外利益者政治上无能为力理论为法院系统运用潜伏贸易条款调控各州和地方政府不公平、不自由的竞争行为提供了正当性基础。这反映了在国会没有明确通过立法限制州和地方政府的政策行为时，最高法院在实施产业政策中的重要作用。

（二）潜伏贸易条款的审查标准

美国联邦最高法院制定了潜伏贸易条款的双层结构，即歧视层面审查和平衡层面审查。如果州法违反州际贸易中的非歧视原则，将会被判为违宪，除非州法能够通过法院的严格审查。如果州法没有歧视，但对州际贸易产生附带性影响，除非强加于贸易的负担明显超过推定的地方利益，否则州法会

[1] West Lynn Creamery, Inc. v. Healy, 512 U. S. 186, 192 (1994).

[2] Jennifer L. Larsen, "Discrimination in the Dormant Commerce Clause", 49 *S. D. L. Rev.* 844, 846, 849 (2004).

[3] West Lynn Creamery, Inc. v. Healy, 512 U. S. 186, 190 (1994).

被认定为有效。[1]州法涉嫌潜伏贸易条款的歧视有三种情形，分别为表面歧视、歧视效果和歧视目的。（1）表面歧视。如果被禁止的歧视通过法规的表面内容就能被发现，那么该法规就认为具有表面性歧视。[2]一般来说，州立法区别对待州内和州外利益或者损害州外利益使得本州获益的规定会构成表面歧视。（2）歧视效果。虽然州法表面上对州际贸易没有歧视行为或歧视意图，但该法的实施具有歧视州际贸易的实际效果，那么该法也会被认定具有歧视性。（3）歧视目的。法院通过审查州法背后的根本目的，包括立法机构的动机和目标，以确定州法是否具有歧视性。

（三）潜伏贸易条款对州农业产业政策的审查

1. 过度负担审查——"派克诉布鲁斯·丘奇公司"案（Pike v. Bruce Church, Inc.）。亚利桑那州的一项制定法要求在亚利桑那州种植的哈密瓜必须用按照规定的封闭标准容器、以常规紧凑方式包装，否则禁止企业运输哈密瓜至州外。丘奇公司在亚利桑那州种植哈密瓜，但在加州包装哈密瓜，违反了亚利桑那州包装法规定，亚利桑那州上诉官员因此禁止丘奇公司将哈密瓜运送至州外。[3]斯图尔特（Stewart）大法官撰写的判决书认为：

过度负担审查中如果找到合法的地方政府目的，那么问题就转变为程度问题：可以容忍的负担程度取决于所涉及的当地利益性质和该负担是否对州际贸易活动的影响更小。亚利桑那州命令的实际效果是迫使丘奇公司在亚利桑那州建造包装设施，这将需要数月时间才能建造完成，而且费用约为20万美元，这将会对州际贸易形成沉重负担。[4]

换言之，提高亚利桑那州哈密瓜生产者声誉的最低利益无法证明丘奇公司负担建造和运行包装厂大量资本支出的必要性，亚利桑那州的规定对州际贸易产生过度负担。

2. 表面歧视审查——"迪恩牛奶公司诉麦迪逊市"案（Dean Milk Co. v. City of Madison）。威斯康星州麦迪逊市为保障地方社团健康和安全，颁布法令（Ordi-

---

〔1〕　Pike v. Bruce Church, Inc., 397 U. S. 137, 142 (1970).

〔2〕　郑鹏程：《美国规制地方保护主义法律制度研究》，载《中国法学》2010年第2期。

〔3〕　Pike v. Bruce Church, Inc., 397 U. S. 137, 137~138 (1970).

〔4〕　Pike v. Bruce Church, Inc., 397 U. S. 137, 140~142 (1970).

nance）禁止在该市进行牛奶巴氏消毒，除非在距离市中心 5 英里以内的经批准的巴氏消毒厂内进行巴氏消毒和装瓶，迪恩牛奶公司的巴氏消毒厂距离市中心超过 5 英里，因而麦迪逊市拒绝迪恩牛奶公司在该市内销售其牛奶产品。[1]麦迪逊市的法令对州内和州外同时适用，看起来不具有歧视目的；但美国联邦最高法院从分析法令实际效果着手，却得出表面歧视结论。法院认为：

该法令的实际效果在于排除伊利诺伊州生产和消毒的健康牛奶在麦迪逊市销售的行为，因此，麦迪逊市建立起保护当地主要产业不受州竞争的经济障碍，构成对州际贸易的明显歧视。并且，麦迪逊市可以使用非歧视性替代方案来保障其人民健康和安全，例如依靠官员检查距离遥远的牛奶来源，只需要向进口的生产商和加工商收取合理的检查费用即可。[2]

该案说明歧视效果、过度负担、最小歧视替代方案和表面歧视可以综合使用以判断地方政府农业产业政策是否违反潜伏贸易条款。

3. 歧视效果审查——"林恩乳品公司诉希利"案（West Lynn Creamery, Inc. v. Healy，以下简称"牛奶定价案"）。牛奶定价案涉及马萨诸塞州的两项农业产业政策措施。其一是马萨诸塞州实施的一项定价指令，要求所有牛奶制品经销商每月向马萨诸塞州的乳制品均衡基金缴纳税费，该费用平等适用于州内和州外的所有经销商。单独看交税的命令并没有构成表面歧视，但问题在于，马萨诸塞州会将所有税费补贴给马萨诸塞州的奶农。马萨诸塞州最高法院认为：

该命令只是附带性地加重州际贸易负担，并且这种负担被乳制品行业的"地方利益"所抵消，因此该命令不具有歧视性。[3]

美国联邦最高法院则将对州内外乳制品征税的措施和州内奶农受到的补贴结合起来分析。认为：

虽然马萨诸塞州的牛奶生产者也被征税，但因为其收到马萨诸塞州的补

---

〔1〕 Dean Milk Co. v. City of Madison, 340 U. S. 349, 349（1950）.

〔2〕 Dean Milk Co. v. City of Madison, 340 U. S. 349, 354~355（1950）.

〔3〕 West Lynn Creamery, Inc. v. Healy, 512 U. S. 186, 186（1994）.

贴支付，所以可以抵消征税对其造成的影响。结果是马萨诸塞州的牛奶生产者可以低于成本的价格出售或降价出售牛奶，形成对州外生产者的竞争和经济优势。[1]

该案中，奶制品征税和补贴奶农两种行为分开看，不会构成明显歧视，但二者结合起来就会形成对州际贸易的歧视效果。换言之，当出现多个政策行为时，美国联邦最高法院可以结合多项政策措施以评判是否发生歧视效果。

4. 歧视目的审查——"南达科他州反公司农场"案（South Dakota Farm Bureau, Inc. v. Hazeltine）。歧视目的审查需要探寻立法背后的根本目的，因此法院需要透过立法条文的表象，考虑立法动机和真实意图，这无疑加大了法院审查的难度。2003年"南达科他州反公司农场"案，美国第八巡回法院从立法多方面和多阶段来发现该州宪法修正案的真实目的，以确定是否存在歧视目的。

该案起因与限制公司取得农场土地所有权的法律修订有关。限制原因包括企业借此规避有限责任、控制食物生产和分配的经济结构、州外企业缺乏对当地利益的投资、农业企业对农村社区的消极社会经济影响等[2]。农业是南达科他州的主导产业，家庭农场生产方式是南达科他州农业传统经济生产方式。1974年南达科他州通过《家庭农场法》，以限制公司农场；[3]1998年南达科他州修改宪法，该修正案禁止公司取得州内农田所有权。[4]论证州立法的歧视性目的，首先需要考虑立法背景，尤其是揭露为有害目的所采取的一系列官方行动，这些是歧视性目的的证据来源。其次，涉及立法程序的合法性。最后，对立法历史资料进行分析。第八巡回法院发现：

州务卿（Secretary of State）在立法过程中将赞同修宪意见置于争辩修宪意见之上，并且在公民复决前向南达科他州选民传播。法院调查起草会议纪要、备忘录和证词发现进一步直接证据，表明修正案支持者希望阻止墨菲家

---

〔1〕 West Lynn Creamery, Inc. v. Healy, 512 U. S. 186, 192~197（1994）.

〔2〕 Anthony B. Schutz, "Corporate-Farming Measuers in a Post-Jones World", 14 *Drake J. Agric. L.* 97, 99~102（2009）.

〔3〕 Brian F. Stayton, "A Legislative Experiment in Rural Culture: The Anti-Corporate Farming Statutes", 59 *UMKC L. Rev.* 679（1991）.

〔4〕 South Dakota Farm Bureau, Inc. v. Hazeltine, 340 F. 3d 583（8th Cir. 2003）.

庭农场和泰森食品公司在南达科他州建设生猪设施；起草委员会成员也在案件审理中承认由于其成员希望阻止泰森食品和墨菲家庭农场在南达科他州建设设施，故很快完成了起草过程。[1]

最终，第八巡回法院得出结论：修正案背后的意图是限制州外公司和实现州内农业的辛迪加，以保护当地利益。[2]可见，法院通过对多个立法阶段的立法资料进行综合分析，探寻州的立法动机和真实意图，并最终判断是否具有歧视目的。

四、公平竞争审查对农业产业政策的限制

在美国，限制自由贸易与政治上的专横联系在一起，因此排斥贸易限制、保护贸易自由的政策很快就被认为是推动经济增长的积极手段。[3]美国政府注重以自由公平的竞争方式促进经济增长，政府管制政策往往也是以强制禁止贸易限制和制造垄断为目标。但是，一旦政府以保护公共利益为目的实施管制政策，涉及价格控制，限制市场准入或使在位企业比新进入者或潜在进入者更有优势，或者要求、允许从事某些反托拉斯法上通常禁止的行为，[4]那么，政府的管制政策（包括产业政策），与反托拉斯法（竞争政策）的关系协调就成为问题了。

所谓公平竞争审查是指政府部门在制定有关政策措施时，要考虑其可能对市场竞争的影响，确保政府相关行为符合公平竞争要求和相关法律法规，在实现政策目标的同时，防止排除和限制竞争，保障市场配置资源的决定性作用得到充分发挥。[5]美国农业产业政策的公平竞争审查体现于国会立法和行政机关制定行政规则的过程中。

（一）国会农业立法的公平竞争审查

从国会立法过程看，参议员、众议员的立法辩论经常围绕农业产业政策

---

[1] South Dakota Farm Bureau, Inc. v. Hazeltine, 340 F. 3d 583, 593~595 (8th Cir. 2003).
[2] South Dakota Farm Bureau, Inc. v. Hazeltine, 340 F. 3d 583, 595~596 (8th Cir. 2003).
[3] ［美］弗兰克·道宾：《打造产业政策——铁路时代的美国、英国和法国》，张网成、张海东译，上海人民出版社2008年版，第177页。
[4] ［美］赫伯特·霍温坎普：《联邦反托拉斯政策：竞争法律及其实践》，许光耀、江山、王晨译，法律出版社2009年版，第783页。
[5] 孟雁北：《产业政策公平竞争审查论》，载《法学家》2018年第2期。

是否扭曲市场进行，所提出的修正案也旨在发挥产业政策弥补农业市场失灵的功能。众议院农业委员会报告从立法目的和需要阐释农业的市场失灵状况和矫正必要性。以 2018 年众议院农业委员会报告为例，报告说明美国农场主在过去 5 年净收入下降 52%，经济研究局（Economic Research Service）研究认为 46% 的中型农场和 36% 的大型农场正在面临低利润和高风险的处境，国外以高补贴、关税和非关税壁垒进行掠夺性贸易，农场主和牧场主处在完全竞争性部门，这意味着农牧场主几乎没有市场定价权。[1] 参议院农业委员会报告会根据参议院规则评估农业法案的规制影响。参议院规则要求各类参议院委员会报告都应该包括委员会关于法案或联合决议执行将产生的监管影响的评估和可替代性的评估。监管影响评估应该包括：（1）评估受监管的个人和企业的数量，确定受影响个人和企业的群体和类别；（2）确定对受影响个人、消费和企业的经济影响；（3）确定对受影响个人的隐私影响；（4）确定法案或决议将产生的额外文书工作量。[2] 所以，历届参议院农业委员会报告会专门分析农业市场规制产生的影响。从国会农业立法看，农产品交易立法某些条款会强调对竞争市场的最小影响。如 2012 年版《美国法典》农业卷中农产品交易一章规定商品期货贸易委员会应考虑反垄断法所保护的公共利益，尽力采取最小程度反竞争的方法达到本章目的和政策，并强调目的之必要性和恰当性。[3]

（二）联邦行政机关执行农业产业政策的公平竞争审查

为保障联邦行政机关产业规制的适当性，美国历届总统先后颁布 12866 号《规制计划和审查》、13563 号《改进规制和规制审查》、13610 号《识别和减轻规制负担》（Identifying and Reducing Regulatory Burdens）和 13771 号《减轻规制和控制规制成本》（Reducing Regulation and Controlling Regulatory Costs）等行政命令。12866 号行政命令强调了政府必须要识别规制所要解决的问题并评估该问题重要性的原则。[4] 13563 号行政命令强调在促进经济增

〔1〕　CRPT-115hrpt661：182-184.
〔2〕　载美国参议院网站，https://www.rules.senate.gov/imo/media/doc/CDOC-113sdoc18.pdf，最后访问时间：2019 年 1 月 21 日。
〔3〕　7 U.S.C.§19（b）（2012）.
〔4〕　载美国国家档案馆网站，https://www.archives.gov/files/federal-register/executive-orders/pdf/12866.pdf，最后访问时间：2019 年 1 月 22 日。

长、创新、竞争度和创造就业的同时必须保护公共健康、公共福利、安全和环境的规制制度设计，以最佳、最创新、最小负担的政策工具达到规制目标的原则。[1]13610 号行政命令则强调政府应该主动根据环境和新兴技术的变化评估原有制度的合理性。13771 号行政命令主要强调政府规制要控制政府财政费用。

2003 年，管理和预算办公室发布 A4 通知，细化 12866 号行政命令的规定，为联邦行政机构提供指引。该通知中联邦规制行为必要性部分情形包括市场失灵或社会目的、对于联邦层面规制是解决问题最佳办法的证明、反对经济规制的推定。反对经济规制推定中列举了政府承担特殊必需证明责任的情形。具体包括以下四方面：（1）竞争市场的价格控制；（2）竞争市场的生产或销售配额；（3）通过自愿标准或者对购买者或使用者披露信息可以解决问题，却强制统一商品或服务的质量标准的；（4）控制职业或产品的市场准入，除非基于保护健康和安全的必需或管理公共产权资源的需要。[2]

可见，一旦政府运用限制自由公平竞争的方式规制产业，其所承担的合理性和必要性证明责任更为重大。在上述总统行政命令以及管理和预算办公室良好实践指引的要求下，美国农业部向公众提供重要指导文件清单，包括农业营销局、动植物卫生检验局、经济研究局、食品营养局、林业服务局和国家农业统计局也都发布了指导文件。

第二节　竞争政策对美国农业产业政策的豁免

美国反托拉斯法的产生与保护农民利益密切相关。1890 年反托拉斯法产生的直接动因就是格兰其农民运动，因为农民利益受到了垄断行为的影响。[3]1877 年芒恩案，最高法院宣布伊利诺伊州电梯操作收费法律合宪。该案起因是芝加哥地区 9 家谷仓电梯公司统一抬高了机器操作收费，加重运送谷物农民的负担，在农业保护组织格兰其的压力下，伊利诺伊州 1875 年通过

---

〔1〕　载美国白宫网站，https://www.whitehouse.gov/sites/whitehouse.gov/files/omb/inforeg/inforeg/eo12866/eo13563_ 01182011.pdf，最后访问时间：2019 年 1 月 22 日。

〔2〕　载美国白宫网站，https://www.whitehouse.gov/sites/whitehouse.gov/files/omb/circulars/A4/a-4.pdf，最后访问时间：2019 年 1 月 23 日。

〔3〕　叶卫平：《反垄断法的价值构造》，载《中国法学》2012 年第 3 期。

《格兰其法》对谷物仓库的操作价格作了限制。美国反托拉斯法的产生过程反映出农场主在农产品市场购销中的弱势地位，因此联合起来共同行动并与农产品购买者、农业服务提供者、农业生产资料销售者进行谈判是农场主获得公平对待和合理价格的重要方式。基于此，美国农业领域反托拉斯法的豁免，集中体现在对农业合作社的规制上，[1]农业合作社豁免立法和司法判例是美国农业垄断豁免的重要内容。州行为原则使得州政府的农业产业政策行为可能豁免于反托拉斯法，各州作为"市场参与者"则可能使得各州或地方政府免于潜伏贸易条款的审查。

一、农业垄断豁免

（一）农业垄断豁免的制定法规定

使美国农业产业政策豁免于竞争政策的最早立法是州立法，1893 年伊利诺伊州反托拉斯法规定：当农产品或牲畜处于生产者和饲养者手上时，不适用本法条款。[2]但联邦层面的《谢尔曼法》规定"任何限制州际间或与外国之间贸易或商业的契约，以托拉斯或其他形式的联合或共谋，都是非法的"，换言之，早期联邦层面的竞争法并无农业豁免的规定。

1914 年生效的《克莱顿法》开始涉及农业领域的竞争政策，该法第 6 条规定：人的劳动不是商品或贸易的物品。反托拉斯法不得解释为禁止那些出于互助成立的、未发行股票的、非营利的劳工组织、农业组织、园艺组织的存在和经营，也不得解释为禁止或限制其成员合法地实现该组织的合法目标。这样的组织或成员，也不能依据反托拉斯法解释为限制贸易的非法联合或共谋。[3]可见，《克莱顿法》的规定涵盖了向农民提供商品、服务的农业合作社和销售农产品的农业合作社，但农业合作社获得反托拉斯法豁免具有多项限制条件。第一，农业合作社的互助性、未发行股票和非营利性；第二，农业合作社的反托拉斯法豁免只限于其"存在"和"经营"；第三，组织或成员不得为限制贸易非法联合或共谋。上述条件限制所产生的问题明显：不得发行股票意味着合作社规模难以扩大；非营利性导致合作社对外营利能力弱，

---

〔1〕 刘替:《反垄断法农业豁免制度研究》，知识产权出版社 2012 年版，第 3 页。

〔2〕 Connolly v. Union Sewer Pipe Co. , 184. U. S. 540（1902）.

〔3〕 15 U. S. C. § 17（2012）.

进而损害合作社成员的收益；存在和经营的含义也没有明确定义。事实上，当时的法院系统对《克莱顿法》的豁免情况进行了狭义解释，对于涉及《谢尔曼法》诉讼的农民合作社和工会提供了有限的保护价值。[1]一战后，农产品价格剧烈下降，农业团体自我控制价格的动机更为强烈，并且格兰其运动中农场主集体行动的经验也为联合控制价格行为提供可能性。因此，《克莱顿法》的固有不足和农业经济形势的剧烈变化推动新的农业反托拉斯豁免法出台。

《农产品生产者团体法》又称为《卡伯尔-沃尔斯特法案》，该法案发起人是堪萨斯州参议员亚瑟·卡伯尔（Arthur Carper）和明尼苏达州众议员安德鲁·沃尔斯特（Andrew Joseph Volstead），其中卡伯尔是国会中农场主联盟[2]的成员。《卡伯尔-沃尔斯特法案》第1条规定：农场主、种植者、大农场主、奶农、坚果种植者、果农等从事农产品生产的人员，可以以结社、协办公司或其他形式，不管是否有股本，都可以在州际或对外贸易中共同行动，即集体加工、销售准备、处理和销售。这样的团体可具有共同的经销机构，团体及其成员可以订立必要的合同和协议；但是此类团体的经营是为了成员互助获利。[3]从主体上看，合作社的成员主体是农产品生产者，并列举了农场主、种植者等生产者类型；从行为看，合作社成员有权共同行动，团体及其成员可以订立合同和协议。《卡伯尔-沃尔斯特法案》第2条规定：农业部长在其有理由相信合作社在州际贸易或对外贸易中垄断或限制贸易使得农产品价格过度提高时，可以向合作社提出指控[4]。1926年的《合作销售法》（Cooperative Marketing Act）将农业合作组织的一些排除或限制竞争行为排除于反托拉斯法的管辖之外。该法第3条规定不同层次合作社应当分别为农产品生产者协会、联合会和子公司服务，包括加工、仓储、生产、农用品合作采购、信贷、金融、保险和其他合作活动。[5]

1933年《农业调整法》规定农业部长有权与农产品加工商、生产者、生

---

[1] Peter C. Carstensen, "Agricultural Coopratives and the Law: Obsolete Statutes in a Dynamic Economy", 58 *S. D. L. Rev.* 462, 464 (2013).

[2] 一战后，农产品价格下跌严重，农民组织为加强压力要求政府援助而在国会设立农场主联盟。

[3] 7 U. S. C. § 291 (2012).

[4] 7 U. S. C. § 292 (2012).

[5] 7 U. S. C. § 453 (a) (2012).

产者协会以及其他任何农产品加工者或生产者订立销售协议，该协议实质上
是减少农产品生产量和流通量的协议。该法特别强调除非本章（即 1933 年
《农业调整法》）有效期已过的情况外，任何此类销售协议都不能被认为违反
了合众国任何反托拉斯法，而且任何协议都应被视为合法。[1]1937 年《农业
营销协定法》继续规定销售协议，并授权农业部长对少量农产品实施销售指
令。有学者认为该法目标就是促进农产品市场的卡特尔化（Cartelization），以
造福生产者。[2]

可见，美国竞争政策对农业产业政策的立法豁免首先由各州立法发起，
其后由联邦反托拉斯法——《克莱顿法》规定农业豁免，由《卡伯尔-沃尔
斯特法案》予以发展。进入 20 世纪 30 年代，农业危机全面加剧，国会开始
在农业立法中明确规定某些涉及限制竞争的农业产业政策直接例外于反托拉
斯法。

（二）农业垄断豁免的判例法发展

《克莱顿法》和《卡伯尔-沃尔斯特法案》允许农业合作社豁免于反托拉
斯法，但是农业合作社获得豁免的资格要件和农业合作社能够获得豁免的行
为类型仍然有待于司法实践的发展。

1. 农业合作社豁免的资格要件

当事人是否具有《卡伯尔-沃尔斯特法案》合作社的资格从而获得该法豁
免，往往是诉讼活动中频繁发生的争议点。依据《卡伯尔-沃尔斯特法案》规
定，农业合作社的成员是从事农产品生产的人，这意味着如果农业合作社含
有非农业生产者成员，那么其将不能获得豁免资格。

（1）多个独立农业生产实体间的相互合作可以视为一个农业合作社。
1962 年"新奇士诉温克勒"案（Sunkist Growers, Inc. v. Winckler）反映了美
国联邦最高法院的这一立场。新奇士种植者公司在加州和亚利桑那州拥有
12 000 名柑橘类水果种植者，这些种植者被组织成当地协会经营包装厂，新奇
士为其成员提供广告、现场出售、运输等方式销售新鲜水果和水果产品的服
务，并将所有净收益都分配给成员。1915 年新奇士的几个成员协会开发柠檬
副产品，成立单独的柠檬交易合作社，这些协会仍然是新奇士成员，产品由

---

［1］　7 U.S.C. §608b（a）（2012）.

［2］　Peter C. Carstensen, "Agricultural Cooparatives and the Law: Obsolete Statutes in a Dynamic Econo-
my", 58 S. D. L. Rev. 462, 469（2013）.

新奇士销售。1916 年又有许多新奇士成员协会组成橙子交易团体开发橙子副产品，后成为新奇士的子公司。温克勒公司是独立加工商，其原料来源是新奇士提供的橙子副产品，但因价格问题被新奇士及橙子交易所拒绝提供产品。[1]因此，双方争议的焦点在于新奇士公司、柠檬交易所和橙子交易所是否构成反托拉斯上的共谋，如果构成，将会面临三倍损害赔偿。当然，如果上述三大法律实体可以被视为同一农业组织或团体的话，其共同行为就可以被理解互助行为，进而纳入《卡伯尔-沃尔斯特法案》的覆盖范围。美国联邦最高法院认为：

> 毫无疑问，在这些制定法（《克莱顿法》和《卡伯尔-沃尔斯特法案》）下，最终参与的 12 000 名加州和亚利桑那州的柑橘种植者可以合并为一个组织，用于集体加工和销售他们的水果和水果产品，而无需公司管理者的商业决策进行合并或共谋。即便他们正式组织成三个独立的法律实体，涉及的 12 000 名种植者在实际效果和法律解释上，仍然是一个"组织"或"协会"。[2]

也就是说，即便存在多个法律实体，只要这些法律实体间相互合作且成员一致，那么多个法律实体可以被视为一个大的农业合作社，进而符合反托拉斯豁免的主体条件。这为回答我国农业合作社的合作联社行为是否具有垄断豁免资格提供相应思路，即合作联社的合作行为可以理解为共同行为，能够获得豁免资格。

（2）农业合作社存在非农产品生产者成员的，农业合作社没有豁免资格。1967 年"凯斯斯韦恩公司诉新奇士"案（Case-Swayne Co., Inc. v. Sunkist Growers, Inc.）涉及新奇士系统的组织结构问题，进而因为组织结构不符合农业合作社条件而被美国联邦最高法院认定为不具有豁免资格。新奇士公司具有大约 160 个地方协会，其中绝大多数成员是水果种植者，属于符合规定的合作协会；还有一些地方协会成员是企业种植者，因其加工水果数量较低，能证明自有包装设施的合理性；剩下一些地方协会成员是私营公司和合伙企业，拥有和经

---

[1] Sunkist Growers, Inc. v. Winckler & Smith, 370 U. S. 19, 21~23 (1962).
[2] Sunkist Growers, Inc. v. Winckler & Smith, 370 U. S. 19, 28~29 (1962).

营加工包装厂以获取利润。[1]换言之，新奇士系统具有经营加工包装业务而谋利的成员，此类成员恰恰超过了法案规定的"农产品生产者"的范围。美国联邦最高法院审理案件时，运用众议院农业委员会报告来解释合作社成员协会的含义。美国联邦最高法院认为：

> 两份（《卡伯尔-沃尔斯特法案》）的农业委员会报告证明了立法目的仅仅是保护实际的农产品生产者。但可以肯定的是，国会的首要关注点是禁止掠夺性经纪人和投机商参与集体行动，这些人从农田购买农作物却仅仅返还非常小比例的最终价值给生产者。我们认为国会立法并不打算使得具有非生产者利益的组织利用《卡伯尔-沃尔斯特法案》而获得豁免权。[2]

可见，美国联邦最高法院判例确定农业合作社如果具有非农产品生产者成员的，则农业合作社就不能享有豁免资格。从美国联邦最高法院裁判说理思路看，是因为存在非农产品生产者会引发不能维护真正的生产者利益而导致农业合作社豁免资格的丧失。随之而来的问题是，如果存在少量非农产品生产者成员，但农业合作社整体仍维护生产者利益时，农业合作社是否丧失豁免资格？如果某些成员未直接从事实质性农业生产活动，是否还可以视为农场主，进而影响农业合作社的豁免资格？这需要后续判例继续解决。

（3）农产品生产者不是农场主，农业合作社没有豁免资格。1978 年"全国肉鸡营销协会诉合众国"案（National Broiler Marketing Assn. v. United States）就涉及该协会部分成员不是真正农场主的问题。全国肉鸡营销协会是成立于 1970 年的非营利性农业合作协会，它代表其成员执行各种合作营销和采购职能，其成员都参与肉鸡的生产和营销。[3]随着肉鸡行业高效化和部门化，过去由一个企业实施的生产阶段现在可以分为几个高度专业化的职能部门，这就导致肉鸡生产者不一定自己孵化雏鸡，孵化雏鸡的生产者不一定自己饲养。换言之，肉鸡从种鸡、孵化、饲养至成熟可以分别由多个生产者完成，不再由一个生产者来完成。全国肉鸡营销协会有 6 个成员并不拥有或控制任何种鸡群，也不拥有或控制任何孵化小鸡有孵化场所；记录中还显示其中三个成

---

[1] Case-Swayne Co., Inc. v. Sunkist Growers, Inc., 389 U.S. 384, 386~387 (1967).

[2] Case-Swayne Co., Inc. v. Sunkist Growers, Inc., 389 U.S. 384, 392~396 (1967).

[3] National Broiler Marketing Assn. v. United States, 436 U.S. 816, 820 (1978).

员既没有种鸡群、孵化场，也没有任何养殖设施，这些成员购买孵化好的雏鸡，然后将雏鸡放入其他养殖者处，只在后期加工阶段让鸡肉进入自己的生产线。[1]由此可见，问题争议点就在于这些成员表面上是肉鸡生产者，但实际上其没有真正从事肉鸡养殖过程，那么此类农业合作社是否还具有豁免资格？

美国联邦最高法院分析《克莱顿法》和《卡伯尔-沃尔斯特法案》的立法意图，认为国会立法并不是要帮助全部的农业部门，只是为了帮助经济上处于弱势的那些人。美国联邦最高法院从意图帮助加工商的修法建议被国会拒绝的结果看，国会未打算帮助农场主销售农产品的群体——加工商和包装商。由此，美国联邦最高法院认为：

> 全国肉鸡营销协会的部分成员既不拥有种鸡群、也不拥有孵化场、并且没有饲养鸡群的养殖设施，这些人不属于国会《卡伯尔-沃尔斯特法案》打算保护的对象。这些成员参与肉鸡一体化生产仅涉及国会明显无意保护的投资。这些成员不是法案中的农场主，并且包含他们的甚至仅是其中一人作为成员的合作组织也无权享有《卡伯尔-沃尔斯特法案》的有限保护。[2]

美国联邦最高法院以判例方式将农产品生产者确定为农场主，即直接真正从事农业种植养殖的人。莫妮卡（Monica）评价道：农场主实际上成为决定他们所在合作社是否具有《卡伯尔-沃尔斯特法案》豁免资格的保证者，农业合作社无疑会提高对会员名单的警惕，且无疑会从农业实际生产活动中转移注意力和资源。[3]这将间接导致农场主在农业完全竞争情形下，提高价格、压缩成本从而使获得利润变得更加困难。

（4）农业合作社因技术原因存在微量非农产品生产者成员的，农业合作社仍然享有豁免资格。根据 1978 年最高法院关于"全国肉鸡营销协会诉合众国"案的裁判观点，只要农业合作社存在非农场主成员的，那么农业合作社将会丧失豁免资格。但当农业合作社规模足够大时，就很难认证和管理好成

---

[1] National Broiler Marketing Assn. v. United States, 436 U. S. 816, 822 (1978).

[2] National Broiler Marketing Assn. v. United States, 436 U. S. 816, 827~829 (1978).

[3] John C. Monica, "Agricultural Antitrust Liability: What About the 'Reasonable Farmer?'", 22 *Drake J. Agric. L.* 1, 29 (2017).

员身份；一旦部分成员身份不合格导致农业合作社豁免资格丧失，对农场主合作抵抗市场风险极为不利。换言之，1978 年美国联邦最高法院的判决对农业合作社资格要求过于苛刻。1982 年 "亚历山大诉全国农场主组织" 案（Alexander v. National Farmers Organization）同样涉及全国农场主组织存在非农场主成员的问题。该案由美国联邦第八巡回法院处理，虽然在之后该案受到其他法院的否定评价，但并没有被其他判例推翻；并且该案当事人试图上诉至美国联邦最高法院，但调卷令申请也被美国联邦最高法院拒绝。"亚历山大诉全国农场主组织" 案是由 20 世纪 60 年代末和 70 年代初期中西部奶业激烈竞争引起的反托拉斯诉讼。案件涉及农场主组织和销售工作是否属于《卡伯尔-沃尔斯特法案》的豁免范围，以及农业合作社是否具有垄断或意图垄断、共谋、掠夺性的行为。全国农场主组织是一家非营利性、非股份制法人，专门为其成员提供与农产品有关的集体谈判和营销服务，1970 年全国农场主组织被美国农业部认定为合格的合作营销协会。全国农场主组织的豁免指控涉及其营销法案的法人结构及其在不同时期有某些非农场主会员的情况。[1]依据前文 1967 年 "凯斯斯韦恩公司诉新奇士" 案和 1978 年 "全国肉鸡营销协会诉合众国" 案的最高法院判例，农业合作社存在非农场主会员将会导致其丧失农业垄断豁免资格。因此，第八巡回法院是否区分该案和前述判例就尤为关键。第八巡回法院认为：

《卡伯尔-沃尔斯特法案》的明确目的是允许农民团结起来，并且集体营销其农产品以获取经济利益，本案中这一目的无疑需要由全国农场主组织完成。真正的生产者奶农通过全国农场主组织销售牛奶以获取利润。全国农场主组织通过章程规定排除非农场主的成员资格，明确规定任何退出农业行业的成员自动停止其合作社会员资格，会员协议也将无效。非农场主问题主要是全国农场主组织在监督会员资格方面的不知和大意造成的……案件记录中的信件进一步表明，许多非农场主从未将自己视为全国农场主组织的成员。事实上，全国农场主组织的规章禁止这些非农场主主张任何成员权益，并且这些人也没有通过全国农场主组织购买或出售牛奶。[2]

---

〔1〕　Alexander v. National Farmers Organization, 687 F. 2d 1173, 1185（1982）.
〔2〕　Alexander v. National Farmers Organization, 687 F. 2d 1173, 1185~1187（1982）.

据此，第八巡回法院通过判例设立了这样的规则，即农业合作社如果因管理的不足或大意导致合作社存在微量非农场主会员，不会影响农业合作社的豁免资格。同时，农业合作社的章程是否有禁止非农场主会员的规定以及非农场主对合作社态度和是否有参与合作社的共同行动也是判断合作社结构是否符合豁免要求的重要标准。

此外，依据《卡伯尔-沃尔斯特法案》的规定，享有垄断豁免的团体还必须在组织方面具有以社员互利为目的、实行一人一票制、年投资回报率不超过8%和与社员的交易量不得超过与非社员的交易量这四项要件。[1]

2. 农业合作社豁免的行为类型

《卡伯尔-沃尔斯特法案》规定农业合作社得以豁免的类型有：农产品生产者成立团体，成员集体进行加工、销售准备、处理和销售，团体可以具有共同的销售机构，团体及其成员可以签订必要的协议和合同。那么，哪些行为不能得以豁免？

（1）农业合作社与非农生产者的合作属于违法行为。1939年"合众国诉博登"案（United States v. Borden Co.）涉及伊利诺伊州、印第安纳州、密歇根州和威斯康星州的奶农将生产的液态奶运往芝加哥市并且分销的行为，牛奶生产者合作协会、芝加哥的牛奶分销商、工会、市政官员、牛奶经销商协会、代理商等合作联合控制牛奶的产销。首席大法官休斯（Hughes）撰写的法庭意见认为：

我们没有发现《卡伯尔-沃尔斯特法案》具有豁免公诉书中指控的联合和共谋的意图。《克莱顿法》第6条授权农业组织进行组建和经营，只要他们没有股本且不是为了营利而进行；并且规定反托拉斯法不能被解释为禁止这些组织成员合法实施其目标。但是他们不能够从事非法结合。虽然《卡伯尔-沃尔斯特法案》规定农产品生产者有权在准备销售和销售产品上的联合、有权为合作而订立必要合同，但是不得视为授权这些生产者可以和其他人联合或共谋以限制贸易。

该案中被指控的共谋不仅仅是指生产者组成一个集体联合来销售他们的农产品，而是生产者与主要经销商及其联合团体、劳工官员、市政官员和其

---

〔1〕 张学军：《美国农业垄断豁免制度研究》，载《比较法研究》2010年第4期。

他人的共谋，目的是维持人为的非竞争性价格，以支付给在伊利诺伊州和邻近州生产并在芝加哥销售的所有液态奶的生产者。所有被告包括生产者、经销商及其联合团体共同试图控制市场的行为在《卡伯尔-沃尔斯特法案》上没有任何正当理由。[1]

　　法院意见表明如果农产品生产者与非农产品生产者联合、达成协议显然不属于《卡伯尔-沃尔斯特法案》豁免的行为类型。从法院阐述的意见看，农业合作社的反托拉斯豁免是有限豁免，不能随意扩大解释，"合众国诉博登"案确立了对农业合作社豁免行为从严解释的态度。

　　（2）农业合作社不得实施掠夺性行为和违法合并行为。1960年，"马里兰-弗吉尼亚牛奶生产协会诉合众国"案（Maryland & Virginia Mike Producers Assaciation v. United States）集中反映出农业合作社对外经营行为受到反托拉斯法的约束，最高法院具体罗列出了违法的掠夺性行为。马里兰-弗吉尼亚牛奶生产者合作社有约2000名牛奶场主成员，其向哥伦比亚特区华盛顿都市区牛奶经销商提供约86%的牛奶。马里兰-弗吉尼亚牛奶生产者合作社面临如下指控：试图垄断马里兰州、弗吉尼亚州和哥伦比亚特区的州际液体奶的贸易和商业；通过合同和协议，与使馆乳业及其他人联合和共谋以消除同一牛奶销售区域的竞争；购买竞争对手使馆乳业的所有资产，该收购效果可能实质性削弱竞争或建立垄断。[2]可见，马里兰-弗吉尼亚牛奶生产合作社被指控的违法行为包括违法合并和掠夺性行为。美国联邦最高法院裁判思路是首先分析《克莱顿法》和《卡伯尔-沃尔斯特法案》豁免条款之目的及豁免行为类型，然后将案例事实梳理为掠夺性行为和合并行为，最后结合前述法律解释得出农业合作社行为违法的结论。美国联邦最高法院认为：

　　国会并没有意图使合作社参与抑制竞争的行为豁免于反托拉斯法的起诉，而是要求合作社应该对违反《谢尔曼法》反贸易限制规定的行为承担责任，掠夺行为可能是违法行为……《卡伯尔-沃尔斯特法案》的众议院农业委员会报告表明，即使农场主生产者组织起来，制定团体政策，在合作社出售产品时固定价格，也不会违反反托拉斯法。但这并不表示国会希望授予合作社不

---

〔1〕　United States v. Borden Co. , 308 U. S. 188，204~205（1939）.
〔2〕　Maryland & Virginia Milk Producers Association v. United States 362 U. S. 458，460（1960）.

受限制的权力，使之以掠夺独立生产者、加工商和经销商的方式限制贸易或达成垄断。[1]

美国联邦最高法院承认地区法院查明的掠夺行为，包括：

合作社威胁、诱使或强迫经销商向合作社购买牛奶；诱使和协助他人收购不从合作社购买牛奶的经销商网点；排除或试图消除其他与本合作社无关的生产者；不向经销商供给牛奶；试图干扰卡车运送非成员的牛奶；协会联合抵制亚历山大奶制品所有者从协会购买牛奶。[2]

美国联邦最高法院在认定马里兰-弗吉尼亚牛奶生产合作社收购使馆乳业是否属于违法合并的问题时指出：

购买使馆乳业资产的合同包括使馆乳业不得与该协会在华盛顿地区乳业进行竞争，并试图让所有使馆乳业的生产商加入本协会或者将牛奶运送至巴尔的摩市场。[3]

可见，马里兰-弗吉尼亚牛奶生产合作社的收购目的旨在消除或改变特定地区的乳业竞争状况，属于限制竞争的垄断行为。因此，该牛奶生产合作社的合并行为违反了《谢尔曼法》中不合理限制贸易的规定。在1982年"亚历山大诉全国农场主组织"案中，联邦第八巡回法院根据判例总结了其他违法掠夺行为，包括通过歧视性低价来限制竞争、胁迫他人加入农业合作社、掠夺性骚扰、非法地联合抵制、干预非会员运输、利用他人债务影响独家交易等。[4]

二、州行为的反垄断法豁免

美国各州政府和地方政府有权在本州范围内实施农业产业政策以调节州内恶化的农业经济状况。由于农业市场几乎没有竞争门槛，具有完全竞争的

---

〔1〕 Maryland & Virginia Milk Producers Association v. United States 362 U. S. 458, 463, 466~467 (1960).

〔2〕 Maryland & Virginia Milk Producers Association v. United States 362 U. S. 458, 463, 468 (1960).

〔3〕 Maryland & Virginia Milk Producers Association v. United States 362 U. S. 458, 463, 470 (1960).

〔4〕 Alexander v. National Farmers Organization, 687 F. 2d 1173, 1182~1183 (1982).

特征；但州政府调节农业生产和销售的行为往往具有限制竞争的可能，进而产生行政垄断。因为美国反垄断法的适用对象是抽象的人，既包括私人组织，也包括公共组织如地方政府、州政府、国家，甚至外国政府，所以州政府限制竞争的行为理应属于反垄断法的管辖范围。[1]前文述及，潜伏贸易条款可以约束州和地方政府限制竞争的行为，当事人可以通过诉讼请求州和地方政府停止限制竞争行为。如果当事人提起反托拉斯诉讼有可能获得 3 倍损害赔偿，因此当事人具有诉讼州和地方政府涉嫌垄断的经济动力。当事人适用反托拉斯法指控州和地方政府涉嫌垄断时，美国联邦最高法院可以通过州行为豁免原则对州和地方政府的限制竞争行为给予有限豁免。

（一）州行为豁免原则的创立

州行为豁免原则（State Action Antitrust Doctrine）创立于 1943 年"帕克诉布朗"案（Parker v. Brown），又称为帕克豁免原则，该原则允许州政府的限制竞争行为在一定条件下豁免于联邦反托拉斯法。该案源于《加利福尼亚州农业比例分配法案》（The California Agricultural Prorate Act）所制定的葡萄干销售计划。因为加州葡萄干生产数量巨大，所以州政府通过该计划限制种植者之间的竞争并维持包装商销售葡萄干商品的价格。《加利福尼亚州农业比例分配法案》宣称的立法目的是保护州的农业价值和阻止农产品销售的经济浪费。[2]帕克是葡萄干生产者和包装商，受到葡萄干销售指令的限制，包括不合格葡萄干不得销售、需交付一定比例葡萄干于储备池、自行出售葡萄干要二次质量认证并缴费等，[3]所以帕克起诉称该计划违反《谢尔曼法》、州际贸易条款和《农业销售协议法》。根据诉求，美国联邦最高法院需要解决的第一个问题便是州农业产业政策行为是否违反《谢尔曼法》，在解决该问题过程中，最高法院创设了州行为豁免原则。

从最高法院处理思路看，其首先阐明：

我们认为如果销售计划仅仅是通过私人或公司的合同、联合或共谋以组织和实施，当然违反《谢尔曼法》。我们也认为如果国会实施贸易权，以禁止州维持葡萄干稳定计划，毫无疑问也是违法的。但是，很清楚的是，比例分

---

〔1〕　郑鹏程：《美国规制地方保护主义法律制度研究》，载《中国法学》2010 年第 2 期。

〔2〕　Parker v. Brown, 317 U. S. 341, 346 (1943).

〔3〕　Parker v. Brown, 317 U. S. 341, 348 (1943).

配计划从未以私人协议或联合的方式来执行，该计划是由法案授权，效力来自于州立法机构的命令，没有该命令，计划就无法实施和生效。[1]

通过上述阐述，最高法院认为销售计划属于州政府的行为，因此下一步需要分析限制农业竞争的州政府行为是否违反《谢尔曼法》。最高法院从美国联邦制和《谢尔曼法》立法目的进行解释，建立了州行为豁免原则。

我们没有发现《谢尔曼法》的语言或立法史具有限制州及其官员或者机构立法命令活动的目的。宪法规定联邦体制下，州享有主权保留，除非国会以宪法去除州的权力。销售计划由葡萄干委员会实施，但销售计划的实施属于政府政策执行范围，由州执行立法授权、制定规章和规定销售计划的适用条件。因此，州采纳和执行葡萄干计划是以主权方式限制竞争，《谢尔曼法》对此并不禁止。[2]

可见，州行为豁免原则的理论基础是美国《联邦宪法》所规定的联邦制下的州权力保留，即州行为是州享有主权的外化表现。其后，美国联邦最高法院通过一系列判例继续对州行为豁免的类型、标准和限制进行构造。

（二）州行为豁免的要件

1. 州行为豁免要件的确立。州行为豁免的标准建立于1980年"加州酒类零售经销商诉米德科公司"案（California Retail Liquor Dealers Association v. Midcal Aluminum, Inc）。根据《加利福尼亚商业和职业法典》（California Business and Professions Code）的规定：所有葡萄酒生产者、批发商和调酒师都必须向州提供公平贸易合同或价格表；如果葡萄酒生产者没有通过公平贸易合同设置价格，则批发商必须为该品牌的生产者提交转售价格表。任何获得许可的葡萄酒商都不得以低于有效价格表或公平贸易合同设定的价格向零售商出售葡萄酒，否则将被处以罚款、暂停许可或直接吊销许可。[3]米德科公司是加州一家葡萄酒批发经销商，被加州酒精饮料部门指控以低于有效价格表设定的价格销售葡萄酒，并且出售的葡萄酒缺乏公平贸易合同或价格表。[4]

---

〔1〕 Parker v. Brown, 317 U. S. 341, 350 (1943).

〔2〕 Parker v. Brown, 317 U. S. 341, 351~352 (1943).

〔3〕 California Retail Liquor Dealers Association v. Midcal Aluminum, Inc. , 445 U. S. 97, 99 (1980).

〔4〕 California Retail Liquor Dealers Association v. Midcal Aluminum, Inc. , 445 U. S. 97, 100 (1980).

《谢尔曼法》禁止维持转售价格，因此加州葡萄酒定价制度违反了《谢尔曼法》的禁止规定；但问题在于州参与了葡萄酒定价计划，那么州的参与行为是否足以使该定价制度适用州行为豁免原则？美国联邦最高法院通过分析此前州行为豁免原则的一系列判例，归纳了州行为豁免的两个标准：被指控的限制行为必须是"明确且肯定表达为州政策"（Clearly Articulated and Affirmatively Expressed as State Policy）；政策必须由州政府积极监管。[1]接着最高法院结合案件事实，认为：

> 加州葡萄酒定价制度符合第一个标准。其立法政策表述直接，明确的目的是允许维持转售价格。但是，该计划不能满足帕克豁免原则的第二项条件。州仅仅授权私当事人设置价格和执行确定的价格。州既没有定价也没有审查价格表的合理性，也没有监管公平贸易合同的条款。州没有监督市场状况或对计划进行任何有针对性的重新检查。利于竞争的国家政策不能被表面上是州参与行为、实质上却是私人固定价格安排的行为所阻止。[2]

从最高法院的表述中可以看出，私当事人或私人主体的限制竞争行为要获得反托拉斯法豁免，必须满足"明确且肯定表达为州政策"和"州政府积极监管"两项标准。因为加州政府没有积极监管私当事人行为，所以加州葡萄酒定价制度不能获得反托拉斯法豁免。该案处理了私人主体根据国家管制计划采取限制竞争行为是否可以豁免的法律问题，那么州政府、州附属或地方政府采取限制竞争行为的豁免准则是什么？私人主体受到积极监管的含义又是什么？这些问题仍要最高法院解决。前一个问题的实质是不同性质主体获得州行为豁免的标准是什么。美国学界根据美国联邦最高法院判例将不同性质主体类型化归纳为三类：其一，州立法机构或以立法者身份行事的州最高法院的行为自动豁免；其二，市政当局或其下属实体行为的豁免标准；其三，私人主体根据州管制计划采取行动的豁免标准。[3]

---

〔1〕　California Retail Liquor Dealers Association v. Midcal Aluminum, Inc., 445 U. S. 97, 105（1980）.

〔2〕　California Retail Liquor Dealers Association v. Midcal Aluminum, Inc., 445 U. S. 97, 105（1980）.

〔3〕　Sina Safvati, "Public-Private Divide in Parker State-Action Immunity", 63 *UCLA L. Rev.* 1110, 1116-1117（2016）. C. Douglas Floyd, "Plain Ambiguities in the Clear Articulation Requirement For State Action Antitrust Immunity：The Case of State Agencies", 41 *B. C. L. Rev.* 1059, 1060（2000）.

2. 州立法机构或以立法者身份行事的州最高法院的行为的自动豁免，该类行为标准由美国联邦最高法院在 1984 年"胡佛诉朗恩"案（Hoover v. Ronwin）中得以明确建立。亚利桑那州宪法授权州最高法院决定律师协会的加入资格，州最高法院据此任命考试录取委员会有权审查申请加入该州律师协会的人。朗恩是一名未能成功加入亚利桑那律师协会的候选人，他起诉亚利桑那律师协会、考试录取委员会，包括州最高法院通过共谋人为地减少在该州的律师数量以限制竞争的行为违反《谢尔曼法》。[1]美国联邦最高法院的判决认为：

> 在帕克豁免原则下，当州立法机关通过立法时，其行为构成州行为，并且根据这项行为或事实的自身效力（Ipso Facto）可以豁免于反托拉斯法。基于帕克豁免原则的目的，一州最高法院当其以立法者身份行事时，具有与州立法机关相同的地位。而当有争议的活动不是州立法机构或最高法院的活动，而是由其他人根据州授权实施，则必须表明被指控的行为是依据明确阐述的州政策而进行的，且目的是规制替代竞争，州立法机关或最高法院对其代表的监督程度与审查有关。不管怎样，受到指控的行为实际上是州立法机关或最高法院作出的，就无需解决"明确表达"的"积极监管"的问题。[2]

3. 地方自治体（可指市、自治市、村或镇）的豁免标准是州政策的清晰明确授权。1982 年"社区通讯公司诉博尔德市"案（Community Communications v. City of Boulder）的争议问题是地方自治体的自治规则是否可以享受州行为豁免原则。博尔德是一个自治市，由科罗拉多州宪法授予广泛的地方和市政事务自治权力，原告经该市法令授权许可在该市特定范围内开展有线电视业务。随着技术进步，原告试图将业务扩展至其他区域并为潜在竞争者提供机会。市议会为此颁布紧急条例（Emergency Ordinance），停止原告业务扩展三个月；在此期间，市议会草拟了一份有线电视条例，依据条例邀请新企业进入市场。[3]换言之，市议会以紧急条例暂停该社区通讯公司业务扩展至新市场，并在此期间准备引入新竞争者进入市场。该措施将导致原告不能快速进入新市场，

---

〔1〕 Hoover v. Ronwin, 466 U. S. 558, 558（1984）.

〔2〕 Hoover v. Ronwin, 466 U. S. 558, 567~569（1984）.

〔3〕 Community Communications v. City of Boulder, 455 U. S. 40, 40（1982）.

人为影响原告在新市场的竞争力，涉嫌违反《谢尔曼法》。由此产生的问题是，该市的管制条例是否符合州行为豁免原则？如果符合就并不违反《谢尔曼法》。美国联邦最高法院判决博尔德市的暂停条例不能基于州行为豁免原则豁免于反托拉斯审查。美国联邦最高法院从以下几方面阐述判决理由：

> 只有当州政府的行为构成州自身因主权地位的州行为，或者与地方自治行为是促进或执行明确清晰表达的州政策时，暂停条例才能豁免于（反托拉斯）审查。州行为豁免原则反映的国会意图是联邦制原则，即各州具有《联邦宪法》的主权地位；但这个原则具有固有限制，并不包括自治市。此处，科罗拉多州宪法的自治规则修正案授予给博尔德市的权力，不能使得有线电视暂停条例被视为博尔德市管理地方事务实施的"州行为"。州对受指控的暂停条例仅仅持有中立立场，故州政策并没有得到清晰明确表达；且本案中博尔德市的行为缺乏州的任何监管，这样的行为不是深化和实施清晰明确州政策的行为。当地方自治体不是实施清晰明确州政策的行为时，反托拉斯法就可以得到适用。[1]

可见，地方自治体的豁免标准，取决于州政策是否对地方自治体规制行为进行了明确清晰的授权，得到明确清晰授权的地方自治体规制行为才可以被视为州行为，进而因州主权地位而获得反托拉斯法豁免。

1985年"哈利镇诉奥克莱尔市"案（Town of Hallie v. City of Eau Claire）改变了"社区通讯公司诉博尔德市"案确立的较为严格的豁免准则。虽然美国联邦最高法院的判决表明：地方自治体必须证明其根据清晰明确阐述的州政策从事受指控的活动，才可以受到州行为豁免保护，但该案中美国联邦最高法院建立的两条规则弱化了原有的严格豁免准则。其一，州行为"明确表达"要件的测试并不要求（地方自治体）表明州强制他采取行动。虽然明确表达的强制性可能是州政策的最佳证据，但绝不是发现地方自治体根据明确表达州政策采取行动的先决条件。其二，反竞争行为受到州积极监督也不是其豁免于反托拉斯法的先决条件，因为行为人是地方自治体而不是私人主体。如果行为人是地方自治体而非私人主体，那么他很少甚至没有涉及私人定价

---

［1］　Community Communications v. City of Boulder, 455 U. S. 40, 48~57 (1982).

安排的风险。[1]"哈利镇诉奥克莱尔市"案确立的地方自治体的豁免标准是州政策的清晰明确授权,且州明确表达的强制性和对地方自治体的积极监督不是获得州行为豁免的先决条件,只是强化获得豁免资格的证据。

1991年"哥伦比亚市诉奥米尼户外广告公司"案(City of Columbia v. Omni Outdoor Advertising, Inc.)中,美国联邦最高法院在清晰明确授权标准上放得更为宽松。美国联邦最高法院认为对竞争的压制后果是"州政府授权的'可以预见的结果'"即已足够,这一要求在该案中已得到满足,因为"管制的目的就是为了偏离商业自由,并具有抑制正常竞争行为的效果。"[2]换言之,清晰、明确授权标准被逐步弱化为概括授权,事实上已违背"加州酒类零售经销商诉米德科公司"案确立的标准,豁免标准从较为清晰的行为要件演变为目的要件——州具有授权限制竞争的目的。2013年"联邦贸易委员会诉菲比帕特尼公司"案(Federal Trade Commission v. Phoebe Patney Corporation)中,美国联邦最高法院从严细致分析了乔治亚州法律是否授权医院系统从事限制竞争行为,并认为概括授权不包括许可其行使限制竞争的权力。[3]某种意义上,该案说明如果不是州自身直接的管制行为,要获得州行为豁免,美国联邦最高法院就可能会对是否清晰明确授权进行严格审查。

4. 私人主体根据国家管制计划采取行动的州行为豁免标准是州政策的清晰、明确表达和州积极监管,双层标准由前述"加州酒类零售经销商诉米德科公司"案确立。那么,积极监管该如何认定?1985年南方汽车运输费率案(Southern Motor Carriers Rate Conference, Inc. v. United States)中,美国联邦最高法院指出为了确保州行为豁免原则只保护私人主体特定的限制竞争行为,积极监管标准要求州对被指控限制竞争的行为予以最终控制。[4]1987年"酒公司诉达菲"案(Liquor Crop. v. Duffy)中,美国联邦最高法院判决州不对限制竞争行为施加任何重大控制的,不能构成积极监管。[5]防止私人主体假借州行为豁免追求私人利益,是州积极监管私人主体的目的或依据;而地方自

---

〔1〕 Hallie v. Eau Claire, 471 U.S. 34, 45~47 (1985).

〔2〕 [美] 欧内斯特·盖尔霍恩、威廉姆·科瓦契奇、斯蒂芬·卡尔金斯:《反垄断法与经济学》,任勇、邓志松、尹建平译,法律出版社2009年版,第475页。

〔3〕 Federal Trade Commission v. Phoebe Putney Health System, Inc., 568 U.S. 216 (2013).

〔4〕 Southern Motor Carriers Rate Conference, Inc. v. United States, 471 U.S. 47, 51 (1985).

〔5〕 Liquor Corp. v. Duffy, 479 U.S. 335, 345 (1987).

治体因其被选举出来承担政治责任，故免于积极监督的审查。

对积极监管标准的进一步明确是在"帕特里克诉伯吉特"案（Patrick v. Burget，1988）和"联邦贸易委员会诉泰克产权保险公司"案（Federal Trade Commission v. Ticor Title Insurance Co，1992）中完成的。[1]因为上述两案标准均被 2015 年"北卡罗来纳州牙科检查委员会诉联邦贸易委员会"案（以下简称"牙科检查案"）（North Carolina State Board of Dental Examiners v. FTC）援引，故本书只介绍牙科检查案的裁判观点。该案中美国联邦最高法院认为：

> 如果没有具体的监管制度需要审查，就要注意有关积极监督的灵活性和具体情境。问题在于，州的审查机制是否提供了现实保证，即保证非主权行为人限制竞争行为的目的是促进州政策的实施，而不是私人主体的个人利益的实现。法院只确定积极监管的一些不变要求，监管者必须实际审查限制竞争决定的实质内容；监管者必须有权否决或修改特定决定，以确保它们符合州政策；仅仅潜在的州监管还不足以取代州的决定。此外，州监管者本身不得是主动的市场参与者。一般而言，监管充分性取决于案件的所有情况。[2]

（三）州行为豁免的司法审查流程

当一项限制竞争行为被指控违反反托拉斯法，被指控方提出州行为豁免抗辩时，州行为豁免的司法审查流程包括以下几步。

第一，法院区分从事限制竞争行为的主体是州政府、地方自治体还是私人主体，如果是州政府，那么自动豁免；如果不是州政府，那么进入第二步审查。

第二，对地方自治体和私人主体的限制竞争行为审查有没有州政策清晰、明确的授权。一般而言，如果地方自治体通过这项审查，就可以获得州行为豁免。但需要注意的是，只有地方自治体是典型的州机构时，才可以豁免于积极监管审查。如果地方自治体是由积极的市场参与者主导的委员会，那么同样需要进入积极监管的审查流程。[3]但如果私人主体的行为只是遵循州立

---

[1] 郑鹏程：《美国规制地方保护主义法律制度研究》，载《中国法学》2010 年第 2 期。

[2] North Carolina State Board of Dental Examiners v. FTC，574 U. S. 494，17~18（2015）.

[3] 牙科检查委员会案中，最高法院认为控制委员会的成员大多是积极市场参与者，因此州委员会的行为必须满足积极监管的要求。North Carolina State Board of Dental Examiners v. FTC，574 U. S. 494，12~14（2015）。

法的强制性要求，那么就不需要监管。

第三，积极监管是第三步。如果私人主体有很多种行为可以选择，该行为只是其中一种，那么其所选择的行为就应当受到具有资格的州机构的有效监管。[1]法院从监管内容的实质性、监管者的监管权效力以及案件的具体情境等方面进行审查。

三、州作为市场参与者例外于潜伏贸易条款

前文述及潜伏贸易条款具有限制州实施农业产业政策并导致贸易歧视的作用，但潜伏贸易条款具有例外，即各州作为市场参与者而非规制者时就能取得潜伏贸易条款例外的地位，被称为市场参与者例外（The Market Participant Exception）。换言之，当州具有市场参与者角色时，他可能被允许歧视非本州居民。

（一）州作为市场参与者例外的条件

根据潜伏贸易条款的法理，州和地方政府必须以公平、非歧视的方式为州内和州外的市场活动主体制定基本规则，换言之，州和地方政府必须公正和非歧视地扮演市场规制者的角色。当政府开始以贸易文件提供服务或交易时，它成为积极的市场参与者而非纯粹的主权者；而《联邦宪法》的贸易条款直接说明了联邦政府规制经济行为的权力，故其负面含义（潜伏贸易条款）只能被理解为联邦对州政府规制经济权力的约束，[2]此时，潜伏贸易条款就不能适用于州的市场参与行为。

为了保护本州企业或本地居民之利益，绝大多数州都制定有本地优先法令。1976年美国联邦最高法院在"休斯诉亚历山大市废品公司"案（Hughes v. Alexandria Scrap Corp.）中首次对本地优先法令是否违反隐性商业条款（即潜伏贸易条款）进行了回应。[3]马里兰州法规定，任何人可以将其拥有超过8年车龄的汽车交给废品处理商，然后申请马里兰州的奖励。1974年马里兰州修改法律，差异化对待州内和州外的处理商所提交的文档，州内处理商只

---

〔1〕 ［美］赫伯特·霍温坎普：《联邦反托拉斯政策：竞争法律及其实践》，许光耀、江山、王晨译，法律出版社2009年版，第824页。

〔2〕 Jaiod M. Bona, Luke A. Wake, "The Market-Participant Exception to State-Action Immunity From Antitrust Liability", Competition: J. Anti. & Unfair Comp. L. Sec. St. B. Cal. 156, 173 (2014).

〔3〕 郑鹏程：《美国规制地方保护主义法律制度研究》，载《中国法学》2010年第2期。

要提交"补偿协议"即可，州外处理商则必须提交所有权证书、产权授予的治安证明或治安拍卖的销售单。美国联邦最高法院判决马里兰州修正案并没有给州际贸易造成过度负担，不违反贸易条款。最高法院的理由如下：

（1）马里兰州修订法案的行为不是贸易条款涉及的那种行为。因为马里兰州没有寻求禁止报废车的州际流动或者规制贸易流动的条件，确切地说，马里兰州通过奖励提高报废车价格，使州本身进入市场。（2）贸易条款没有禁止州作为潜在的商品购买者进入市场，并将贸易范围限制于其本州公民。虽然1974年修正案的实际效果是将奖励的好处给予州内加工商，但没有通过贸易条款禁止的贸易壁垒妨碍报废车流出本州。[1]

可见，"休斯诉亚历山大市废品公司"案将州参与市场的行为排除在贸易条款所规制的行为之外。

1980年"李维斯公司诉斯塔克"案（Reeves, Inc. v. Stake）中，最高法院阐述了州作为参与者例外的法理。该案涉及南达科他州水泥委员会实施的州经营水泥厂优先向本州居民出售水泥的计划。美国联邦最高法院判决从贸易条款目的、州主权、市场参与者同等约束和州市场行为的复杂性四方面阐述了州行为参与者例外的理由。具体包括：

（1）在没有国会立法情况下，贸易条款不禁止州参与市场并支持本州公民优先于其他州公民的权利。（2）贸易条款主要应对州通过征税和规制措施妨碍国内市场自由贸易的情况，没有迹象表明宪法计划限制州自身自由经营的能力。限制这一领域[2]也是基于州主权的考虑，每个州都扮演人民监护人和受托人的角色，以及具有公认的作为商人选择交易对象的权利。此外，州财产性活动中，州往往承担与私人市场参与者相同的限制。而且，正如本案所展示的那样，在涉及州财产性活动的案件中，竞争性考虑往往是微妙的、复杂的、政治性的，难以根据传统的贸易条款进行分析。鉴于这些因素，在这种情况下，国会比法院更适合进行利益调整。[3]

---

〔1〕 Hughes v. Alexandria Scrap Corp., 426 U. S. 794, 794~795（1976）.
〔2〕 根据判决书前后文分析，这一领域的含义是贸易条款对州作为市场参与者适用的领域。
〔3〕 Reeves, Inc. v. Stake, 447 U. S. 429, 434~439（1980）.

1983 年"怀特诉马萨诸塞州建筑业雇主委员会"案（White v. Mass. Council of Constr. Employer）涉及地方政府作为市场参与者例外问题。波士顿市长发布一项行政命令，要求全部或部分由城市资金或城市授权管理资金资助的建设项目，必须雇佣至少一半本市居民。美国联邦最高法院的判决意见认为如果城市使用自己资金达成公共项目的建设合同，那么他就是市场参与者。只有城市的决定正在规制市场而不是参与市场时，才能评估出其对州外居民的影响；也只有规制市场时，才需要确定其是否对州际贸易施加了负担。[1]应该说，该案还表明州的规制行为受潜伏贸易条款约束，而市场参与行为并不受潜伏贸易条款约束。据此，我们可以认为如果州和地方政府以市场参与者身份进入农产品市场，那么会因州作为市场参与者的例外而不受潜伏贸易条款的约束。

（二）州作为市场参与者例外的限制

1984 年"中南木材开发公司诉温尼克"案（South-Central Timber v. Wunnicke）中，美国联邦最高法院阐明了"市场参与者"理论的限制。[2]同时，该案还涉及州政府农业产业政策使用问题。阿拉斯加州销售州所有林木的合同都具有一个特定条款，即这些林木必须在州内加工。该项要求的制定目的是保护现存产业（木材加工业）、建立新产业、从林木资源获取收入和在持续产量基础上管理州的森林。[3]怀特（White）大法官代表最高法院撰写法庭意见，意见第三部分专门讨论州作为市场参与者例外的问题。法院承认如果州以市场参与者身份行动，而不是以市场规制者身份行动，潜伏贸易条款就不会限制州的行动。[4]但问题在于阿拉斯加州销售合同中特定条款具有规制销售市场以外加工市场的事实，也就是说阿拉斯加州是木材销售市场的参与者，却对下游木材加工市场施加影响。因此，美国联邦最高法院指出：

很显然，州不仅仅是木材卖方。商业语境下，卖方通常对售后产品的使用没有话语权和利益关系；然而本案中，支付完木材货款并不意味着买方义务的结束，因为尽管买方已经接收木材并支付完费用，但他不能随意使用木

---

［1］ White v. Mass. Council of Construction Employer, 460 U. S. 204, 209~211（1983）.
［2］ 张千帆：《美国联邦宪法》，法律出版社 2011 年版，第 146 页。
［3］ South-Central Timber Development v. Wunnicke, 467 U. S. 82, 85（1984）.
［4］ South-Central Timber Development v. Wunnicke, 467 U. S. 82, 93（1984）.

材；相反，他在完成买卖行为后，还必须和陌生人（州内加工者）打交道。[1]

在阐明销售林木合同具有规制加工者的事实后，法院开始解释"市场参与者"原则的限制。

市场参与者原则不是无限制授权州可以强加经济权力命令的依据，也不意味强加于合同关系相对人的州任何要求都能够生效。市场参与者原则的限制必须是允许一州对其所参与市场的商业施加负担，但不能更进一步。州不能以法规、规章或合同的形式对特定市场之外的市场主体强加具有实质性规制效果的条件。中南公司认为虽然州参与木材销售市场，但州利用优势对其并未参与的加工市场发挥了规制效果，我们（法庭）认可这一观点。总而言之，州不能利用市场参与者原则豁免其对不参与的下游木材加工市场进行规制。[2]

可见，当州作为市场参与者影响其参与市场内的当事人行为时，可以例外于潜伏贸易条款的限制；但是如果州作为市场参与者影响或规范其参与市场外的当事人行为时，就已经超出了州作为市场参与者例外原则的范围。因为此时州只是名义上的市场参与者，却是事实上利用优势调控其他市场的规制者。当然，需要说明的是，州作为市场者例外原则只适用于州抗辩潜伏贸易条款审查的语境，并不能使其豁免于反托拉斯法的审查。美国学界也有观点试图将州作为市场参与者解释州行为，进而获得反托拉斯法的豁免资格，但是美国联邦最高法院目前尚无这方面的意图。[3]

总而言之，美国农业产业政策与竞争政策的协调框架是竞争政策对农业产业政策的限制和豁免。其限制主要包括：（1）正当法律程序保障自由竞争；（2）平等保护、特权豁免及潜伏贸易条款保障公平竞争；（3）国会、联邦行政部门和州及地方政府制定农业产业政策法自动实施公平竞争审查。豁免主要包括：（1）农业垄断豁免制度，即农业合作社的内部成员

〔1〕　South-Central Timber Development, Inc. v. Wunnicke, 467 U. S. 82, 96 (1984).
〔2〕　South-Central Timber Development, Inc. v. Wunnicke, 467 U. S. 82, 97~99 (1984).
〔3〕　Jarod M. Bona, Luke A. Wake, "The Market-Participant Exception to State-Action Immunity From Antitrust Liability", *Competition*：*J. Anti. & Unfair Comp. L. Sec. St. B. Cal.* 156, 176 (2014).

合作行为得以豁免，但农业合作社的对外掠夺性行为和违法合并不得垄断豁免；（2）州和地方政府的限制竞争行为符合州行为豁免原则的，可以获得垄断豁免；（3）州作为市场参与者时，可例外于潜伏贸易条款的限制，但对市场范围又有限定。

第六章

我国农业产业政策法治化的镜鉴

研究"法治视野下美国农业产业政策"的根本目的是为我国农业产业政策法治化建设贡献智慧，这恰是比较法研究意义所在。我国借鉴美国农业产业政策法治约束的经验必然存在扬弃的过程。这个过程中，首先要归纳总结美国农业产业政策法治约束的结论；其次要准确把握中美农业发展和法治运作的差异，明确我国农业产业政策法治化存在的现实问题；最后，结合中美差异和我国现实问题，在平等、独立和客观的心态下扬弃美国农业产业政策法治化经验，选择适合我国的农业产业政策的法治化路径。

第一节 美国农业产业政策法治化的结论

一、美国农业产业政策的外部正当性和内在正当性

美国农业产业政策的外部正当性是指美国政府为什么需要通过产业政策促进和干预农业发展；美国农业产业政策的内部正当性是指美国政府为什么可以通过产业政策促进和干预农业发展。国内学界研究一般关注于美国政府为什么促进和干预农业发展，而对美国政府可以促进和干预农业发展的原因关注较少。

很大程度上，法律制度的正当性在于其生成过程的必然性[1]。梳理美国政府运用农业产业政策的历史，我们发现美国政府促进和干预农业发展的原因极为多样。具体来说，农业蕴含的经济价值，尤其是能够提供财政收入，缓解联邦和州的财政收入不足是早期美国政府干预和促进农业发展的重要原因。在此过程中，美国西进运动产生了丰富的土地要素，南北战争结束释放

---

[1] 李友根：《惩罚性赔偿制度的中国模式研究》，载《法制与社会发展》2015年第6期。

的自由劳动力为农业生产提供大量劳动力要素，推动农业生产由小农自给生产转向商业化生产。而美国国内外飞速发展的工业及欧洲地区的战争状态，扩大了农产品的国内和国际需要。美国政府顺势促进和干预农业发展具有现实意义。农业商业化为美国农场主带来农业繁荣和农业红利，但是也暴露出面向市场的农业生产和农产品销售的固有缺陷。如：农业生产的地域性、季节性和周期性；因为农产品的供给弹性较低，农产品的生产成本无法随着产量的增减作等比例变动。农业是接近完全竞争市场的产业，农业生产者难以控制农产品价格[1]。这导致农场主和其他产业的从业者比较起来处于明显劣势，农场主议价能力弱，农业生产者自我调整困难，农业生产过剩和周期性农业危机频发。据此，政治力量强大的农业利益集团通过游说甚至局部地区的暴力手段向政府施加压力，要求政府采取产业政策救助农业。20世纪20年代至30年代，美国农业由慢性危机转变为全局性危机，农业生产不再是地方性活动，州和地方政府的治安权也难以应对农业大萧条，联邦政府宽松间接干预农业经济活动的做法归于失败。自此，联邦政府强力宽领域的农业干预主张逐步成为主流；罗斯福新政起到扭转农业危机的效果，也形成并加深了美国政府以农业产业政策干预农业危机和促进农业发展的路径依赖。二战后，环境保护、贫困者救助、消费者食品安全、生物能源开发等主题逐步进入农业领域，进一步巩固了农业产业政策的必要性。换言之，农业产业政策一旦形成，由于制度路径依赖的历史惯性，各类干预和促进农业发展的手段就会不断填入农业产业政策中，进而固化美国独特的农业产业政策。当今美国只要面临国内农业危机和国际农业保护主义的现实问题，美国政府就会以阶段性农业立法来调整其农业产业政策的内容。所以，美国政府不存在要不要农业产业政策的问题，只存在农业产业政策所表征的管制态度从严或从宽的问题，以及农业产业政策手段的变通问题。

美国农业产业政策的内在正当性是宪法授予联邦政府和州政府的干预经济的权力，联邦政府和州政府干预农业权力的分工和协调是法院系统司法判例发展的结果。早期联邦政府虽然可以通过征税权和开支权促进农业经济发展，但是因为农业生产活动被视为地方性活动，管理农业生产活动属于州权力保留的范围，联邦政府无权直接管理农业生产活动。因此，美国早期农业

---

〔1〕 钟甫宁主编：《农业经济学》，中国农业出版社2011年版，第118~119页。

产业政策一旦具有管理属性，便纳入州治安权的范畴。随着美国联邦最高法院《联邦宪法》中的州际贸易条款、征税开支条款和必要且适当条款的不断解释，联邦政府对农业生产活动的管理具有内在正当性。因此，当前美国国会的立法制定和实施农业政策时，都会在宪法授权部分，阐明农业立法的贸易条款和必要且适当条款等宪法依据。国会农业立法授予联邦行政机关、州政府、地方政府或其他组织实施农业产业政策的权力，这构成上述行政机关、州政府等主体实施农业产业政策的内在正当性。美国联邦最高法院以判例发展的授权可理解原则进一步夯实了联邦行政机关和州政府等主体实施农业产业政策的内在正当性。州政府制定实施农业产业政策内在正当性的另一渊源是治安权。马歇尔大法官于 1824 年"吉本斯诉奥格登"案中提出治安概念，于 1827 年"布朗诉马里兰州"案明确提出治安权概念。如今，治安权成为州干预涉及公众安全、健康、道德和普遍福利的宽泛权力。因此，无论联邦政府还是州政府，他们能够干预和促进农业发展的根本原因都是美国《联邦宪法》的相关授权条款；而美国联邦最高法院对这些宪法授权内容的解释，在广度和深度方面拓展了美国政府制定和实施农业产业政策的内在正当性。

二、美国农业产业政策法治约束的途径

美国农业产业政策法治约束的途径既有农业产业政策自身的法治化，也有农业产业政策与竞争政策协调的法治化。

（一）美国农业产业政策以《联邦宪法》为根基

诚然农业具有的多元价值、农业固有缺陷和市场失灵、农业利益群体集体行动和农业市场干预的路径依赖等要素构成了美国农业产业政策的外部正当性。但是，美国联邦政府和州政府能够以产业政策干预和促进农业发展的关键仍是美国《联邦宪法》关于政府管理经济活动的规定。换言之，美国《联邦宪法》是农业产业政策的总体依据和基本依据。联邦政府在宪法授权范围内、州政府在宪法不禁止的范围内，制定和实施农业产业政策。《联邦宪法》赋予政府干预经济的权力，其具象化工作由美国联邦最高法院通过宪法解释完成。州际贸易条款的相互影响理论保证联邦政府有权介入视为地方性活动的农业领域，联邦政府的征税权突破传统财政权范畴获得管理属性，开支权调控一般福利目的的从宽解释为联邦政府管制州和地方政府提供正当性，

国会以必要且适当条款扩张隐含权力获得更强大的管理权。联邦行政部门能够以行政规则的方式实施国会农业立法，同样离不开最高法院对授权原则的解释，将禁止授权原则发展为授权可理解原则。禁止授权原则的嬗变使得总统和其他机构具有了制定规章和发布具有法律效力决定的自由裁量权，从而具备了应对周期变动的宏观经济的可能[1]。涉及公众的安全、健康、道德和普遍福利的治安权是州政府制定和实施农业产业政策的依据，限制市场自由以维护公共利益的治安权理论同样由美国联邦最高法院以各项判决发展而来。

农业产业政策的边界则通过宪法私权保护条款对农业产业政策立法和执行的限制来约束，换言之，宪法的权利自由条款构成了农业产业政策不可侵入的领域。但是，边界的模糊性需要法院通过对宪法的系统解释和适用厘清。具体来说：正当法律条款审查农业产业政策立法和执行的程序正当性；平等保护审查农业产业政策的区别性措施；征收条款审查征收农产品或者过度管制农产品交易的措施；言论自由条款审查政府统一促销农业生产者、经营者产品的行为；特权豁免条款审查州和地方政府是否平等保障州内外农业生产者和经营者权利。美国联邦最高法院运用娴熟的解释技术——修辞技艺和原理解析来确保美国农业产业政策的法治化，既有通过原理解析而确立的一般准则，也有超出有限适用原理而存在的诸多例外；既有对政府权力行使的尊重，也有根据实际情况开展不同等级的审查。美国联邦最高法院以务实、不绝对化的司法态度很好地平衡了立法机关和行政机关，联邦政府和州、地方政府，公权干预和市场自由之间的关系。可见，美国联邦最高法院不断促进《联邦宪法》成为"活"的宪法，奠定了《联邦宪法》成为农业产业政策法治化的根基。

（二）美国农业产业政策载体的法律化

美国农业产业政策以法律文本为载体，首先表现为国会农业立法。即便是经济大萧条时代，经济与社会形势如此严峻，罗斯福政府也几乎获得了全国的一致支持，其农业产业政策的制定仍然通过国会出台《农业调整法》等法律的方式实现；在该法被美国联邦最高法院判定违宪后，又通过修订该法律再实施相关政策。[2]国会农业立法公开透明，参众两院农业委员会报告、

---

〔1〕 陈承堂：《宏观调控权是怎样生成的 基于罗斯福新政的考察》，载《中外法学》2011 年第 5 期。

〔2〕 李友根：《论农业产业政策的法律化——美国 Horne v. Dep't of Agriculture 案的启示》，载《人大法律评论》2016 年第 3 期。

国会议员辩论意见和法案修正案、两院协商会议人员和协商委员会报告、总统签署或否决法案的意见等都可以通过美国国会网站查询到。国会农业立法过程中多方主体相互制衡，包括参议院和众议院的内部和相互间制衡，总统和国会相互制衡，农业行政部门和农业利益集团对参众两院议员的影响。其次，美国农业产业政策的法律载体表现为联邦行政部门的行政规则和裁决。行政部门制定行政规则和实施行政裁决需要符合程序性规范，满足规制影响和利益代表分析的实体性要求。行政部门制定行政规则和实施行政裁决会受到国会立法约束，司法机关从程序问题、法律问题、事实问题等方面进行司法审查。最后，美国农业产业政策的法律载体表现为州和地方政府的农业立法。州和地方政府的农业立法既要受到联邦法律优先规则的限制，也会受到州自身法治框架的约束，更会受到各级法院系统的司法审查。

（三）美国农业产业政策内容的法治化

首先，美国农业产业政策最大限度提高了市场机制含量。美国农业产业政策是政府针对农业领域农产品生产和经营的鼓励和限制措施，市场机制含量较高，政府干预含量较低。具体来说：（1）国会农业立法目标以平衡农产品供给和需求矛盾为政策导向，立法评估强调规制对市场机制的影响，政策手段以最小扭曲农业市场机制为主；且大量农业产业政策以农业生产经营者自愿为基础，换言之，农业生产者面临农业干预具有较高的选择自由度。（2）美国农业产业政策受到宪法权利和自由条款的约束，正当法律程序条款保障农业生产经营的自由，征收条款制约政府过度管制的行为，平等保护条款保护受产业政策影响主体受到的区别对待合理，特权豁免条款和潜伏贸易条款防止州和地方政府采用歧视性措施发展和干预农业发展。（3）行政部门实施农业产业政策时，具有约束自由裁量权的程序机制和实体规则和根据市场状况决定放松管制或加强管制的措施。（4）市场机制是法院系统司法审查农业产业政策的重要依托。虽然法院系统以宪法原则和判例规则审查农业产业政策，但法官们在论证产业政策目的和手段的合理性时，仍需要借助产业政策对市场机制、竞争机制影响的具体细节进行分析来形成最终结论。可见，虽然美国农业产业政策具有政府配置资源的本质，但其功能仍着眼于弥补农业市场的缺陷或失效，因而农业产业政策和市场机制在作用发挥上具有融合性。

其次，美国国会农业立法内容目标明确、手段具体，以限缩政府行政权力的裁量范围。美国农业产业政策从国会立法开始就以问题解决为导向，具体到重大立法条款的修正，都有明确的目标表述。以国会 2018 年《农业促进法》立法为例，农产品计划改革的背景是农场净收入在过去 5 年下降 52%，生产成本却稳步攀升，导致农场主和牧场主收入不能支付其成本，以至于农牧场主加大劳动时间投入或增加兼职，大量农牧场主鼓励其子女进入城市工作，相当数量的中大型家庭农场濒临高风险边缘。对此，农产品计划的价格损失覆盖、农业风险覆盖、营销贷款、糖政策、牛奶风险管理和补充农业灾害援助计划等具体政策措施都是应对农业风险管理的工具。国会农业立法的政策措施规定很细致，其精确立法以"传送带"方式，将行政机关置于较为纯粹的执法者地位。行政机关在"明确授权原则"约束下，需着重阐述农业行政法规和行政规则的必要性，尽量更为准确地表述政策措施，考虑各项合理因素，然后在各类可选方案中审慎选择，这确保农业产业政策措施的可操作性。

最后，美国国会农业立法内容的综合性和阶段性。20 世纪 80 年代以来，美国农业产业政策内容的一揽子立法为农业相关利益主体的博弈提供更大空间，满足相关利益主体的不同利益需求，增加各方达成妥协的可能性。农业产业政策手段具有综合性，如农产品计划常用农业补贴手段，但是农业补贴并非单纯的农业收入支持手段，农业生产者获得补贴资格的前提是自愿接受政府对农产品生产数量、种植面积和种植结构的调整。换言之，收入支持和生产调整的手段结合使用。同样，农产品销售促进和规范也是将自愿性调节和强制性调节结合起来，环境保护项目将农业补贴、环境生态维护和种植结构调整等结合起来。可以说，美国农业生产经营者要获得政府给予的利益，就需要付出被调控的代价，某种意义上，这也是权利义务对价性的体现，是受控主体和调控主体之间的契约。美国农业产业政策具有纠错机制，一方面通过法院系统的司法审查纠正产业政策不合宪和不合法的情况，另一方面美国农业产业政策的阶段性也使其能及时纠正产业政策不合时宜的情况。美国国会农业立法具有期限性，每隔 5 年时间需要重新立法。每次农业法有效期届满前 1 年左右，国会就会开始新的立法；立法间隔期内，农业行政部门、农业企业、国会议员会从事大量立法调研工作，为下次农业立法提供科学和有说服力的立法建议。阶段性农业立法可以满足农业产业政策因技术进步、经济社会发展和国际环境变化而调整的需求。

（四）农业产业政策与竞争政策协调的法治化

虽然美国在农业领域普遍推行产业政策，但自由公平竞争的经济理念时刻约束着农业产业政策，以致美国政府不可能在农业领域以产业政策完全替代竞争政策。即便以立法或司法判例为农业产业政策设定豁免规则，美国联邦最高法院又会通过其他司法判例来缩小豁免规则的适用范围。从竞争政策对农业产业政策的限制方面看，正当法律程序保护自由竞争机制，平等保护、特权豁免和潜伏贸易条款保护公平竞争机制，都影响着农业产业政策的制定和实施；联邦政府和州政府的农业产业政策立法活动受到公平竞争政策的审查。农业产业政策豁免于竞争政策表现为农业产业政策豁免于反托拉斯法和例外于潜伏贸易条款。联邦政府一般以农业立法直接规定的方式豁免于反托拉斯法，州和地方政府只能依据根据主权原理设定的州行为原则而豁免于反托拉斯法，农业生产者的限制竞争行为依据农业合作社垄断豁免规定获得豁免资格。当州和地方政府作为市场参与者而非规制者角色时，其获得例外于潜伏贸易条款的统摄范围，因为潜伏贸易条款只能审查州和地方政府基于主权的规制行为，不能审查州和地方政府的市场参与行为。

第二节　我国农业产业政策法治化镜鉴的背景分析

一、中美农业产业政策法治化的差异分析

（一）中美农业产业政策法治化的产业基础比较

从农业发展的阶段看，中美农业处于不同发展阶段，美国农业已处在现代农业发展阶段，而中国农业正处于传统农业向现代农业转型的阶段。因为农业发展所处阶段不同，中美农业发展状况呈现以下方面的不同：（1）中美农业生产要素投入不同。虽然我国农业在 20 世纪初加速商品化，但是正如黄宗智所言，"商品化的小农经济确实扩展了，但这种扩展主要是过密型增长，而不是真正的发展；总产值，甚至每个家庭的年收入，在某种程度上是增加了，然而这是因为投入了家庭成员更多的劳动，而不是由于单位工作日收入的增长"[1]。

---

〔1〕　［美］黄宗智：《明清以来的乡村社会经济变迁：历史、理论与现实》（卷二），法律出版社 2014 年版，第 262 页。

换言之，过密的劳动投入形成的农业内卷化阻碍了农业生产的开放性，进而阻碍资本和技术要素的投入，妨碍传统农业向现代农业的转型。截至目前，我国农业就业人数仍旧远多于美国。相反，美国农业发展初期具有强大的商业化需求，土地资源丰富和劳动力要素不足的矛盾，促使资本和技术要素的投入。因此，美国农业劳动力不是过剩而是短缺，需要更多新农场主进入农业生产领域。我国农村人口依然众多，农业生产领域潜在从业人员数量较多，尤其是较多的老年劳动力仍然投入农业生产领域，一定程度上依然存在农业劳动力过剩的问题，需要以农业产业政策平稳转移农业领域过密的劳动力投入。（2）中美农业资源禀赋不同。美国的耕地面积总量和人均耕地面积都高于中国，且美国农业从业人数远低于中国，属于"人少地多"，利于大面积农业机械化和农业技术推广，易于形成规模化、集约化和专业化的农业生产经营模式。我国农业面临"人多地少"的情况，如果全国经营规模平均为100亩，则只需要1800万种地农户，同时要向城市转移出2亿农户，[1]这无疑这会给政府和社会带来过大的负担。换言之，和农业人口转移相应的适度规模经营是我国制定农业产业政策必须考虑的国情。（3）中美农业生产贸易的外向度不同。美国是国际农产品市场的主要供给方，其国内农业生产效率高，生产过剩是常态，需要出口大量农产品进入国际市场，以维持国内农业生产和农产品需求的平衡，故其主张农业贸易自由化。相反，我国是国际农产品市场的重要需求方，农产品物资生产相对不足且农产品价格较高；但大量进口农产品会进一步冲击国内农业生产尤其是粮食作物的生产，因此，我国必须保障重要农产品基本自给。2019年"中央一号文件"明确要求将稻谷、小麦作为必保品种，稳定玉米生产，确保谷物基本自给、口粮绝对安全。（4）中美农业生产方式不同。我国农业从业人数多、耕地总量和人均数量较低、土地细碎化和分散化，导致农户家庭的小规模经营方式，即便单位农业产出数量高，也仍存在单位农业投入成本高、农业生产标准化难以实施、农产品质量稳定性较弱的问题。美国农业以家庭农场规模化经营方式为主，单位农业产出的投入成本低、农业生产效率高、农业生产标准易于实施、农产品质量比较稳定。

总而言之，我国小农户的生产经营方式很普遍，农业的劳动力投入较高，

---

〔1〕 陈锡文：《我国城镇化进程中的"三农"问题》，载《国家行政学院学报》2012年第6期。

技术和资本的生产要素投入还不足，农业生产经营主要用于满足国内农产品需要；美国农业以规模化家庭农场经营为主，农业劳动力投入较低，技术和资本的生产要素投入多，农场主面向国内和国际市场从事生产经营活动，农业生产过剩和农业劳动力缺乏的现象比较普遍。因此，中美两国的农业产业政策目标有所区别。我国农业产业政策一方面必须保障粮食安全，即重要农产品必须能够有效自给；另一方面应推动小农户和现代农业有机衔接，充分发挥小农户所蕴含的生产力，和新型农业经营主体及现代农业形成生产力联合[1]。美国农业产业政策目标虽然包括提供丰富、安全和可负担的食品，农业环境保护，农业科技进步和推广，农场主收入稳定和农村地区发展，但其主要目标仍是控制农业生产的相对过剩和扩展农产品的销售市场。

尽管中美农业存在巨大差异，但是两国农业发展仍然存在共同之处。从地理环境看，中美两国地域宽阔、地形多样，均能从事多样化农业品种的生产活动。从气候环境看，两国气候都是雨热同期，适合农业的发展。[2]从农业市场状况看，农业和其他产业比较都处于弱势地位。即便美国是农业发达国家，农场主仍因农业自然风险和市场风险，处于市场弱势地位；即便美国农场主的规模很大，但其相对其他企业主而言，规模仍然较小。从农业生产方式看，中美两国都是家庭经营，区别是家庭经营规模大小不同。因为农业生产的高自然生物特性决定了农业是一个天然适于个体劳动的产业，核心家庭是最适于农业生产的组织单位[3]。从农业发展所处的市场经济环境看，中美两国都是在市场经济条件下发展和促进农业发展。任何国家要在市场经济条件下推进农村市场化建设，都离不开政府的支持和帮助，因此，加强对农村市场经济发展的宏观调控是各级政府应尽的职责[4]。基于此，笔者认为中国农业发展在甄别美国总体发展举措差异的基础上，可以在技术层面上有选择地借鉴美国在不同历史阶段应对农业自然风险和市场风险问题的法律制度和机制，尤其是用于提高农业生产力和调整农业生产关系的法律制度。

---

[1]　叶敬忠、豆书龙、张明皓：《小农户和现代农业发展：如何有机衔接?》，载《中国农村经济》2018年第11期。
[2]　刘合光等：《中美农业比较分析》，中国经济出版社2015年版，第2页。
[3]　韩朝华：《个体农户和农业规模化经营：家庭农场理论评述》，载《经济研究》2017年第7期。
[4]　习近平：《中国农村市场化建设研究》，人民出版社2001年版，第139页。

（二）中美农业产业政策法治化的结构及运行比较

有学者指出，现阶段对域外经验的借鉴已经逐渐超越了单纯的规则比较和法条译介，而更重视挖掘域外制度的结构性因素及其实际运行状况[1]。换言之，从法治的结构性因素和运行角度比较分析中美农业产业政策法治化才能更科学、妥适地完成经验扬弃的工作。

从结构性因素看，中美两国农业产业政策法治化都以宪法为根基，宪法处于根本法位置，保障公民基本权利自由和约束公权力的理念类似。不同之处在于：（1）我国的单一制国家形式不同于美国联邦制国家形式。我国《宪法》规定中央和地方的国家机构职权划分，遵循党中央集中统一领导，充分发挥地方的主动性和积极性。美国《联邦宪法》则规定了联邦政府和州政府的分权制，联邦政府享有州际和对外贸易管理权，州政府基于宪法权力保留享有贸易管理权；当联邦政府和各州政府的农业产业政策权力发生冲突时，就需要司法机关通过解释宪法来裁判。这意味着我国制定和实施全国性农业产业政策的阻力远小于美国，能有效保障农业产业政策较低的实施成本和较高的运行效率，不必像美国那样耗费大量资源协调联邦政府和州政府关系。（2）中美两国的国家权力结构区别明显。我国的人民代表大会和行政机关、监察机关、审判机关、检察机关之间是垂直的制约关系，《宪法》明确规定国家行政机关、监察机关、审判机关、检察机关都由人民代表大会产生，对它负责、受它监督。美国联邦层面的国会、总统和最高法院则是平行的制约关系，各州层面的议会、州长和州最高法院也是平行制约关系，是典型的权力分立结构。因此，美国很多与权力分立有关的制度安排并不适合我国，如美国联邦最高法院享有宪法解释权，我国则由全国人民代表大会常务委员会行使宪法解释权。（3）中美两国生产资料所有制基础不同。我国经济制度的基础是生产资料的社会主义公有制，尤其对土地实行国家所有和集体所有；我国农村集体经济的发展具有重要地位，伴随着农村集体产权制度改革阶段性任务基本完成，发展新型农村集体经济是当前的重大任务。美国经济制度的基础则是生产资料私人所有制，凡是私人企业能够有效完成的，国家一般不介入。美国土地所有权主体包括联邦政府、州政府、县和市政府、私人，其中私人所有土地的占比接近60%，农业发达州的土地大多为私人所有，联邦

---

[1] 李洪雷：《中国比较行政法研究的前瞻》，载《法学研究》2012年第4期。

政府和州政府所有的土地大多位于不适合耕种的山区。中美两国生产资料所有制基础不同，意味着两国农业经济发展取向不同，中国农业经济发展与共同富裕、乡村治理和农业文明等挂钩，美国农业经济发展则对非市场需要回应度不够。（4）中美两国的政治权力作用不同。我国《宪法》赋予中国共产党的政治权力无论在法治的创立和推进还是具体实践中，都具有重要的主导或影响作用[1]。美国《联邦宪法》则是联邦党人和反联邦党人相互制约和妥协的产物，美国政治权力的作用机理是政党间的相互制衡，如国会农业立法经常宣称其是两党联立的结果，美国法治实践虽具有权力制衡的外观，但其内在仍是政党间的政治竞争和妥协。（5）中美法治化实践阶段性不同。美国法治实践已有数百年之久，其面临的主要是"共时性"法治问题；我国法治实践时间比较短，所面临的是"共时性"和"历时性"相互交错的法治问题。

从农业产业政策法治化运行看，中美农业产业政策法治化都包括农业产业政策的内容法律化、农业产业政策制定实施主体的法定化和政府产业政策行为受约束等。具体来说：

（1）农业产业政策的权力主体不同。我国《宪法》赋予中国共产党执政党地位，党的领导是中国特色社会主义最本质的特征，是社会主义法治最根本的保证。把坚持党的领导、人民当家作主、依法治国有机统一起来是我国社会法治建设的一条基本经验[2]。所以，中国共产党领导农业产业政策的制定和实施，各级党组织对农业产业政策实施能施加重大影响。我国权力机关对重大农业产业政策具有决策权，并能够依据立法权限制定农业法律和地方性法规。国家行政机关制定有关农业产业政策的规范性文件，国务院、各部委和符合规定的地方政府在立法权限内制定农业行政法规和规章并管理农业经济活动。国家司法机关享有涉及农业产业政策具体行政行为的司法权。美国制定和实施农业产业政策的权力主体主要包括国会和州议会、联邦和州行政机关以及法院。美国《联邦宪法》明确规定国会享有立法权，总统享有行政权，最高法院及其下级法院享有司法权。美国联邦层面，农业产业政策由国会立法转变为综合性和阶段性的农业法；农业行政部门根据国会农业法或

---

〔1〕 顾培东：《当代中国法治共识的形成及法治再启蒙》，载《法学研究》2017 年第 1 期。

〔2〕 习近平：《关于〈中共中央关于全面推进依法治国若干重大问题的决定〉的说明》，载《求是》2014 年第 21 期。

总统行政权的授权实施农业法，为执行农业法律，农业行政部门有可能制定农业行政法规；法院系统对农业产业政策的制定和实施具有司法审查权。

（2）农业产业政策的权力约束机制不同。中国农业产业政策权力主体的相互作用表现如下。首先，中国共产党及各级党组织直接或联合行政机关制定农业产业政策，如每年"中央一号文件"由中共中央和国务院联合发文；在条件成熟时推动农业立法；通过党内法规和政策规定的监督、检查和问责机制等手段落实农业产业政策。其次，全国人民代表大会及其常务委员会通过事先批准、事后撤销或改变、备案审查等制度对国务院和省级权力机关的规范性文件进行审查；地方人民代表大会及其常务委员会有权对本级人民政府及下级人民代表大会的规范性文件进行审查。再次，国务院对各部、各委员会和地方各级行政机关的规范性文件有权改变或撤销。地方各级政府对其领导部门和下级政府的不适当决定有权改变或撤销。《国务院办公厅关于全面推行行政规范性文件合法性审核机制的指导意见》要求各级人民政府及其部门要明确具体承担规范性文件合法性审核工作的部门或者机构，严格审核制定主体是否合法，是否超越制定机关法定职权，内容是否符合宪法、法律、法规、规章和国家政策规定，是否违反规范性文件的制定程序等[1]。换言之，行政机关自身承担对其规范性文件的审核职责。最后，法院对行政规范性文件享有合法性审查权。2014年《行政诉讼法》增加了对规范性文件附带审查的规定，有些学者从裁判文书中归纳出法院审查的标准包括规范性文件的制定主体、制定权限、制定内容和制定程序[2]。2018年《最高人民法院关于适用〈中华人民共和国行政诉讼法〉的解释》（以下简称"《行诉解释》"）规定规范性文件不合法的情形包括：超越权限或授权范围；与上位法规定抵触；缺乏法律依据地增加行政相对人义务或减损其合法权益；严重违反制定程序等。

美国农业产业政策的权力主体中的国会和行政部门同样能够进行自我审

---

〔1〕 国务院办公厅：《国务院办公厅关于全面推行行政规范性文件合法性审核机制的指导意见》，载中国政府网，http://www.gov.cn/zhengce/content/2018-12/20/content_5350427.htm，最后访问时间：2019年4月5日。

〔2〕 参见朱芒：《规范性文件的合法性要件——首例附带性司法审查审判决书评析》，载《法学》2016年第11期；陈运生：《行政规范性文件的司法审查标准——基于538份裁判文书的实证分析》，载《浙江社会科学》2018年第2期。

查，审查农业立法、行政法规和行政规则是否符合宪法规定和精神、是否具有相应权限、是否满足程序正当要求等。美国国会通过立法授权行政部门、州政府实施农业产业政策，并且授权范围和适用条件规定详尽。以美国 2018 年《农业促进法》对农业信贷授权水平的规定为例，2019 年至 2023 年每个财政年度投入 100 亿美元，其中 30 亿美元用于直接贷款，70 亿美元用于担保贷款；30 亿美元直接贷款分为农场主所有权贷款 15 亿美元和经营贷款 15 亿美元，70 亿美元担保贷款分为农场主所有权贷款 35 亿美元和经营贷款 35 亿美元[1]。国会、州政府和联邦行政部门的农业产业政策最终都会受到法院系统的司法审查。可以说，美国法院尤其联邦最高法院具有强大的司法审查权，当然这与联邦最高法院通过"马伯里诉麦迪逊"案获取的宪法解释权有重大关联。美国法院司法审查内容涵盖合宪性审查、合法性审查、适当性审查，其审查对象包括国会、联邦行政部门和州政府。当然，在美国，合宪性案件要想被法院接受，需要符合"诉讼资格"、"成熟性"、排除"政治问题"审查等基本条件，还需要满足调卷价值、四票规则的筛选规则[2]。

通过比较分析中美农业产业政策法治化的产业基础、结构性因素、权力主体及制约的差异，笔者认为我国农业产业政策法治化对美国经验的借鉴一方面是政府扶持和优先发展农业、农业产业政策内容法律化、公权制约、私权保障等共通的理念；另一方面是注重吸收技术性措施和机制，尤其是美国农业立法的精细化和可操作性。

二、我国农业产业政策法治化的现状分析

近年来，我国农业产业政策法治化取得了较多成绩。从农业产业政策的立法实践看，我国建立了以农业法为基础、以不同领域专门农业法律为主干、以有关法律中的涉农条款为补充、辅之以行政法规和地方性法规的多层次、全方位的农业法律制度，[3]我国农业产业政策的法治化基础——农业立法已逐步具备。以我国《农业法》为例，该法规定多种农业产业政策措施，如第 15 条规定县级以上人民政府有权制定农业发展规划，省级以上人民政府农业

---

〔1〕　Agriculture Improvement Act of 2018, Pub. L. 115-334, § 5302（DEC. 20, 2018）.
〔2〕　韩大元：《关于推进合宪性审查工作的几点思考》，载《法律科学（西北政法大学学报）》2018 年第 2 期。
〔3〕　刘振伟：《对我国农业立法工作的几点思考》，载《农业经济问题》2014 年第 12 期。

行政主管部门有权根据农业发展规划，指导和协调农业和农村经济结构调整；又如第 37 条规定国家建立和完善农业支持保护体系前提下，采取财政投入、税收优惠、金融支持等措施，扶持农民和农业生产经营组织发展农业生产，提高农民收入水平。当前，基于农业强国、中国式农业现代化战略的实施需要，在"三农"工作重心历史性转向全面推进乡村振兴的大背景下，《农业法》修改工作应当适时启动。《乡村振兴促进法》的颁布，标志着乡村振兴战略实施从政策引导型向法治保障型转变。[1] 从农业产业政策的实施看，全国人民代表大会、国务院构建了基于法律和考核指标的双重控制体系，以推动产业政策的实施[2]；《宪法》和农业法律规范规定了集体经济组织和农村集体经济组织成员的自主经营权；《民法典》及《农村土地承包法》规定了农村土地承包经营权、土地经营权、宅基地使用权等，目前政策还在探索集体成员权、宅基地农户资格权等。农业产业政策的权力制约和权利保障也建立了相应的法治框架。即便如此，我国农业产业政策的法治化仍需要改进。

（一）我国农业产业政策的法律化有待加强

我国具有规范属性的农业产业政策载体除法律文本之外，还存在尚未法制化的大量政策文件。虽然某些政策文件可以通过自上而下的机制推动政策措施的落实，但是政策文件的制定过程中相关利益主体的参与权利和程序不易得到规范，政策文件的内容稳定性弱且权利、义务、责任具有不确定性，政策容易导致执行后果的可救济性弱，受规制主体权利受损失，难以通过法律渠道获得权利救济。同时，我国政策文件存在措施不具体的问题，随着地方政府层层下达，容易发生农业产业政策执行"跑偏"的现象。因此，条件成熟的政策文件应该上升至法律规范。但我国农业某些重要领域依然缺乏立法规定：（1）农产品贸易的立法不足。《农业法》并未专章规定农产品贸易，而国际社会大多会在本国农业立法专门设计农产品贸易内容。如历次美国农业法修订都会重点强调农产品贸易的内容，提及如何促进农产品出口、如何进行对外农产品援助以及如何控制农产品的进口等。我国农产品贸易涉及农产品进口限制、农产品出口促进、农产品对外援助等的条件、措施、实施周期、程序等，但相关法律规定还很缺乏，导致我国应对国际农产品贸易问题时国内

---

〔1〕 冯兆蕙：《乡村振兴法治化的时代价值、基本框架与实现机制》，载《法律科学（西北政法大学学报）》2022 年第 6 期。

〔2〕 万江：《产业政策实施的控权实践与法治回应》，载《法商研究》2019 年第 4 期。

法支撑不足。（2）农业投入和支持的规定不足。农业投入和支持是政府推动农业发展的最重要措施，虽然中央文件一再强调农业投入和支持的法制化，但是至今我国农业投入和支持法制化程度仍然较低。从国内影响看，缺乏农业投入支持法，使得农业投入和支持的主体、对象、程序、条件等都缺乏相应法律依据，农业投入和支持的稳定性和规范性不强，涉农市场活动主体的预判能力受到削弱。从国际影响看，缺乏农业投入支持法，也没有明确区分是否扭曲市场机制的投入和支持措施，如政府一般服务支持、农业生态环境保护的补贴、农产品价格支持补贴、粮食安全保障补贴等之间的区别措施规定，这就导致我国很难在 WTO 规则框架下用足和用好农业支持的"绿箱""黄箱"等豁免措施。（3）粮食安全保障的法律制度不足。虽然我国粮食产量一直在增长，总量供给有所保障；但是农产品品种结构合理、重要农产品产量稳定、农民种粮的收入保障的问题较为突出，对粮食主产区的资金、技术等倾斜和利益补偿方面的制度等还要完善，粮食储备、粮食安全风险基金、粮食安全预警机制等也要完善。（4）农村集体经济组织扶持的规定不足。2016 年《中共中央、国务院关于稳步推进农村集体产权制度改革的意见》要求加大对集体经济发展的政策支持力度，从税收、财政投入、金融扶持等方面采取措施。目前，对试点开展的扶持措施、成效和问题改进等急需整理，具备法制化条件的要转化为国家法律，不具备法制化条件的要受到法治原则约束，其中财税扶持、金融扶持和产业扶持等重点措施方面的立法空白需要填补。

（二）农业产业政策法的体系化和可操作性问题

农业产业政策法律化的体系问题有待解决。虽然前文述及，我国农业法律规范已经具备了体系化和多层次的特征。但笔者梳理我国现有农业法律规范，发现《农业法》的基础法不牢，单行法律或法规衔接度不够的现象较为明显。具体来说，我国几乎所有农业政策类的法律规范在立法过程中未明确立法依据，《农业法》未说明其以《宪法》作为立法依据，其他农业立法也未说明其立法依据是《农业法》[1]。所以，从立法语言看，《农业法》是否具备农业法律规范的基础法地位是值得商榷的。农业法及相关单行法在立法目的方面

---

[1] 《农村土地承包法》的立法依据表述是"根据宪法，制定本法"，《农业法》的立法依据没有表述，仅在第一条说明立法目的，然后直言制定本法。可见，从立法依据看，《农村土地承包法》似乎高于《农业法》。只有《农业保险条例》，规定立法依据为《保险法》和《农业法》等法律。

相互抵牾现象也存在，农业法律和农业行政法规、规章的对接度也要提高，农业行政法规和规章制定大多未提及上位法依据，这些都在无形中影响着农业产业政策法律体系的系统化和层次性。

农业产业政策法律规范的可操作性不足。我国农业立法仍然存在宽泛性和概括性的特征。以我国《农业法》的农业投入与支持保护内容为例，我国《农业法》虽然规定了国家建立和完善农业支持保护体系，运用财政投入、税收优惠、金融支持等措施发展农业生产、提高农民的收入水平，但是权力主体大多以"国家""各级政府"的字样表述，这会导致农业产业政策主体的权力、责任不明，公权主体解释空间弹性比较大；农业产业政策措施大多以"鼓励""引导"和"支持"等字样表述，使得具体措施的可操作性不强。以2018年和2019年的"中央一号文件"完善农业支持保护制度的内容为例。2018年"中央一号文件"要求加快建立新型农业支持保护政策体系，深化农产品收储制度和价格形成机制改革，落实和完善对农民的直接补贴制度，加快建立多层次农业保险体系；2019年"中央一号文件"要求加快构建新型农业补贴政策体系，健全农业信贷担保费率补助和以奖代补机制，完善农业保险政策，打通金融服务"三农"的各个环节，切实降低"三农"信贷担保服务门槛等。可见，无论《农业法》还是"中央一号文件"关于农业支持保护的规定，都具有概括性和指引性特征，实际操作中都需要具体立法或政策的落实。由于我国农业投入和支持的具体立法尚处于空白，农业投入和支持的概括立法规定或中央政策措施，往往以下级党委或政府落实农业法或政策的形式出现。前述2019年"中央一号文件"出台后，2019年"江苏省委一号文件"《中共江苏省委、江苏省人民政府关于推动农业农村优先发展做好"三农"工作的实施意见》[1]中加大农业支持保护力度的内容与2019年"中央一号文件"内容相差无几，细化落实措施并不具体。因此，从农业产业政策措施的类别、实施主体、实施对象、实施条件、资金来源、实施期限和责任承担等方面尽量精确和可操作的制度安排很重要，以精细准确的立法规定提高政策措施的可操作性、压缩政府执行政策的裁量空间。

---

〔1〕 中共江苏省委、江苏省人民政府：《中共江苏省委、江苏省人民政府关于推动农业农村优先发展做好"三农"工作的实施意见》，载中共江苏省委新闻网，http://www.zgjssw.gov.cn/fabuting/shengweiwenjian/201903/t20190318_6123339.shtml，最后访问时间：2019年9月5日。

（三）农业产业政策实施主体的权力规范问题

上文述及精确的农业立法可以有效压缩农业产业政策实施的裁量空间，问题在于我国农业立法的精细化和可操作性有欠缺，这意味着通过立法规范农业产业政策执行主体行为的控制力有所不足。首先，农业产业政策执行主体是农业农村部，但不同政策措施对应的实施主体及其权力内容还需要细化，权责主体及其权力内容应该得以明确才能有效实施农业产业政策。其次，农业产业政策的程序规范问题。一般来说，农业产业政策的实施涉及预算、执行、监督、考核、信息公开等方面的程序要求，尤其是具体执行农业产业政策时更涉及到实施受体申请、审核，种植面积、农产品或畜牧品种和数量的核定，实施主体不符合条件的事后追责及政策措施变动和衔接等。这些程序规定还比较欠缺，导致行政主体的支持或限制行为的任意性难以控制。再次，农业产业政策实施的法律控制和行政部门内部控制的协调不足。行政部门内部控制主要通过考核指标进行，由于侧重于行政行为结果的指标考核远比侧重于行政程序的依法行政导向更为明显，在指标考核和程序控制相冲突时，地方行政部门更倾向于完成考核指标而不顾程序规范。[1]最后，农业产业政策的司法控制不足。农业产业政策是国家干预农业经济活动的行为，其载体是法律规范或行政规范性文件，换言之，农业产业政策属于既定法上的抽象行政行为。2014年《行政诉讼法》将行政规范性文件纳入法院附带性审查范围，2018年《行诉解释》对规范性文件不合法的情形进行界定，这使得具有大量规范性文件的农业产业政策接受司法审查成为可能。但是，正如有学者所言，行政规范性文件的司法审查存在审查力度不够、程序不够清晰、标准不够清楚等问题。[2]同时，笔者以"农业产业政策"全文检索裁判文书网，并未得到相应内容的裁判文书，这也说明农业产业政策司法控制的实践很少。

（四）农业产业政策实施受体的权益保障问题

农业产业政策的实施受体是农民、家庭农场、农村集体经济组织、农民专业合作社和涉农企业等农业生产经营者，现行法律和政策关于以上主体的权益保障主要规定于《农业法》《农村土地承包法》《农民专业合作社法》及《中共中央、国务院关于稳步推进农村集体产权制度改革的意见》。（1）现行法和政

---

[1]　万江：《产业政策实施的控权实践与法治回应》，载《法商研究》2019年第4期。
[2]　黄学贤：《行政规范性文件司法审查的规则嬗变及其完善》，载《苏州大学学报（哲学社会科学版）》，2017年第2期。

策文件保障的权益主体是农民、农村集体经济组织和农民专业合作社，承担保障义务的主体因保障对象不同而有所区别。农民权益保障的义务主体是政府、农村集体经济组织、农村村民委员会、农民专业合作社等，农村集体经济组织权益保障的义务主体主要是政府和农村村民委员会，农民专业合作社的保障义务主体主要是政府。（2）从权益保障内容看，农民权益保障的内容最多。《农业法》规定的农民权益保护，包括不得被非法收费、处罚、摊派等，农民享有征地补偿权利、土地承包经营权、生产经营自主权等；农村集体经济组织和农民专业合作社具有自主开展生产经营活动的权利。（3）从权益保障方式看，我国农业法律规范通过政府行为的禁止性规定和实施受体生产经营权的赋予来保障农业产业政策实施受体的权益，尤其以"不得非法干预"来限定政府行为。现行法还规定了侵害农民和农民专业合作社权益的救济途径。如《农业法》第77条和第78条规定，农民权益受侵犯时，农民或者农业生产经营组织有权向各级人民政府或有关部门反映情况、申请行政复议或向人民法院提起诉讼；《农民专业合作社法》第69条规定，非法干预农民专业合作社及其成员的生产经营活动的，依法追究法律责任；《农村土地承包法》第65条则明确规定，国家机关及其工作人员非法干涉承包经营当事人依法享有的生产经营自主权，造成损失的，应当承担损害赔偿责任；情节严重，承担行政处分责任，构成犯罪的，依法追究刑事责任。

但是，我国农业产业政策实施受体的权益保障仍然存在以下不足。（1）权益内容并不全面。从前文分析得知，权益内容主要是农民和农民专业合作社的经营自主权和财产权。问题在于，农业产业政策以扶持方式实施，农民、农民专业合作社和农村集体经济组织接受补贴、资助或奖励是不是仅仅只有福利、是否属于基本权利？从美国农业补贴司法实践看，农民接受农业福利的权利视为基本权利。此外，农民和农业生产经营者应该受到政府干预行为的平等对待，那么受到平等对待的权利是否也应该属于合法权益。由此延伸，农业产业政策如果对参与农业市场活动主体发生倾斜性影响，尤其是农民专业合作社的垄断限制和豁免规定不明时，农民、农业生产经营者是否还具有公平竞争权？（2）权益主体还不全面。前文述及，农村集体经济组织也是农业产业政策的实施受体，但其权益规定不明确。正如《中共中央、国务院关于稳步推进农村集体产权制度改革的意见》要求抓紧制定农村集体经济组织方面的法律，依法维护农村集体经济组织及其成员的权益，保证农村集体经济组织平等使用生产要素，公平参与市场竞争，同等受到法律保护。这些政策指引显然需要通过农村集体经济组织立法来落实。（3）权益救济途径不明确。权益救济以相关主体的法律责任追究来完成。但是，除最新修改的《农村土地承包法》对于法律责任承担形式、构成要件等进行了较为明确地规定外，《农业法》《农民专业合作社法》等责任规定要么过于概括，要么属于引致条款，适用起来比较困难。

第三节　我国农业产业政策法治化的路径选择

通过比较分析中美农业产业政策法治化的背景，结合我国农业产业政策法治化的现状分析，笔者认为我国农业产业政策法治化的路径选择，一方面要注重农业产业政策法治化共通理念的整合和技术性措施的吸收，另一方面要有针对性地解决我国农业产业政策法治化的现存问题。以农业产业政策的宪法保障、基本原则、法律制度和实施机制来推动我国农业产业政策法治化进程。

一、农业产业政策的宪法保障

法治的要义是以规则及其运行来约束公权力和保障私权利，作为一国最高法的宪法为约束公权和保障私权提供基本的法治框架。宪法统摄多元化供给的规则，促使整个法律规则体系统一于宪法。美国农业产业政策法治约束的经验，告诉我们以宪法为基础设定的公权约束和私权保障的范式，为农业产业政策提供了法律上的正当性依据。我国农业产业政策的宪法保障至少包括两方面：文本意义的宪法保障和行动意义的宪法保障，前者是尊重宪法文本规定，后者是推动宪法实施。

（一）尊重宪法文本

前文述及，作为我国农业法律规范基础法的《农业法》第一条结构是立法目的加制定本法，并未阐明制定农业法的宪法依据；而《农村土地承包法》第一条规定："为了巩固和完善以家庭承包经营为基础、统分结合的双层经营体制，保持农村土地承包关系稳定并长久不变，维护农村土地承包经营当事人的合法权益，促进农业、农村经济发展和农村社会和谐稳定，根据宪法，制定本法。"这是立法目的和立法依据。从与宪法的表面关联度看，《农业法》

的法律地位似乎不如《农村土地承包法》。笔者认为，当前《农业法》的修订，应该在第一条加上"根据宪法，制定本法"的字样。理由如下：第一，《农业法》在农业领域事实上起到基础法的作用，《农民专业合作社法》《农村土地承包法》《农业技术推广法》《农业机械化促进法》《种子法》《农产品质量安全法》《农业保险条例》《农药管理条例》等都是对《农业法》某些章节或具体法律制度的细化和扩展。第二，《农业法》涉及到《宪法》社会主义公有制之劳动群众集体所有制（第6条），农村集体经济组织的双层经营体制（第8条），国家加强经济立法、完善宏观调控（第15条），集体经济组织的独立进行经济活动的自主权（第17条）等规定，与《宪法》具有直接明确的关联。换言之，《农业法》具有宪法条款的直接规定。第三，我国农业在国民经济中具有基础地位，是关系国计民生和社会稳定的战略性产业，党中央政策文件已经确立农业优先发展的政策导向，《乡村振兴促进法》已经明确规定农业农村优先发展的法律原则。同时，为提高《农业法》的法律地位，可以考虑《农业法》修订后由全国人民代表大会通过。当然，并非所有农业立法都要强调宪法依据，从《农村土地承包法》的立法看，凡是农业立法与宪法条款直接相关、关系到我国社会主义公有制的重要领域的，应该注明立法的宪法依据。因此，笔者认为随着我国农村集体产权制度改革的阶段性目标完成，作为农业法律规范体系重要一环的农村集体经济组织立法同样应该强调宪法依据。

（二）推动宪法实施

有学者指出，理解中国宪法的关键不在于理解宪法文本的规定，更重要的是理解宪法文本以外的宪法实践。[1]换言之，宪法的实施是文本的宪法迈向行动的宪法重要环节。以美国为代表的司法中心主义的宪法实施框架对中国宪法的实施现状往往缺乏解释力。中国宪法更多依靠政治化的方式实施，伴随着法治化进程，中国的宪法实施逐步过渡到政治化实施与法律化实施同步推进、相互影响的双轨制格局。[2]因此，推动中国宪法的实施不能仅以法律化实施为路径。

宪法的政治化实施依赖执政党的政治动员来进行，中国共产党在我国政

---

[1] See Jianfu Chen, *Chinese Law: Context and Transformation*, Leiden: Martinus Nijhoff Publishers, 2008, pp. 135~136. 转引自：翟国强：《中国宪法实施的双轨制》，载《法学研究》2014年第3期。
[2] 翟国强：《中国宪法实施的双轨制》，载《法学研究》2014年第3期。

治体制中具有核心地位，中国共产党及党员带头遵守宪法、重大决策强调宪法依据的行为具有极为重要的示范效应。一方面，中国共产党尤其是中共中央以会议、决议等方式带动宪法学习，通过党内法规体系落实宪法实施的考核、评价、监督等保障机制；另一方面，中共中央的重要农业产业政策文件应该落实宪法实施，以历年"中央一号文件"为例，可以增加宪法地位和实施的具体表述，以形成农业产业政策领域实施宪法的推动力。

宪法解释和审查是宪法法律化实施的基本手段。根据《宪法》第 62 条和 68 条规定，全国人民代表大会具有监督宪法实施的职权，全国人民代表大会常务委员会具有解释宪法、监督宪法实施的职权。2018 年 6 月，《全国人民代表大会常务委员会关于全国人民代表大会宪法和法律委员会职责问题的决定》第 2 项规定，宪法和法律委员会在继续承担统一审议法律草案等工作的基础上，增加推动宪法实施、开展宪法解释、加强宪法监督、配合宪法宣传等工作职责。可见，为减轻全国人民代表大会及其常委会的宪法解释和审查工作负担，宪法和法律委员会应该是宪法解释和审查工作的主要承担者。宪法和法律委员会可以依职权或依申请解释宪法，开展审查需要设置案件筛选机制。就农业产业政策而言，审查内容主要是农业产业政策立法是否超越立法权限，即宪法依据的问题，是否符合立法基本程序；更为重要的是农业产业政策立法是否侵害农村集体经济组织及其成员的财产权和生产经营自主权。

二、农业产业政策的基本原则

农业产业政策的基本原则贯穿于农业产业政策制定和实施的全过程，是具有指导意义和补充作用的根本性准则。根据农业产业政策的目标定位、框架结构、适用对象和适用范围，借鉴美国农业产业政策法治化运行的经验，笔者认为，农业产业政策应该遵循以下基本原则：

（一）农业优先发展原则

从农业所具备的战略意义看，农业发展事关我国民众的粮食安全，发展农业是保障国家安全的基本需要。正如习近平总书记 2018 年 9 月 25 日在黑龙江考察时，所说："中国人要把饭碗端在自己手里，而且要装自己的粮食"。[1]从国

---

〔1〕 习近平：《中国人要把饭碗端在自己手里 而且要装自己的粮食》，载中国新闻网，http://www.chinanews.com/gn/2018/09-26/8636734.shtml，最后访问时间：2019 年 9 月 10 日。

际社会看，欧盟的共同农业政策、日本农业法和美国农业法都曾将农业农村优先发展作为重要的政策目标。从农业及其从业者的弱质性和我国农业发展的历史欠债看，优先发展农业具有矫正正义的价值。农业优先发展原则意味着我国农业领域需要使用倾斜性产业政策，以财政税收、金融保险、产业扶持、农业生产经营者特殊保护、技术援助、农业垄断豁免等措施发展现代农业，增强农业生产经营者、农村集体经济组织和农业合作社的市场竞争力。

（二）法治原则

法治原则是指以法治框架来防止政府发展和干预农业的政府失灵。法治原则首先是农业产业政策内容的法律化，即具有规范意义的农业产业政策尽量以法律规范为载体，农业产业政策法律化在内容上要尽量精细化。党和国家的农业政策经过实践证明是成熟并符合法律化条件的，要及时上升为农业法律。农业产业政策的法治原则更为重要的是政府实施农业产业政策行为的法治约束，无论农业产业政策立法还是规范性文件制定，都应该明确公权主体及其法定权限；立法或规范性文件制定需要满足基本的正当程序要求，尽量保证农民、农村集体经济组织、农民专业合作社等利益相关者对农业立法或政策制定的参与途径；制定过程中要有详细的政策影响分析。农业产业政策实施受体在其权益受侵害时候，应当具有通畅的行政救济和司法救济渠道，政府机关行使权力应加强自我审查，并受到其他主体的监督。

法治原则在涉外农业产业政策领域也具备适用意义，一方面，我国农业产业政策应该符合 WTO 规则的要求，根据 WTO《农业协定》用足用好农业支持的豁免规定；另一方面，对他国农业产业政策依据 WTO 规定进行审查，寻求 WTO 框架内的解决途径。如美国和巴西发生的棉花补贴纠纷，巴西在充分研究美国农业补贴政策是否违反 WTO 规则后提起诉讼，并获得 WTO 授予的制裁权，最终与美国达成和解协议，影响了美国《2014 年农业法案》的制定结果。

（三）平等原则

农业产业政策平等原则的第一层含义是农业产业政策制定和实施主体能够平等对待农业产业政策的实施受体，即农民、农村集体经济组织、农民专业合作社具有平等权利。首先，农民、农村集体经济组织和农民专业合作社受到扶持或调控的法律地位是平等的，能够平等适用农业法律规范；其次，农民、农村集体经济组织和农民专业合作社相互之间是平等的；再次，扶持性农业产业政策的实施主体与实施受体之间是平等的，农业主管部门等实施主体应尽量以平等协商、正向激励方式给予农民、农村集体经济组织等实施受体以选择自由，实施主体的政策行为应该具有替代方案；最后，受到扶持的农业生产者和其他产业活动主体之间应享有公平竞争权，基于农业产业弱质和生产经营者弱势的限制或排除竞争行为可以获得垄断豁免，但需要通过《反垄断法》或《农民专业合作社法》进一步规定，并且由垄断执法机关或司法机关通过解释来推动。

农业产业政策平等原则的第二层含义是，如果农业产业政策制定和实施主体差别对待农业产业政策的实施受体，则应该具有正当性。笔者认为差别对待的正当性具有两方面含义。其一，农业产业政策实施差别对待必须具有充分的公共利益保护依据，因为公共利益保护的抽象性和多元主体认识的差异性，有必要在农业产业政策制定实施过程中进行具体论证和解释，吸收各方主体的合理建议。其二，农业产业政策实施差别对待必须具有足够的法律依据支撑，单行立法应该说明上位法依据，规范性文件应该说明权力来源和权力范围等。

（四）适度干预原则

农业产业政策是政府以强制手段或引导手段干预农业发展的行为，干预出发点应该是破解农业市场失灵的难题，干预过度必然影响市场决定性作用的发挥，因此适度干预成为制定实施产业政策的基本原则。在法治国家和法治社会的背景下，政府干预经济行为理应置于国内和国际的法治框架内。其次，适度干预意味着尽量提高市场机制影响力。尽管美国在农业领域比较普遍实施农业产业政策，但是在农业立法时都会着重分析农业产业政策对市场机制的影响，在政策措施选择和干预行为实施时都会尽量减轻对市场自由竞争的损害。再次，适度干预原则意味着我国农业产业政策应根据国内外农业发展、农业危机状况，适时调整加强管制或放松管制的态度。最后，适度干预原则意味着我国应该有意识地区别过渡型农业产业政策和常规型农业产业政策。明确过渡型农业产业政策的适用条件、适用期限，适用领域，在农业生产经营者竞争能力提高后，过渡型农业产业政策应该退出。常规型农业产业政策应该集中在市场失灵频发、产业战略意义重大等领域，并且适时对政策措施效果进行评估，在政策整体方向不变动的前提下，对具体政策措施或规定予以调整。

三、农业产业政策的法律制度

针对我国农业产业政策法律制度存在的立法仍有空白、体系化不完备和立法操作性不足的问题，我国应该从以下三方面完善我国农业产业政策的法律制度。

（一）填补农业产业政策立法空白

我国农业产业政策立法空白表现为两个方面，其一，某些重点农业领域缺乏立法支撑；其二，作为政府干预的产业政策行为的法制化程度较低。因此，填补农业产业政策立法空白应该从这两方面开展。

重点农业领域的立法补充。根据我国"中央一号文件"的导向要求，结合我国农业立法规划，我国农业领域的立法补充主要包括"三农"支持保护法律制度、粮食安全保障法律制度、农村集体经济组织法律制度、农产品贸易法律制度。（1）"三农"支持保护法律制度。首先需要划定中央政府和地方政府促进农业农村发展的支出责任，区别促进生产类补贴、环境保护类补贴、科技推动类补贴等内容，推动农业金融支持立法和加快扶贫开发立法。（2）粮食安全保障法律制度。《粮食安全保障法》（草案二次审议稿）正在公开征求意见，粮食安全立法应注重解决粮食的结构性矛盾，稳定粮食产量，满足公众对粮食质量和营养的需要。从粮食研发、生产、流通、储备、加工和消费的过程着手，平衡政府干预和市场调节的关系。（3）农村集体经济组织法律制度。《民法典》已经明确将农村集体经济组织规定为特别法人，将来立法方向需要考虑农村集体经济组织的表现形式、对集体资产的使用和管理权利、对集体成员资格认定的权利、集体成员认定的标准和程序、集体成员认定的效力和救济等；此外，还应当从国家对农村集体经济组织的扶持责任、扶持对象厘定、扶持方式选择、扶持期限、扶持效果考评等方面完善扶持保障立法工作。（4）农产品贸易法律制度。笔者认为，由于我国已有《对外贸易法》和《进出境动植物检疫法》，所以没必要制定农产品贸易单行法，较为务实的操作是在《农业法》中增加农产品贸易一章，规定农产品进口限制、许可管理、检验、检疫、农产品贸易调查、救济、农产品出口促进、农产品对外援助等内容；如果既有法律规范有相关规定，可通过转介条款引致入相关法律规定，既有法律规定欠缺的，则在农产品贸易一章予以规定。当然，在《农业法》农民权益保护一章中既要从行政部门的禁止义务来规定农民权益，更需要罗列受保护、具有可诉性的农民权益类型，如农户自主选择权益、经营自主权益、接受补助权益等。

提升农业产业政策行为的法制化。目前学界较多学者主张产业政策行为的法制化，[1]即主张制定约束政府产业调控行为的基本法律，包括产业政策制定实施主体及其权限配置、产业政策决策、产业政策程序、产业政策评估、产业政策责任及救济等内容。农业法学界也有就某项具体产业政策措施，如农业补贴行为的法制化[2]，提出法制化对策。笔者认为，产业政策基本法的制定需要梳理各行业产业政策和各类产业政策措施，制定难度很大，难以短期内颁布实施产业政策基本法；具体某项农业产业政策措施的法制化又会加大现有农业法律规范体系的复杂性。因此，为保证农业产业政策的权限配置、决策、程序、评估、责任等内容落实，可以由农业农村部制定相应规章。虽然农业农村部规章的效力层次较低，但毕竟农业产业政策制定实施主体主要是农业行政主管部门，农业农村部的规章应该能较为有效地约束系统内的主管部门；一旦将来产业政策基本法制定，农业农村部也可以较为灵活地予以修订。

（二）农业产业政策法律规范的体系化构建

前文述及我国虽有农业产业政策法律体系，但是体系化构建并不完整，所谓农业法律体系实际上是立法碎片化的结合。农业产业政策法律规范体系化构建一方面利于查漏补缺，促进农业法制建设；另一方面利于农业产业政策的实施。我国农业产业政策法律规范要建构的是宪法—农业产业政策基本法—农业产业政策单行法—农业产业政策规范性文件的体系。为达成这一目标，首先需要明确各类法律或规范的立法依据和位阶，下位法中必须要强调立法的上位法依据，上位法尽量要对下位法制定有较为明确的授权内容，尤其是各类农业产业政策规范性文件必须在农业法律或行政法规的授权范围内制定。其次，农业产业政策法律规范体系化必须做到目标和价值取向的一致

---

〔1〕　参见曹书、陈婉玲：《产业法之政策法源考——基于产业政策与产业法的关联性分析》，载《辽宁大学学报（哲学社会科学版）》2019年第2期；叶卫平：《产业政策法治化再思考》，载《法商研究》2013年第3期；刘桂清：《产业政策失效法律治理的优先路径——"产业政策内容法律化"路径的反思》，载《法商研究》2015年第2期。

〔2〕　参见李长健：《中国农业补贴法律制度研究——以生存权与发展权平等为核心》，法律出版社2009年版。

性，农业单行立法或规范性文件的立法目的应该是基于农业基本法总目标的分解或细化，价值取向必须是一致的。再次，农业产业政策法律或规范制定中要善用引致条款，有效衔接公法和私法条款、农业法条款、行政法和刑法条款等。最后，农业农村部应该贯彻好规章和规范性文件定期清理制度，规章每隔 5 年清理一次、规范性文件每隔 2 年清理一次[1]；地方农业农村主管部门也应据此定期清理规范性文件。

（三）加强农业产业政策法律规范的可操作性

法律规范必须具有可操作性，这是立法质量的基本保障和立法实施的基本要求。美国农业立法就具有很强的可操作性，以基本农产品的农业补贴为例，国会首先明确补贴项目的适用期限和适用农产品范围；其次界定农业生产者资格条件和补贴适用条件，对补贴数额计算具有严格计算标准；再次授权农业补贴的管理机构和实施机构；最后一般以自愿协议方式实施农业补贴，符合资格要求的农业生产者申请，主管部门审查和发放农业补贴，并就违法行为追究法律责任。我国提高农业产业政策具体措施的可操作性可以借鉴美国经验，明确农业产业政策措施的实施期限和实施主体，并在实体上界定调控对象的资格条件、措施启动条件、支持或补贴的计算标准、违法行为的构成要件和责任形式等，从程序上厘定农业产业政策实施的基本流程。

四、农业产业政策的实施机制

农业产业政策的实施机制属于技术性机制，美国农业政策的相关经验比较适合我国借鉴，但也要注意抛弃美国国内饱受争议、过时的产业政策措施或机制，如限制农产品销售的销售指令。具体来说，美国农业产业政策的实施机制有以下几方面可供我国选择吸收。（1）优化项目制手段实施农业补贴政策。首先，项目制以立法明确项目的政策目标，确定项目实施起点和终止日期，期限届满需要延期的需由立法重新授权。其次，项目制明确本项目适用农产品范围、具体条件、操作流程和法律责任，限制政府权力自由裁量的空间。再次，项目制措施能够比较好对应 WTO《农业协定》所允许"绿箱"

---

[1] 农业部产业政策与法规司：《农业部关于贯彻党的十八届四中全会精神深入推进农业法治建设的意见》，载中华人民共和国农业农村部网站，http://www.fgs.moa.gov.cn/gzdt/201503/t20150318_6315710.htm，最后访问时间：2019 年 9 月 10 日。

和"蓝箱"的措施,保证农业补贴政策通过 WTO 规则的合规性审查。最后,项目制明确区分各类农业补贴措施的边界,防止农业补贴资金的重复投入,提高补贴资金的利用效率。(2)选择"脱钩"和"半脱钩"方式实施农业补贴政策,扩大农业保险的适用范围。具体来说,依据国内需要区分农产品类型,将某些农产品的农业补贴与当前农业生产的面积、产量相脱钩,农业补贴数量与历史农业生产面积和产量挂钩;将某些农产品的农业补贴与农产品价格或收入挂钩,以保证农业补贴数量能够依据由于市场波动导致的农业收入或农产品价格波动而调整。扩大农业保险的适用范围是根据我国财政资金和市场筹集资金的状况,将农业保险的覆盖范围逐步扩大到农业生产者的经营风险,从价格损失风险扩至收入损失风险、利润损失风险。(3)农业支持和生产控制、销售限制的联结机制。以自愿协议的方式,通过农业补贴的利益激励,促使生产者自控生产数量和调整生产结构,以适当的成熟度和产品质量标准规范农产品上市的时间、品种和数量;鼓励农业生产经营者联合,以先协商后表决的民主程序自我限制农产品的销售。(4)行政机关实施农业产业政策的自我审查和系统内审查机制。行政机关从法定主体、权力行使依据、权力是否超越法定范围、实施措施的适当性尤其是对市场机制影响、实施措施的程序规范性等方面加强自我审查,以及上级行政机关对下级行政机关的歧视性农业产业政策措施的系统内审查。(5)推行农业产业政策的司法审查制度。依据我国《行政诉讼法》规定,法院审查行政机关的行政行为包括具体行政行为、抽象行政行为和明显不适当的裁量行为。可审查的抽象行政行为包括行政机关颁布的法律、行政法规和规章以外的规范性文件;2018年《行诉解释》建构起规范性文件的司法审查制度,包括司法审查的附带性启动、规范性文件不合法判断标准、审查过程中应当听取规范性制定机关的意见、司法审查的处理结果包括是否作为认定行政行为的合法依据、法院提出处理建议和报送备案等内容。规范性审查的合法性要素之授权范围、不抵触原则、法律依据的判断不仅是形式判断,还有实质判断,后者涉及法院是否接受以及在多大程度上接受行政机关对其合法性要素的说理或解释,但既有司法解释对此并未进一步规定。并且,明显不适当的裁量行为中的"不适当"之实质判断也无相应规定。这些导致法院难以把握对行政机关规范性文件和裁量行为的审查程度,加之农业产业政策涉及专业的经济和科技问题,法院更难把握好农业产业政策的审查程度,可能发生司法审查明显选择对

"事实"有利的法律规范或案件事实，或者强调规则及其中的概念对裁判结果的决定作用，甚至排斥具有一定灵活性的法律方法、司法论证技能的情况[1]。因此，农业产业政策司法审查制度的推进有赖于法院系统对具体行政行为、抽象行政行为和裁量行为的事实问题、法律问题审查程度的规定，既对行政机关制定实施农业产业政策的解释有要求，也防止法院过度介入其不擅长专业问题的审查。（6）农业产业政策和竞争政策的协调机制。全国人民代表大会及其常务委员会和国务院可以立法规定部分农业产业政策措施例外于竞争政策。在农业垄断豁免案例缺乏、农业垄断豁免既有的立法意图解释[2]效力尚未得到检验的情况下，全国人民代表大会常务委员会可就反垄断法的主体和行为要件进行立法解释，防止过分扩大农业垄断豁免的适用范围。

行文至此，笔者初步完成对美国农业产业政策的正当性及其如何受到法治约束的研究，并据此回归中国农业产业政策法治化的问题研究。由于时间、资料收集整理和理论水平的限制，本书的研究深度还有待加强，如美国农业产业政策涉及的专业性和技术性问题，某些农业产业政策决定或具体措施面临的司法审查并非纯粹的事实或法律的解释问题，传统的实体性审查和程序性审查可能不足以应对挑战，探索决定者思维过程的过程性审查成为司法审查新方法等[3]。从本研究的关联度看，笔者并没有过多分析农业产业政策与环境政策的问题，因为本书所探讨的农业产业政策主要是经济政策，从对市场机制的影响和资源配置方式看，农业产业政策与竞争政策是相互融合和相对隔离的政策，即便美国农业产业政策具有环境保护、资源可持续乃至公共福利的目标，其政策目标仍主要涉及农业产销矛盾缓解、农民收入保护和农业经济发展。虽然笔者在美国国内农业支持措施中涉及了 WTO《农业协定》的部分内容，但基于国内法视角挖掘美国农业产业政策法治化机理的原因，对美国如何符合国际规则尤其是 WTO 规则实施农业产业政策的关注不多。对于我国农业产业政策法治化的回归研究，因为主要是基于对美国经验扬弃的思考，并未涉及到欧盟和日本农业产业政策法治化的比较分析，所以对策可能还存在偏颇之处。基于本书主旨和篇幅，前述内容留待未来作为专题进一步研究。

参考文献

一、中文文献

1. ［美］爱德华·S·考文：《美国宪法的"高级法"背景》，强世功译，生活·读书·新知三联书店 1996 年版。

2. ［美］伯纳德·施瓦茨：《美国法律史》，王军、洪德、杨静辉译，法律出版社 2007 年版。

3. ［美］杰罗姆·巴伦、托马斯·迪恩斯：《美国宪法概论》，刘瑞祥等译，中国社会科学出版社 1995 年版。

4. ［美］戴维·B·马格莱比，保罗·C·莱特：《民治政府：美国政府与政治》，吴爱明、夏宏图编译，中国人民大学出版社 2014 年版。

5. ［美］乔纳森·休斯、路易斯·凯恩：《美国经济史》，杨宇光等译，格致出版社、上海人民出版社 2013 年版。

6. ［美］查尔斯·A. 比尔德：《美国宪法的经济观》，何希齐译，商务印书馆 2010 年版。

7. ［美］詹姆斯·W·布罗克主编：《美国产业结构》，罗宇等译，中国人民大学出版社 2011 年版。

8. ［美］劳伦斯·弗里德曼：《二十世纪美国法律史》，周大伟等译，北京大学出版社 2016 年版。

9. ［美］汉密尔顿、杰伊、麦迪逊：《联邦党人文集》，程逢如、在汉、舒逊译，商务印书馆 1980 年版。

10. ［美］H.G. 哈尔克劳：《美国农业经济学》，周诚等译，农业出版社 1987 年版。

11. ［美］黄宗智：《中国的隐性农业革命》，法律出版社 2010 年版。

12. ［美］黄宗智：《明清以来的乡村社会经济变迁：历史、理论与现实》（卷二），法律出版社 2014 年版。

13. ［美］詹姆斯·M. 布坎南：《民主财政论：财政制度和个人选择》，穆怀朋译，商务印书馆 1993 年版。

14. ［美］马克·图什内特：《宪法为何重要》，田飞龙译，中国政法大学出版社 2012

年版。

15. ［美］络德睦：《法律东方主义：中国、美国与现代法》，魏磊杰译，中国政法大学出版社 2016 年版。

16. ［美］赫伯特·霍温坎普：《联邦反托拉斯政策：竞争法律及其实践》，许光耀、江山、王晨译，法律出版社 2009 年版。

17. ［美］欧为斯特·盖尔霍恩、威廉姆·科瓦契奇、斯蒂芬·卡尔金斯：《反垄断法与经济学》，任勇、邓志松、尹建平译，法律出版社 2009 年版。

18. ［美］凯斯·R. 孙斯坦：《法律推理与政治冲突》，金朝武、胡爱平、高建勋译，法律出版社 2004 年版。

19. ［美］丹尼尔·伯科威茨、卡伦·克莱：《法律、地理和国家发展：以美国为例》，李丹莉、韩微译，中信出版集团 2015 年版。

20. ［美］弗兰克·道宾：《打造产业政策——铁路时代的美国、英国和法国》，张网成、张海东译，上海人民出版社 2008 年版。

21. ［美］托马斯·格雷：《美国法的形式主义与实用主义》，［美］黄宗智、田雷选编，法律出版社 2014 年版。

22. ［美］默里·罗斯巴德：《美国大萧条》，谢华育译，上海人民出版社 2009 年版。

23. ［美］伯纳德·施瓦茨：《美国最高法院史》，毕洪海、柯翀、石明磊译，中国政法大学出版社 2005 年版。

24. 王名扬：《美国行政法》（上、下），中国法制出版社 2005 年版。

25. ［美］理查德·J·皮尔斯：《行政法》（第一卷），苏苗罕译，中国人民大学出版社 2015 年版。

26. ［德］罗尔夫·施托贝尔：《经济宪法与经济行政法》，谢立斌译，商务印书馆 2008 年版。

27. ［美］理查德·B. 斯图尔特：《美国行政法的重构》，沈岿译，商务印书馆 2011 年版。

28. ［美］E·阿伦·法恩兹沃思：《美国法律制度概论》，马清文译，群众出版社 1986 年版。

29. ［美］莫顿·J·霍维茨：《美国法的变迁：1780—1860》，谢鸿飞译，中国政法大学出版社 2004 年版。

30. ［美］彼得·海：《美国法概论》，许庆坤译，北京大学出版社 2010 年版。

31. ［美］劳伦斯·M. 弗里德曼：《美国法律史》，苏彦新译，中国社会科学出版社 2007 年版。

32. ［美］詹姆斯·麦迪逊：《辩论：美国制宪会议记录》，尹宣译，译林出版社 2014 年版。

33. ［美］约瑟夫·斯托里：《美国宪法评注》，毛国权译，上海三联书店 2006 年版。

34. ［美］斯坦利·I. 库特勒：《最高法院与宪法——美国宪法史上重要判例选读》，朱曾汶、林铮译，商务印书馆 2006 年版。

35. ［美］西奥多·W. 舒尔茨：《改造传统农业》，梁小民译，商务印书馆 2011 年版。

36. ［美］斯坦利·L. 恩格尔曼、罗伯特·E. 高尔曼主编：《剑桥美国经济史：20 世纪》（第三卷），蔡挺、张林、李雅菁译，中国人民大学出版社 2008 年版。

37. ［美］杰拉尔德·冈德森：《美国经济史新编》，杨宇光等译，商务印书馆 1994 年版。

38. ［美］沃尔特·W. 威尔科克斯、威拉德·W. 科克伦、罗伯特·W. 赫特：《美国农业经济学》，刘汉才译，商务印书馆 1987 年版。

39. ［美］J. T. 施莱贝克尔：《美国农业史（1607—1972 年）——我们是怎样兴旺起来的》，高田、松平、朱人合译，农业出版社 1981 年版。

40. ［美］查尔斯·比尔德、玛丽·比尔德：《美国文明的兴起》（第一卷 农业时代），许亚芬译，商务印书馆 1991 年版。

41. ［美］梅勒：《农业发展经济学》，安希伋等译，北京农业大学出版社 1990 年版。

42. ［美］罗纳德·斯瑞波尔：《农业市场经济学》，孔雁译，清华大学出版社 2009 年版。

43. ［美］G. J. 施蒂格勒：《产业组织和政府管制》，潘振民译，上海人民出版社、上海三联书店 1996 年版。

44. ［美］曼瑟尔·奥尔森：《集体行动的逻辑》，陈郁、郭宇峰、李崇新译，上海三联书店、上海人民出版社 1995 年版。

45. ［英］布莱恩·杰克：《农业与欧盟环境法》，姜双林译，中国政法大学出版社 2012 年版。

46. ［英］约翰·梅纳德·凯恩斯：《就业、利息和货币通论》，高鸿业译，商务印书馆 1999 年版。

47. ［法］阿列克西·德·托克维尔：《论美国的民主》，曹冬雪译，译林出版社 2012 年版。

48. ［古罗马］M. T. 瓦罗：《论农业》，王家绥译，商务印书馆 2011 年版。

49. 曹锦清：《黄河边的中国——一个学者对乡村社会的观察与思考》（上、下），上海文艺出版社 2013 年版。

50. 陈华山：《当代美国农业经济研究》，武汉大学出版社 1996 年版。

51. 陈瑾玫：《中国产业政策效应研究》，北京师范大学出版社 2011 年版。

52. 陈阵：《美国农业补贴政策研究》，经济科学出版社 2013 年版。

53. 范进学：《美国宪法解释方法论》，法律出版社 2010 年版。

54. 姜昕、杨临宏主编：《产业政策法》，中国社会科学出版社 2008 年版。

55. 于建嵘：《岳村政治：转型期中国乡村政治结构的变迁》，商务印书馆 2001 年版。

56. 宋亚辉：《社会性规制的路径选择——行政规制、司法控制抑或合作规制》，法律出版社 2017 年版。

57. 江小涓：《经济转轨时期的产业政策——对中国经验的实证分析与前景展望》，格致出版社、上海三联书店、上海人民出版社 2014 年版。

58. 刘桂清：《反垄断法中的产业政策与竞争政策》，北京大学出版社 2010 年版。

59. 钟甫宁主编：《农业经济学》，中国农业出版社 2011 年版。

60. 王洪会、张肃、林杰：《市场失灵视角下的美国农业保护与支持政策》，东北师范大学出版社 2015 年版。

61. 经合组织发展中心：《世界变革中的产业政策》，徐清军等译，上海人民出版社 2015年版。

62. 王希：《原则与妥协：美国宪法的精神与实践》，北京大学出版社 2014 年版。

63. 黄群慧、贺俊等：《真实的产业政策——发达国家促进工业发展的历史经验与最新实践》，经济管理出版社 2015 年版。

64. 康凌翔：《中国地方政府产业政策与地方产业转型研究》，中国社会科学出版社 2015年版。

65. 姜达洋：《现代产业政策理论新进展及发展中国家产业政策再评价》，经济日报出版社2016 年版。

66. 齐城：《中国特色现代农业支持政策研究》，中国农业出版社 2015 年版。

67. 农业部软科学委员会办公室：《农业产业政策与农业宏观调控》，中国财政经济出版社2010 年版。

68. 孙彦红：《欧盟产业政策研究》，社会科学文献出版社 2012 年版。

69. 苏力：《法治及其本土资源》，北京大学出版社 2015 年版。

70. 何大安：《产业规制的主体行为及其效应》，格致出版社、上海三联书店、上海人民出版社 2012 年版。

71. 贺小勇等：《中国产业政策与 WTO 规则协调研究》，北京大学出版社 2014 年版。

72. 孙定东：《三农利益论——要素·市场·产业·政策·国际经验借鉴》，上海交通大学出版社 2013 年版。

73. 姬亚岚：《多功能农业与中国农业政策——重续人类与自然的古老契约》，中国农业出版社 2012 年版。

74. 权昌会主编：《美国农业立法》，经济科学出版社 1997 年版。

75. 费孝通：《江村经济——中国农民的生活》，商务印书馆 2005 年版。

76. 刘合光等：《中美农业比较分析》，中国经济出版社 2015 年版。

77. 刘合光：《国际农业政策改革的经济影响研究》，中国农业出版社 2009 年版。

78. 徐更生：《美国农业政策》，经济管理出版社 2007 年版。

79. 习近平：《中国农村市场化建设研究》，人民出版社 2001 年版。

80. 席涛等编译：《立法评估：评估什么和如何评估——美国、欧盟和 OECD 法律法规和指引》，中国政法大学出版社 2012 年版。

81. 赵嘉辉：《产业政策的理论分析和效应评价》，中国经济出版社 2013 年版。

82. 张汉麟等编译：《美国 2002 年农业法专题研究》，经济管理出版社 2005 年版。

83. 张泽一：《产业政策与产业竞争力研究》，冶金工业出版社 2009 年版。

84. 张广胜等：《发展中的世界农业：美国农业》，中国农业出版社 2015 年版。

85. 张千帆：《美国联邦宪法》，法律出版社 2011 年版。

86. 赵英主编：《中国产业政策变动趋势实证研究（2000~2010）》，经济管理出版社 2012 年版。

87. 赵凯：《产业结构与产业政策调整理论研究》，清华大学出版社 2016 年版。

88. 齐皓天：《WTO 规则视角下美国农业国内支持的合规性研究》，华中农业大学 2017 年博士学位论文。

89. 史际春、徐瑞阳：《产业政策视野下的垄断与竞争问题——以银行卡清算产业的法律规制为例》，载《政治与法律》2016 年第 4 期。

90. 宋彪：《论产业政策的法律效力与形式——兼评可再生能源政策》，载《社会科学研究》2008 年第 6 期。

91. 叶卫平：《产业结构调整的反垄断法思考》，载《法商研究》2010 年第 6 期。

92. 王先林：《产业政策法初论》，载《中国法学》2003 年第 3 期。

93. 王健：《产业政策法若干问题研究》，载《法律科学（西北政法大学学报）》2002 年第 1 期。

94. 宾雪花：《产业政策法与反垄断法之协调制度研究》，中南大学 2011 年博士学位论文。

95. 叶卫平：《产业政策法治化再思考》，载《法商研究》2013 年第 3 期。

96. 刘桂清：《产业政策失效法律治理的优先路径——"产业政策内容法律化"路径的反思》，载《法商研究》2015 年第 2 期。

97. 李剑：《反垄断法实施与产业政策的协调——产业政策与反垄断法的冲突与选择》，载《东方法学》2011 年第 1 期。

98. 陈兵：《论农业产业政策与竞争政策的协调——以农业产业法规与反垄断法农业适用除外制度之关系补正为中心》，载《江汉论坛》2013 年第 1 期。

99. 张波：《论我国产业政策的法治化及实施制度重构》，载《当代法学》2008 年第 1 期。

100. 宾雪花、何强：《美国产业政策立法及对中国的三启示》，载《法学杂志》2013 年第 8 期。

101. 秦小红：《政府干预农业市场制度创新的法律机制》，载《现代法学》2016 年第 1 期。

102. 史际春、肖竹：《论分权、法治的宏观调控》，载《中国法学》2006 年第 4 期。

103. 赵长保、李伟毅：《美国农业保险政策新动向及其启示》，载《农业经济问题》2014 年第 6 期。

104. 韩一军、徐锐钊：《2014 美国农业法改革及启示》，载《农业经济问题》2015 年第

4 期。

105. 王怀勇：《发展现代农业的法治保障》，载《法学论坛》2009 年第 6 期。

106. 蔡海龙、韩一军、倪洪兴：《美国 2012 年农业法案的主要变化及特点》，载《世界农业》2013 年第 2 期。

107. 谢凤杰、吴东立、陈杰：《美国 2014 年新农业法案中农业保险政策改革及其启示》，载《农业经济问题》2016 年第 5 期。

108. 曹峰、吴进进、邵东珂：《美国农业福利政策的演变（1862~2000）》，载《美国研究》2015 年第 2 期。

109. 佟占军：《美国农业贸易调整援助法律制度及其启示》，载《法商研究》2009 年第 6 期。

110. 张丽娟、高颂：《美国促进农业出口政策机制研究》，载《美国研究》2012 年第 3 期。

111. 刁大明：《美国国会拨款制度的变迁与改革》，载《美国研究》2011 年第 2 期。

112. 冯继康：《美国农业补贴政策：历史演变与发展走势》，载《中国农村经济》2007 年第 3 期。

113. 陶红军：《美国参众两院 2013 年农场法案比较分析》，载《西北农林科技大学学报（社会科学版）》2014 年第 6 期。

114. 厉以宁：《1933 年以前美国政府反农业危机措施的演变》，载《北京大学学报（人文科学）》1962 年第 3 期。

115. 益智：《美国的扶农政策与农业生产率——基于二战后美国农业发展的实证研究》，载《中国农村经济》2004 年第 9 期。

116. 杨松、姜庆丹：《美国农场信贷立法及其对中国的启示》，载《暨南学报（哲学社会科学版）》2011 年第 6 期。

117. 张学军：《美国农业垄断豁免制度研究》，载《比较法研究》2010 年第 4 期。

118. 李超民：《美国农作物保险政策与农业支持——兼论我国农业保险立法原则》，载《农业经济问题》2009 年第 5 期。

119. 李超民：《中国古代常平仓思想对美国新政农业立法的影响》，载《复旦学报（社会科学版）》2000 年第 3 期。

120. 郑鹏程：《美国规制地方保护主义法律制度研究》，载《中国法学》2010 年第 2 期。

121. 曾尔恕：《美国宪法对调整经济生活的作用》，载《比较法研究》2002 年第 3 期。

122. 姚桂桂：《美国重农神话与美国农业政策》，载《西北农林科技大学学报（社会科学版）》2010 年第 5 期。

123. 强世功：《联邦主权与州主权的迷思——麦卡洛克诉马里兰州案中的政治修辞及其法律陷阱》，载《中国法学》2006 年第 4 期。

124. 陈承堂：《宏观调控权是怎样生成的 基于罗斯福新政的考察》，载《中外法学》2011

年第 5 期。

125. 王红霞：《经济法视域下的罗斯福新政研究》，中南大学 2010 年博士学位论文。

126. 周余祥：《柯立芝政府时期美国农业发展道路的辩论及其抉择》，载《中南大学学报（社会科学版）》2012 年第 4 期。

127. 王煜宇：《美国〈农业信贷法〉：法典述评与立法启示》，载《西南政法大学学报》2017 年第 2 期。

128. 解亘：《法政策学——有关制度设计的学问》，载《环球法律评论》2005 年第 2 期。

129. 鲁鹏宇：《法政策学初探——以行政法为参照系》，载《法商研究》2012 年第 4 期。

130. 夏益国、刘艳华：《美国联邦农业安全网的演变、特点及发展趋势》，载《中国农村经济》2014 年第 1 期。

131. 张玉环：《美国、日本和加拿大农业保险项目比较分析》，载《中国农村经济》2016 年第 11 期。

132. 黄茂钦：《论产业发展的软法之治》，载《法商研究》2016 年第 5 期。

133. 侯利阳：《产业政策何以向竞争政策转变：欧盟的经验与上海的现实》，载《上海交通大学学报（哲学社会科学版）》2016 年第 1 期。

134. 李海涛：《美国行政垄断管制及其启示——兼评我国〈反垄断法〉关于行政垄断的规定》，载《东方法学》2008 年第 3 期。

135. 卢代富、谭贵华：《美国农业合作社的形态法定化及其启示》，载《法学论坛》2012 年第 3 期。

136. 郑鹏程：《美国反垄断法适用除外制度发展趋势探析》，载《现代法学》2004 年第 1 期。

137. ［美］威廉·安德森：《美国政府监管程序的宪法基础》，任东来译，《南京大学学报（哲学·人文科学·社会科学版）》2005 年第 4 期。

138. 李友根：《论农业产业政策的法律化——美国 Horne v. Dep't of Agriculture 案的启示》，载《人大法律评论》2016 年第 3 期。

139. 李友根：《惩罚性赔偿制度的中国模式研究》，载《法制与社会发展》2015 年第 6 期。

140. ［德］约瑟·马丁内斯：《农业补贴：竞争法体系中的特殊情况》，王仪译，载《中德法学论坛》2016 年第 0 期。

141. 王留一：《美国非立法性规则与立法性规则的区分标准及其启示》，载《河北法学》2018 年第 3 期。

142. 高秦伟：《美国规制影响分析与行政法的发展》，载《环球法律评论》2012 年第 6 期。

143. 胡敏洁：《美国行政法中的"政策声明"》，载《行政法学研究》2013 年第 2 期。

144. 杨蕾：《美国行政法规的司法审查研究》，山东大学 2015 年博士学位论文。

145. 郑军、张航：《美国农业保险的利益相关者分析与成功经验》，载《华中农业大学学报（社会科学版）》2018 年第 2 期。

146. 谭清值：《公共政策决定的司法审查》，载《清华法学》2017 年第 1 期。

147. 朱芒：《规范性文件的合法性要件——首例附带性司法审查判决书评析》，载《法学》2016 年第 11 期。

148. 刘东亮：《过程性审查：行政行为司法审查方法研究》，载《中国法学》2018 年第 5 期。

149. 何海波：《行政行为的合法要件——兼议行政行为司法审查根据的重构》，载《中国法学》2009 年第 4 期。

150. 张文显：《法治与国家治理现代化》，载《中国法学》2014 年第 4 期。

151. 顾培东：《当代中国法治共识的形成及法治再启蒙》，载《法学研究》2017 年第 1 期。

152. 孟雁北：《产业政策公平竞争审查论》，载《法学家》2018 年第 2 期。

153. 宋志红：《美国征收补偿的公平市场价值标准及对我国的启示》，载《法学家》2014 年第 6 期。

154. 张千帆：《"公正补偿"与征收权的宪法限制》，载《法学研究》2005 年第 2 期。

155. 郑重：《论美国判例法制度的运行——以历史进程为视角的考察》，载《法律文化研究》2009 年第 0 期。

156. 陈文、李江：《美国协商委员会的运作机制及启示》，载《中国党政干部论坛》2015 年第 5 期。

157. 于丽红：《美国农场信贷体系及其启示》，载《农业经济问题》2015 年第 3 期。

158. 叶卫平：《反垄断法的价值构造》，载《中国法学》2012 年第 3 期。

159. 陈锡文：《我国城镇化进程中的"三农"问题》，载《国家行政学院学报》2012 年第 6 期。

160. 叶敬忠、豆书龙、张明皓：《小农户和现代农业发展：如何有机衔接？》，载《中国农村经济》2018 年第 11 期。

161. 韩朝华：《个体农户和农业规模化经营：家庭农场理论评述》，载《经济研究》2017 年第 7 期。

162. 李洪雷：《中国比较行政法研究的前瞻》，载《法学研究》2012 年第 4 期。

163. 韩大元：《关于推进合宪性审查工作的几点思考》，载《法律科学（西北政法大学学报）》2018 年第 2 期。

164. 赵伟：《美国竞争政策：一种纵向的透视》，载《浙江大学学报（人文社会科学版）》2001 年第 6 期。

165. 郭曦、齐皓天、钟涨宝：《日本第四次修订〈食品、农业和农村基本法〉及启示》，载《中国人口·资源与环境》2016 年第 7 期。

166. 张乐、曹静：《中国农业全要素生产率增长：配置效率变化的引入——基于随机前沿生产函数法的实证分析》，载《中国农村经济》2013 年第 3 期。

167. 李谷成等：《农业全要素生产率增长：基于一种新的窗式 DEA 生产率指数的再估计》，载《农业技术经济》2013 第 5 期。

168. 赵文、程杰：《中国农业全要素生产率的重新考察——对基础数据的修正和两种方法的比较》，载《中国农村经济》2011 年第 10 期。

169. 何勤华：《法的移植与法的本土化》，载《中国法学》2002 年第 3 期。

170. 李国祥：《美国农业管制及其启示》，载《农业经济问题》2002 年第 4 期。

171. 韩乾、洪永淼：《国家产业政策、资产价格与投资者行为》，载《经济研究》2014 年第 12 期。

172. 贾圣真：《总统立法——美国总统的"行政命令"初探》，载《行政法学研究》2016 第 6 期。

173. 汪再祥：《转基因食品强制标识之反思——一个言论自由的视角》，载《法学评论》2016 年第 6 期，

174. 普冀喆、程郁、郑风田：《以政策性信贷优化农业支持政策：美国镜鉴》，载《农业经济问题》2017 年第 12 期。

二、外文文献

1. C. Johnson, *The Industrial Policy Debate*, ICS Press, 1984.

2. Grant. Wyn, *Government and Industry：A Comparative Analysis of the US, Canada and the UK*, Edward Elgar Publishing Limited, 1989.

3. Ronald Radosh and Murray N. Rothbard, *A new History of the Leviathan*, New York：E. P. Dutton &CO., INC, 1972.

4. Jerry O'Callaghan, *The War Veteran and the Public Lands*, in Vernon Carstensen, The public Lands, 1962.

5. David E. Hamilton, *From New Day to New Deal：American Farm Policy From Hoover to Roosevelt*, 1928-1933, Chaper Hill：University of North Carolina Press, 1991.

6. Fred A. Shannon, *American Farmers' Movements*, Princeton, N. J. : D. Van Nostrand, 1957.

7. Ronert L. Glicksman, Richard E. Levy, *Administrative Law：Agency Ation in Legal Context*, Foundation Press, 2010.

8. Susan A. Schneider, *Food, Farming, and Sustainability*, Durham, North Carolina：Carolina Academic Press, 2016.

9. Paul Freedman, Joyce E. Chaplin, Ken Albala, *Food in Time and Place*, University of California Press, 2014.

10. Forrest E. Walters, "Regulation of Industries Behind the Hamburger", 4 *Agric. L. J.* 125（1982）.

11. Johnston B. F. , J. W. Mellor, "The Role of Agriculture in Economic Development", *Amer. Econ. Rev.* 51 (1961).

12. Neil D. Hamilton, "The Study of Agricultural Law in the United States: Education, Organization and Practice", 43 *Ark. L. Rev.* 503 (1990).

13. Harold W. Hannah, "Law and Agriculture", 32 *Va. L. Rev.* 781 (1946).

14. J. W. Looney, "The Changing Focus of Government Regulation of Agriculture in the United States", 44 *Mercer L. Rev.* 763 (1993).

15. Thomas M. Cooley, "Limits to State Control of Private Business", *PRINCETON REV.* 233 (1878) .

16. Harry N. Scheiber Public Policy, "Constitutional Principle, and the Granger Laws: a Revised Historical Perspective", 23 *Stan. L. Rev.* 1029 (1971).

17. Famsworth L. Jennings, Robert C. Sullivan, "Legal Planning for Agriculture", 42 *Yale L. J.* 878 (1933).

18. Jon Lauck, "After Deregulation: Constructing Agricultural Policy in the Age of 'Freedom to Farm' ", 5 *Drake J. Agric. L.* 3 (2000).

19. Robert Scott, "Exported to Death: The Failure of Agricultural Deregulation", 9 *Minn. J. Global Trade* 87 (2000).

20. Neil D. Hamilton, "Harvesting the Law: Personal Reflections on Thirty Years of Change in Agricultural Legislation", 46 *Creighton L. Rev.* 563 (2013).

21. Allen H. Olson, "Federal Farm Programs—Past, Present and Future—Will We Learn From Our Mistakes?", 6 *Great Plains Nat. Resources J.* 1 (2001).

22. Anna O'Connor, "Fence Row to Fence Row: An Examination of Federal Commodity Subsidies", 21-SUM *Kan. J. L. &Pub. Pol'y* 432 (2012).

23. Thomas Richard Poole, "Silly Rabbit, Farm Subsidies Don't Help America", 31 *Wm. & Mary Envtl. L. &Pol'y Rev.* 183 (2006).

24. Nathan R. R. Watson, "Federal Farm Subsidies: A History Governmental Control, Recent Attempts at a Free Market Approach, the Current Backlash, and Suggestion for Future Action", 9 *Drake J. Agric. L.* 279 (2004).

25. Douglas W. Allen Dean Lueck, "The Nature of the Farm", 41 *J. L. & Econ.* 343 (1998).

26. William L. Oemichen, "State Government Service to the Agriculture of Tomorrow", 2 *Drake J. Agric. L.* 247 (1997).

27. John C. Pietila, "We're Doing This to Ourselves: South Dakota's Anticorporate Farming Amendment", 27 *J. Corp. L.* 149 (2001).

28. John P. Ludington, "Valid Governmental Action as Conferring Immunity or Exemption From

Private Liability under the Federal Antitrust Law", 12 *A. L. R. Fed.* 329 (1972).

29. Wendy Moser, "Selective Issues Facing Cooperatives: Can the Customer Continue to Be the Company?", 31 *S. D. L. Rev.* 394 (1986).

30. Peter C. Carstensen, "Concentration and the Destruction of Competition in Agricultural Markets: the Case for Change in Public Policy", 2000 *Wis. L. Rev.* 531 (2000).

31. Jon Lauck, "Toward an Agrarian Antitrust: A New Direction for Agricultural Law", 75 *N. D. L. Rev.* 499 (1999).

32. "Legal Techniques for Promoting Soil Conservation", *Yale Law Journal*, 50 (1941).

33. John H. Davidson, "The Federal Farm Bill and the Environment", 18-SUM *Nat. Resources & Env't* 3 (2003).

34. Drew L. Kershen, "Introduction to the Sixteenth Annual American Agricultural Law Association Educational Conference Symposium", 48 *Okla. L. Rev.* 189 (1995).

35. Noreen Guregian, "Genetically Engineered Crops, It's What's for Dinner: Monsanto Co. v. Geertson Seed Farms", 44 *Loy. L. A. L. Rev.* 1249 (2011).

36. Jesse Ratcliffe, "A Small Step Forward: Environmental Protection Provisions in the 2002 Farm Bill", 30 *Ecology L. Q.* 637 (2003).

37. John Stencel, "Free Trade Versus Fair Trade", 36 *Denv. J. Int'l L. & Pol'y* 349 (2008).

38. Gennaioli N., Rainer I., "The Modern Impact of Pre-colonial Centralization in Africa", 3 *Journal of Economic Growth* 12 (2007).

39. Neil D. Hamilton, "Agriculture without Farmers? Is Industrialization Restructuring American Food Production and Threatening the Future of Sustainable Agriculture", 14 *N. Ill. U. L. Rev.* 613 (1994).

40. Robert H. Salisbury, "The Political Impasse in Farm Support Legislation", 71 *Yale L. J.* 952 (1962).

41. Bradley John Kalebjian, "The Effect of Terminated Federal Marketing Orders on Small Farms, and a Reflection on the Jeffersonian Spirit", 11 *San Joaquin Agric. L. Rev.* 115 (2012~2013).

42. Anonymous, "Proposed Revisions in the Farm Credit System: Current Legislation", 51 *Yale L. J.* 649 (1942).

43. Giglio, "New Frontier Agricultural Policy: The Commodity Side", 1961—1963, 61 *Agric Hist.* 53 (1987).

44. Charles E. Grassley, James J. Jochum, "The Federal Agriculture Improvement and Reform Act of 1996: Reflections on the 1996 Farm bill", 1 *Drake J. Agric. L.* 1 (1996).

45. Amanda Stokes, "Selling out the Farm? The Impact of the Farm Security and Rural Investment Act of 2002 on Lending Institutions and the Small Farmer", 9 *N. C. Banking Inst.* 243 (2005).

46. Alex E. Snyder, "Saving the Family Farm Through Federal Tax Policy: Easier Said Than Done", 62 *Wash. & Lee L. Rev.* 729 (2005).

47. Alison L. LaCroix, "The Shadow Powers of Article I", 123 *Yale L. J.* 2044, 2085 (2014).

48. John Mikhail, "The Necessary and Proper Clauses", 102 *Geo. L. J.* 1045, 1128 (2014).

49. Stephen L. Carter, "The Political Aspect of Judicial Power: Some Notes on the Presidential Immunity Decision", 131 *U. PA. L. REV.* 1341, 1378 (1983).

50. Frank H. Easterbrook, "Substance and Due Process", *Sup. Ct. Rev.* 85, 103 (1982).

51. Alpheus Thomas, Beaney Mason, William M, "Equal Protection of Law", *Supreme Court in a FreeSociety* (1995), p. 254.

52. Tadlock Cowan, Jody Feder, "The Pigford Case: USDA Settlement of Discrimination Suits by Black Farmers", *Congressional Research Service* (2013) .

53. D. Benjamin Barros, "The Police Power and the Takings Clause", 58 *U. Miami L. Rev.* 471, 478 (2004).

54. Dean Lueck, "The Curious Case of Horne v. Department of Agriculture: Good Law, Bad Economcis", 10 *N. Y. U. J. L. & Liberty* 608 (2016).

55. Jeffrey J. Coonjohn, "A Brief History of the California Legislative Counsel Bureau and the Growing Precedential Value of Its Digest and Opinions", 25 *Pac. L. J.* 211 (1994).

56. Matthew C. Porterfield, "U. S. Farm Subsidies and the Expiration of the WTO's Peace Clause", 27 *U. Pa. J. Int'l Econ, L.* 999 (2006).

57. Richard L. Manner, "Historical Introduction to the Farm Credit System: Structure and Authorities, 1971 to Present", 19 *Drake J. Agric. L.* 279 (2014).

58. PerryElerts, "Crop Insurance Reform in the Face of Climate Change", 25 *Hastings Envtl. L. J.* 183, 188 (2009).

59. PerryElerts, "Crop Insurance Reform in the Face of Climate Change", 25 *Hastings Envtl. L. J.* 183, 201~203 (2009).

60. Terence J. Centner, "Changes Impacting Production Agriculture: NAFTA and New Environmental Regulations", 24 *U. Tol. L. Rev.* 371 (1993).

61. William L. Oemichen, "State Government Service to the Ariculture of Tomorrow", 2 *Drake J. Agric. L.* 247 (1997).

62. Charles W. Fluharty, "Why Rural Policy Now Matters to Agriculture: Rural Development, Regional Innovation, and the Farm Bill", 16 *Drake J. Agric. L.* 31 (2011).

63. J. Dirck Stryker, "U. S. Food Aid Legislation: Its Perspective, the American Farmer on Hungry People; and its Structure, Purpose and Conclusions", 30 *How. L. J.* 301 (1987).

64. Alan J. Meese, "Competition Policy and the Great Depression: Lessons Learned and A New

Way Forward", 23 *Cornell J. L. &Pub. Pol'y* 255, 256~258 (2013)

65. Matthew M. Morrison, "Class Dismissed: Equal Protection, the "Class−of−One" and Employ-ment Discrimination after Engquist v. Oregon Department of Agriculture", 80 *U. Colo. L. Rev.* 839, 847 (2009).

66. David Schmudde, "Constitutional Limitations on State Taxation of Nonresident Citizens", *L. Rev. Mich. St. U. Det. C. L.* 95, 115 (1999).

67. Jeffrey D. Jackson, "Be Careful What You Wish For: Why Mcdonald v. City of Chicago's Re-jection of the Pricileges or Immunities Clause May Not Be Such a Bad Thing for Rights", 115 *Penn St. L. REV.* 561, 568 (2011).

68. Jennifer L. Larsen, "Discrimination in the Dormant Commerce Clause", 49 *S. D. L. Rev.* 844, 846, 849, (2004).

69. Anthony B. Schutz, "Corporate − Farming Measuers in a Post − Jones World", 14 *Drake J. Agric. L.* 97, 99~102 (2009).

70. Brian F. Stayton, "A Legislative Experiment in Rural Culture: The Anti−Corporate Farming Statutes", 59 *UMKC L. Rev.* 679 (1991).

71. Peter C. Carstensen, "Agricultural Coopratives and the Law: Obsolete Statutes in a Dynamic E-conomy", 58 *S. D. L. Rev.* 462, 464 (2013).

72. John C. Monica, "Agricultural Antitrust Liability: What About the 'Reasonable Farmer?'", 22 *Drake J. Agric. L.* 1, 29 (2017).

73. Sina Safvati, "Public − Private Divide in Parker State − Action Immunity", 63 *UCLA L. Rev.* 1110, (2016).

74. C. Douglas Floyd, "Plain Ambiguities in the Clear Articulation RequirementFor State Action Antitrust Immunity: The Case of State Agencies", 41 *B. C. L. Rev.* 1059, 1060 (2000).

75. Jaiod M. Bona, Luke A. Wake, "The Market−Participant Exception to State−Action Immunity From Antitrust Liability", *Competition: J. Anti. & Unfair Comp. L. Sec. St. B. Cal.* 156, 173 (2014).

76. Robert Meltz, "What Role Does the Law Existing When A Property Is Acquired Have in Ana-lyzing A Later Taking Claim? The 'Notice Rule'", *SF64 ALI−ABA* 381 (2001).

77. Margot J. Pollans, "Regulating Farming: Balancing Food Safety and Environmental Protection in A Cooperative Governance Regime", 50 *Wake Forest L. Rev.* 399 (2015).

78. John I. Halloran, Thomas A. Musil, Brian J. Ellsworth, "Arbitrating Multi − Peril Crop Insurance Disputes", 64−APR *Disp. Resol. J.* 38 (2009).

79. Charles G. Stalon, "Regulating In Pursuit Of Efficient and Just Prices", 8 *Ad-min. L. J. Am. U.* 913 (1995)

80. Susan A. Schneider, "Financing the Agricultural Operation: Recent Developments and Current Trends", 4 *Drake J. Agric. L.* 215 (1999)

81. Paul B. Thompson, "Globalization, Losers and Property Rights", 9 *Minn. J. Global Trade* 602 (2000).

82. Stephen Carpenter, "A New Higher Calling in Agricultural Law", 18 *Drake J. Agric. L.* 13 (2003).

83. Daniel I. Padberg, Charles Hall, "The Economic Rationale For Marketing Orders", 5 *San Joaquin Agric. L. Rev.* 73 (1995).

84. Jim Chena Daniel J. Gifford, "Law as Industrial Policy: Economic Analysis of Law in a New Key", 25 *U. Mem. L. Rev.* 1315 (1995).

85. David A. Domina C. Robert Taylor, "The Debilitating Effects of Concentration Markets Affecting Agriculture", 15 *Drake J. Agric. L.* 61 (2010).

86. Christopher R. Kelley, "Agricultural Production Contracts: Drafting Considerations", 18 *Hamline L. Rev.* 397 (1995).

87. Charles W. Fluharty, "Why Rural Policy Matters to Agriculture: Rural Development, Regional Innovation, and the Next Farm Bill", 16 *Drake J. Agric. L.* 31 (2011).

88. Keith D. Haroldson, "Two Issues in Corporate Agriculture: Anticorporate Farming Statutes and Production Contracts", 41 *Drake L. Rev.* 393 (1992).

89. Steven T. Voigt, "The General Welfare Clause: An Exploration of Original Intent and Constitutional Limits Pertaining to the Rapidly Expanding Federal Budget", 43 *Creighton L. Rev.* 543 (2010)

90. Alison L. La Croix, "The Shadow Powers of Article I", 123 *Yale L. J.* 2044 (2014).

91. Brian Christopher Jones, "Fiduciary Principles and Statutory Form in Relation to the Necessary and Proper Clause: Potential Constitutional Implications for Congressional Short Titles", 6 *U. St. Thomas J. L. & Pub. Pol'y* 347 (2012).

92. Neil D. Hamilton, "The 2014 Farm Bill: Lessons in Patience, Politics, and Persuasion", 19 *Drake J. Agric. L.* 1 (2014).

93. John C. Jr. Monica, "Agricultural Antitrust Liability: What about the Reasonable Farmer", 22 *Drake J. Agric. L.* 1 (2017).

94. J. Michael Jr. Boomershine, "The Battle over America's Farmlands: CorporateFarming Practices and Legislative Attempts at Preserving the Family Farm", 21 *Drake J. Agric. L.* 361 (2016).

95. Roland Sara, "Food Safety Modernization Act's Produce Rules: Is the Increased Flexibility Actually a Burden on the Farmer", 20 *Drake J. Agric. L.* 437 (2015).

96. Daniel G. Amstutz, "U. S. Farm Policy and International Agricultural Markets", 17 *Case*

W. Res. J. Int'l L. 321（1985）.

97. Jim Chen，"Get Green or Get Out：Decoupling Environmental from Economic Objectives in Agricultural Regulation"，48 *Okla. L. Rev.* 333（1995）.

98. David Mears，Scott Segal， "Down on the Farm：Resolving Conflict between Agricultural and Environmental Policy"，25 *St. B. Tex. Envtl. L. J.* 99（1994）.

99. Bill Winders，"The Food Crisis and the Deregulation of Agriculture"，18 *Brown J. World Aff.* 83（2011）.

100. Tracy J. Lyson，"Constitutional Law – Equal Protection of Laws：The Equal Protection Challenge to the Medical Malpractice Statute of Repose in North Dakota – Hoffner v. Johnson"，80 *N. D. L. Rev.* 175（2004）.

101. Gay Gellhorn，"Justice Thurgood Marshall's Jurisprudence of Equal Protection of the Laws and the Poor"，26 *Ariz. St. L. J.* 429（1994）.

102. Robert J. Reinstein，"The Limits of Congressional Power"，89 *Temp. L. Rev.* 1（2016）.

103. Stephen Gardbaum，"Congress's Power to Preempt the States"，33 *Pepp. L. Rev.* 39（2005）.

104. James M. Jr. McGoldrick， "The Separation of Powers Doctrine：Straining out Gnats, Swallowing Camels"，18 *Pepp. L. Rev.* 95（1990）.

105. John Mikhail，"The Constitution and the Philosophy of Language：Entailment, Implicature, and Implied Powers"，101 *Va. L. Rev.* 1063（2015）.

106. William N. Jr. Eskridge，"Destabilizing Due Process and Evolutive Equal Protection"，47 *UCLA L. Rev.* 1183（2000）.

107. Richard A. Epstein，"Coniston Corp v. Village of Hoffman Hills：How to Make Procedural Due Process Disappear"，74 *U. Chi. L. Rev.* 1689（2007）.

108. William B. Stoebuck， "Police Power, Takings, and Due Process"，37 *Wash. & Lee L. Rev.* 1057（1980）.

109. Christopher Supino，"The Police Power and Public Use：Balancing the Public Interest against Private Rights through Principled Constitutional Distinctions"，110 *W. Va. L. Rev.* 711（2008）.

110. Charles Bufford，"Scope and Meaning of Police Power"，4 *Cal. L. Rev.* 269（1915~1916）.

111. Stephen Carpenter，Kirsten Valentine Cadieux， "Possibilities for Farm Policy in a Trump Era"，13 *J. Food L. & Pol'y* 64（2017）.

112. John L. Brown，"The State Regulation of Agricultural Credie"，3 *Drake J. Agric. L.* 305（1998）.

113. John L. Brown，"Federal Preemption of the State Regulation of Agricultural Credit"，7 *Drake J. Agric. L.* 563（2002）.

后　记

　　农业是具有战略意义的基础产业，也是产业政策运用比较普遍的产业。可以说，农业领域制定和实施产业政策不是有或无的问题，而是如何将农业产业政策纳入法治框架的问题。以法治视野观察美国农业产业政策，属于比较法学范畴，旨在吸收美国农业产业政策纳入法治框架的经验和教训，为我国农业产业政策的法治优化提供参考。国内的美国农业法研究大多侧重农业法律制度研究，对美国农业法的制定依据、程序、权力边界、公权与私权平衡等关注有所不足，某种程度上农业比较法研究呈现重法制、轻法治的现象。因此，本书以法治视野下美国农业产业政策研究为主题。

　　本书在我的博士学位论文基础上修改而成。类似于农产品生产周期长的特征，本书从博士论文选题到书稿付梓同样经历较长的过程。周期长不只是单纯的时间累积，更意味着作品得到更充足的滋养，作者得到更多人的指导和帮助。借此书稿出版，我特别想表达感恩之情。

　　我有幸师从南京大学法学院李友根教授学习经济法，成为一名根叔弟子。2015 年 6 月，在南大法学院举办的中国经济法治论坛期间，李老师叮嘱我博士阶段继续从事农业法学研究，尤其是以比较法视野研究中国农业法律问题，同时给了我大量他整理好的美国最高法院判决书。由此开启我研究农业法的新视域和新方法，促成了本书运用判例研究农业法的特点。9 月入学后，李老师指导我研读裁判文书和英文文献，拿出他自己的论文，对照论文手把手教导我，反复修改我读博期间撰写的小论文。博士论文写作中，李老师不仅在论文思路、结构安排、案例整理、研究内容深挖等方面给予我很多指导，还在我退缩或懈怠时，理解我、鼓励我，坚定我撰写论文的信心。他严谨治学的态度和关爱学生的热情一直激励我要做一名好老师。

博士学习过程中，南大法学院博士生导师们开设的法学前沿课程，让我领略到精彩多样的研究风格和方法，丰富我的研究视野。感谢王全兴、张淳、吴建斌、王太高、宋晓、解亘、吴英姿、肖冰、方小敏等教授在论文开题、中期检查、预答辩和答辩阶段提出很多的建议，帮助我不断提高博士毕业论文的质量。

书稿完成和个人成长也离不开诸多师友的关照和帮助。李长健教授是我的硕士生导师，是我从事农业法学研究的引路人。硕士毕业至今，李老师始终关心我的学术成长，在课题申报书撰写、论文写作、项目研究等方面传授经验和热情帮助。韩松教授信任我，将国家社会科学基金重大项目的子课题交由我主持完成，推动我关注农村集体经济发展的法治保障问题。高海教授特别热心，他扎实的民法理论功底和乐于分享的精神，丰富我研究农业、土地和涉农主体的私法视角。丁关良教授、杨红朝教授、周乾教授、王士海教授、李玲玲副教授等诸位师友，都以不同方式指导和帮助我。感谢南大读博期间的同学，感谢你们学术交流中拍砖和鼓励，感谢你们无私分享学术资源。他们是倪同木、王承堂、朱一飞、钱玉文、张婉苏、刘蔚文、刘进、宋亚辉、刘思萱、周樨平、王启迪、马辉、黄伟峰、杜乐其、程子薇、洪莹莹、王静、张家宇、福斯凯、商红明、陈飙、丁天立、李响、刘汉天、梁鸿飞等。

感谢安徽农业大学人文社会科学学院的各位领导和老师，在我工作和求学期间给予我大力支持和帮助，保障我的学业和工作能够同时顺利进行。

感谢我的家人。我的妻子江婷婷，在我读博初期家庭经济紧张的时候，放弃相对轻松的工作，从事一份超负荷的工作；在我博士毕业论文攻坚时，把大部分精力放在家庭里，承担琐碎的家务和孩子教育的事情。我的父母和岳父母，虽然不是很了解我的博士学习过程、教学和研究工作，但义无反顾地支持和帮助我。我入学时，儿子刚刚上幼儿园，书稿付梓时，儿子已经小学毕业。在此期间，我未能给予他许多关心关爱，感谢孩子对我的包容。

最后，感谢中国政法大学出版社刘晶晶编辑，正是她严谨、专业的工作投入，才有书稿的最终呈现和顺利出版。

凡为过往，即为序章。本书的出版既是对本人农业法比较研究的总结，更是我今后农业法学研究新征程的起点。希望自己能怀揣知农爱农之情，秉持求真务实之意，继续探索农业农村法治建设的理论和实践。

江晓华

二〇二四年六月二十六日